Les éditions ELLA ont bénéficié en 2014 du soutien de Ciclic-Région Centre dans le cadre de l'aide aux entreprises d'édition imprimée

ELLA Editions
42, route de Chavannes,
28300 Lèves

www.ella-editions.com

Dépôt légal troisième trimestre 2014
ISBN : 978-2-36803-050-9

Couverture : Émilie Caudroit.
Illustrations : Juliette Chaux-Mazé et Delphine Marchal.
Assistantes de publication : Armande Burneau et Anne Certain.

Contes et Légendes de Paris

Delphine Marchal
Juliette Chaux-Mazé
Marcel Grelet
Marie-France Thiery-Bertaud
Olivier Mazé
Paul Herbreteau
Pierrette Gobin-Vaillant
Christophe Prat

Sommaire

D. Marchal 2013

Les roses de Paris

Juliette Chaux-Mazé

Après quatre jours de visites acharnées et de parcours frénétiques entre les hauts lieux touristiques de la capitale, j'avais décidé de me promener dans les lieux historiques oubliés, dans le sens où ils ne drainent pas la foule mais possèdent un cachet et une âme.

Le guide que j'avais acquis me proposait une rue très ancienne, au nom prometteur : « la rue des Rosiers ». Je goûtais par avance la splendeur qu'allait m'offrir la vue de milliers de rosiers, parfum enivrant et pétales chatoyants, au milieu du gris de Paris.

Je vous laisse imaginer ma déception lorsque je découvris une rue quelconque, ornée de fenêtres aveugles et de portes fermées, une rue dans laquelle aucun rosier ne pointait la moindre épine.

Peut-être parlai-je tout haut, je ne m'en souviens pas. Toujours est-il qu'un vieil homme courbé, que je n'avais pas entendu venir, me souffla : « Les rosiers ne fleurissent plus ici depuis bien longtemps. À vrai dire, ils n'y ont jamais vraiment fleuri. Sauf en une occasion… »

L'étrange personnage semblait très âgé, mais ses traits restaient énergiques sous la broussaille de ses sourcils gris. Il était de ces personnes dont l'âge est indéfinissable, et qui possèdent une aura mystérieuse et bienfaisante. Je le saluai, encore sous le coup de la surprise.

- Alors, pourquoi l'appelle-t-on la rue des Rosiers, m'indignai-je poliment. C'est absurde !

- Si vous avez quelques minutes à perdre, ou à gagner, à vous d'en juger, laissez-moi vous raconter l'histoire qu'on tait, parce qu'elle est trop belle pour être vraie.

Au Moyen-Âge, ce quartier sympathique avait été créé pour réunir la communauté juive. C'était, mais sans la connotation funèbre que ce terme aurait bien longtemps après, le ghetto.

La vie s'y déroulait paisiblement, entre les menus travaux, les commerces, les gamins qui couraient partout. Tôt le matin, les cris des livreurs retentissaient, aussitôt suivis par ceux des commères aux aguets ou d'un riverain mécontent. Ensuite, c'étaient les conversations, joyeuses, moqueuses, sérieuses ou séniles. Toute la journée, la rue bruissait, vivait, transportant les passants, les passés, les futurs et les promesses de ses habitants. C'était un quartier sans problème. Quelques catholiques un peu extrémistes venaient bien parfois y chercher querelle, mais rien que de très commun en fin de compte.

Il y vivait, dans une échoppe proprette, aux pans de bois soigneusement peints, un tailleur du nom de Levi. C'était un homme soigneux, et de nombreux notables, juifs ou non, venaient s'y faire tailler leurs habits. Il avait un grand fils, David, aîné d'une joyeuse fratrie de cinq enfants : la fierté de Levi reposait en ce garçon, ses quatre autres enfants étant des filles. Il était convenu depuis le jour de sa naissance que David reprendrait l'affaire.

Du haut de ses dix-neuf ans, David était beau garçon, l'œil vert étincelant d'intelligence sous des mèches brunes légèrement bouclées. Il parlait haut et clair, plaisantait avec les clients, flirtait avec les jeunes filles du quartier, était apprécié de tous. David avait toujours su qu'il serait tailleur comme son père, qui lui-même avait repris l'affaire de son père. Il vaquait à ses occupations sans se soucier de rien que de sa jeunesse et de l'air du temps.

Il s'occupait, en plus d'aider son père et sa mère à la confection, du côté administratif. Il commandait les étoffes, qu'il allait dénicher dans toute la ville, vérifiait les livraisons, payait les tisserands.

Il aimait énormément, pour leur qualité et leurs couleurs, les étoffes d'un gros tisserand du quartier voisin, un catholique fervent, Rougeaud, ainsi nommé à cause de son teint… un teint dû principalement aux soirées arrosées.

Chaque mois, David se rendait à l'échoppe du gros Rougeaud, choisissait avec soin les tissus pour des commandes ou en vue des suivantes, et il était livré dans la semaine.

Or, un beau jour, en entrant dans la boutique exiguë, il se trouva nez à nez avec une jeune fille, un peu plus jeune que lui sans doute, cheveux châtains mal dissimulés sous sa coiffe bien blanchie. Elle lui sourit agréablement, il se présenta, ne l'ayant jamais vue auparavant. Il apprit donc qu'elle se nommait Catherine, et qu'elle était la fille du Rougeaud.

Ils bavardèrent un peu, la commande fut passée. Catherine tint à la porter elle-même quelques jours plus tard.

Le temps passa, les commandes de tissus se firent plus fréquentes, les livraisons de même.

Vous devinez ce qu'il arriva : Catherine et David tombèrent éperdument amoureux l'un de l'autre.

Ils trouvaient des excuses pour s'absenter de la maison et se donner rendez-vous dans des lieux où la foule les rendait anonymes : marchés, ruelles passantes, même cérémonies religieuses !

Car en ce temps-là, quand on n'était pas de la même religion, impossible de s'aimer.

Le vieux Levi, qui avait lui aussi eu vingt ans, sentait bien que son fils n'était plus le même. Quand il lui posa la question, pour la première fois, la réponse sibylline que lui fit son garçon confirma ses soupçons. La seconde fois, David parut ennuyé, comme s'il lui cachait une partie de la vérité. La troisième fois, quand sa mère lui demanda, il soupira tristement et dit simplement :

- Elle s'appelle Catherine.

- Ah… firent ses parents.

Tout était dit. Ils aimaient leur fils, certes, mais ils avaient en vue des partis intéressants du ghetto. Et puis, il y avait des choses qui ne se faisaient pas, et c'en était une. Voilà.

David eut droit à des sermons ; de son père, de sa mère, de son oncle, de sa grand'mère et même du rabbin. Il hocha la tête, joua les contrits. Mais il aimait Catherine, et il ne pouvait se résoudre à vivre sans d'elle.

Levi envoya Sarah, sa fille aînée, le remplacer pour passer commande et il reçut personnellement les livraisons. Catherine ne vint qu'une fois. Levi la regarda intensément derrière son comptoir, elle rougit, posa rapidement les tissus, prit sans la vérifier la bourse qu'il lui tendait, et sortit en saluant d'un air absent. Avertie par son amant, elle se fit discrète et, quelques mois plus tard, l'affaire semblait étouffée.

Les deux jeunes gens continuèrent à se rencontrer ; mais il fallait se montrer plus prudent, se retrouver plus tard, plus loin. David lançait des regards inquiets ; Catherine ne profitait plus des instants de bonheur comme auparavant. Les deux amoureux n'en pouvaient plus de la brièveté de ces moments volés ; ils s'aimaient trop pour se cacher. L'amour a besoin de soleil, et le soleil de l'amour brille trop fort pour passer longtemps inaperçu.

Le gros Rougeaud eut la puce à l'oreille peu de temps après que les jeunes gens eurent fêté timidement leurs deux ans d'amour en se partageant un pain d'épice acheté lors du carnaval. David avait vingt-et-un ans, et était pressé de toutes parts à se marier. Ses refus répétés faisaient les choux gras des commères de la ruelle. Catherine allait sur ses vingt ans, et les rumeurs commençaient à courir autour de ce bon parti toujours célibataire. On l'observait à la moindre de ses sorties.

Un commis un peu trop zélé vendit la mèche à son père : il l'avait vu embrasser le fils du tailleur juif derrière les halles !

Rougeaud entra dans une colère telle que les voisins s'en souvinrent longtemps. Sa femme dut s'interposer pour protéger sa fille et prit elle-même quelques coups, sans quoi les poings rageurs de son père eurent tué la pauvrette.

Il la traita de tous les noms, menaça de la renier, de la jeter à la rue. Catherine resta enfermée durant une semaine sans sortir, et elle pleura toutes les larmes de son corps. Un jour qu'elle rangeait les étoffes dans l'arrière-boutique, elle vit Sarah entrer. Faisant mine de ranger un tissu sur une étagère, elle la frôla : la jeune fille, voyant la mine décomposée de Catherine, baissa honteusement les yeux.

- Sarah, chuchota Catherine, peux-tu, par amitié pour ton frère, lui remettre ceci ?

Elle lui glissa un petit papier plié dans la main. Sarah hocha la tête et remit le mot doux à David, qui parut renaître sous ses yeux, heureux de savoir son aimée en bonne santé et toujours sienne. Alors, la gentille Sarah, qui goûtait elle aussi aux joies et peines de l'amour, se fit messagère, blâmant ouvertement son frère quand il le fallait, portant secrètement les billets aux amoureux.

Le Rougeaud ne tarda pas à agir : il annonça, par un froid matin de décembre, que sa fille épouserait le fils d'un collègue, établi et prospérant à deux rues de là. Catherine ne connaissait pas même le jeune homme, elle partit en courant à travers Paris.

Sans se soucier de rien, elle se rendit tout droit au quartier juif, prit la rue où vivait son aimé, ouvrit la porte de l'échoppe à la volée, le visage ruisselant de larmes.

- David !

Son cri était tellement plein de tristesse, de détresse, que même Levi ne put intervenir. Il regarda, le cœur en équilibre instable, son fils se précipiter et serrer dans ses bras une jeune catholique. Pour la forme, il leur cria un peu dessus, leur enjoignit de sortir de chez lui. Sa femme tenta de le calmer :

- La petite est épuisée, laisse-les se reposer quelques instants.

Levi ne savait plus quoi penser : c'était une catholique, bon sang ! Où son fils avait-il donc la tête ! Mais il était bon homme et se retira dans son atelier.

Il réfléchissait à cela, assis sur son tabouret de couturier, perdu au milieu des pourpoints inachevés et des robes décousues, indifférent aux badauds qui passaient et repassaient devant la boutique, à l'affût de nouvelles croustillantes.

À l'heure de midi, David vint le trouver :

- Père, dit-il. Vous avez toujours été bon envers moi. Je sais que vous désapprouvez mon amour. Je ne peux vivre sans Catherine, et je sais à présent que vous l'avez compris. Pour autant, je ne peux vous désavouer et ne souhaite vous créer plus de difficultés. Dès cette nuit, Catherine et moi partirons.

Le pauvre vieux Levi leva les yeux mouillés de larmes, mais ne dit rien. Il savait lui aussi que c'était la seule solution, que David souffrirait trop sans Catherine, qu'ils ne pouvaient rester tous deux ici.

L'air était glacial lorsque David entrouvrit la porte pour vérifier que les passants étaient partis. La nuit était déjà tombée, noire et froide, bien qu'il fût encore tôt. Sa mère fermait un épais manteau de laine verte sur les épaules tremblantes de Catherine. David ajusta sa besace remplie de victuailles, embrassa une dernière fois ses sœurs. Sarah pleurait doucement. Il la serra fort contre lui : ils avaient toujours été proches.

Elle lui avait prouvé sa fidélité et son affection lors des mois précédents.

- Je souhaite que tu sois heureuse, petite sœur.

Dans une longue étreinte, ils se séparèrent. À peine les amoureux eurent-ils fait un pas dans le vent glacé que la voix d'un guetteur retentit avant de s'éteindre dans un râle répugnant :

- Nous sommes attaqu… !

Au bout de la rue principale du ghetto, des torches brandies à bout de bras faisaient apparaître d'effrayants fantômes, hommes musclés et hargneux, armés de pics, de lances, de dagues.

- Mon dieu, s'étrangla Catherine. Mon père !

Alors que des hommes mettaient à sac la première demeure, insensibles aux cris qui s'en élevaient, la rude voix du Rougeaud s'éleva :

- Arrêtez ça, la boutique est un peu plus loin. Suivez-moi. Quand nous y serons, vous ferez ce que vous voulez… mais laissez-moi ma fille et son petit juif !

Comme un seul homme, tous se tournèrent dans la direction des jeunes gens qui, paralysés, n'avaient pas bougé.

- Ce sont eux ! rugit le tisserand en levant une vieille épée.

Les agresseurs se ruèrent dans la ruelle, à renfort de cris, de menaces et de hurlements.

David saisit Catherine par la main et l'entraîna dans une course à perdre haleine à travers le ghetto. Au détour d'une ruelle, ils virent que des catholiques leur barraient la route ; ils en empruntèrent une autre. David laissa échapper un cri : ils étaient cernés. À chaque bout de la rue surplombée par des fenêtres que personne n'osait ouvrir, les hommes enragés s'avançaient vers eux. Catherine tambourina en vain à quelques portes : ses larmes n'attendrirent personne.

Le Rougeaud n'était plus qu'à quelques mètres, un sourire mauvais sur ses grosses lèvres : il empestait l'alcool plus encore que d'ordinaire.

Soudain, ses yeux s'écarquillèrent et il les leva vers les toits. Il s'arrêta net, recula de quelques pas. David et Catherine sentirent une présence apaisante derrière eux, une odeur d'humus centenaire, une chaleur reposante. On aurait pu se croire en plein cœur d'une forêt profonde et protectrice. Un bruit rauque leur fit lever la tête : Catherine hurla.

Une créature difforme, haute comme une maison, au dos courbé et aux bras ballants, se penchait au-dessus d'eux pour les protéger.

- Un Golem… chuchota David, incrédule. Un Golem de terre…

Il sentit Catherine faiblir dans ses bras :

- Ne crains rien, il est là pour nous aider. Regarde…
En effet, la créature laissa couler ses longs doigts sur les

pavés usés : la terre tiède et odorante se répandit dans chaque interstice. Et dans l'instant qui suivit, des milliers de jeunes pousses se mirent à croître tout autour des jeunes gens. Des rosiers, des rosiers gigantesques bloquaient la route à leurs agresseurs, qui n'en menaient pas large, empêtrés dans les épines farouches et pointues.

Le Golem, dans un souffle amical, les souleva et les déposa sur le toit voisin. Un chemin de roses leur indiquait la voie à suivre pour sortir du ghetto.

À leurs pieds, les habitants observaient la scène à travers leurs volets clos. Les catholiques juraient en se débattant, et chaque mouvement les enserrait un peu plus.

- Merci, Golem, dit tendrement David en l'effleurant du bout des doigts.

La créature tourna vers lui ses yeux terreux et lui rendit un sourire hésitant. À ce moment, des millions de roses s'ouvrirent, colorant la nuit noire de décembre, embaumant plus que le jardin du roi. Le ciel constellé d'étoiles pâlit devant ce miracle luxuriant : les étoiles étaient sur terre, cette nuit-là. Elles étaient rouges, roses et jaunes, elles caressaient les pavés comme les mains des anges et leurs épines défendaient les justes mieux que le glaive rédempteur.

Croyez-moi, un tel spectacle jamais n'a été revu dans Paris. Le paradis était sur terre, cette nuit-là.

Le paradis était tout proche pour les deux amoureux qui franchirent les portes de la capitale au petit matin, et s'enfuirent loin dans la campagne de France. La vie était rude en ces temps-là, mais David et Catherine bâtirent un foyer solide et accueillant, dans une modeste maison de pierre sur le mur de laquelle courait un rosier qui chaque printemps refleurissait plus beau.

- Là finit le conte de fée, sourit le vieil homme en écrasant une larme.

- Mais….et les roses ? Et le Golem ? Je croyais qu'il fallait être très puissant magicien pour en faire naître un ?

- Les roses périrent avec l'aurore. Les habitants du ghetto aidèrent, en les raillant, les catholiques dépenaillés à sortir de ce labyrinthe d'épines. Le Rougeaud avait perdu sa superbe et on raconte qu'après cela, il est devenu à moitié fou. Toujours est-il qu'il a revendu son commerce, qu'il a laissé les Juifs tranquilles et tout est allé pour le mieux.

Les enfants eurent juste le temps de cueillir chacun une rose avant que celles-ci ne disparaissent comme un rêve miraculeux. L'histoire fit le tour de toute la ville et pendant quelque temps, le ghetto ne désemplit pas de ce qu'on appellerait touristes de nos jours.

- Voilà donc pourquoi… « la rue des Rosiers »…

- Voilà pourquoi. Quant au Golem… Le vieillard eut un triste sourire. Au matin, les filles du tailleur se précipitèrent, comme les autres, pour admirer les rosiers. Mais Sarah ne descendit pas. En milieu de matinée, sa mère monta pour la rabrouer d'être si paresseuse. Elle la trouva étendue, exténuée, une poignée de terre dans sa main, le visage pâle comme la mort.

- C'était elle qui ? Oh ! Et elle était morte ?

- C'était elle qui, oui. Elle n'était pas morte, mais jamais plus elle ne put travailler ou marcher normalement. Par amour pour son frère, elle avait donné sa vie. Elle mourut quelques années après, entourée d'un mari aimant et d'un adorable petit garçon qu'elle avait appelé David. En titubant, elle cultivait des rosiers dans sa minuscule arrière-cour : ils fleurissaient toute l'année, même en plein hiver. C'était charmant…

Le vieil homme soupira, perdu dans ses pensées.

Je regardais la rue avec un tout autre regard. Elle me semblait magique, belle, rendue majestueuse par le sacrifice de la douce Sarah. Il me semblait apercevoir, accrochés aux vieilles pierres, quelques racines anciennes, quelques reflets rosés. David avait-il jamais su que c'était sa sœur chérie qui les avait sauvés ? L'avait-il deviné ?

- Tout ce qu'on peut dire, c'est qu'elle a vécu très heureuse.

Mon conteur réajusta le bouton de rose à sa boutonnière, que je n'avais pas remarqué jusqu'alors.

- Racontez cette histoire, surtout. Elle est vraie, autant que moi.

- Je vous promets, monsieur, dis-je dans mon plus beau sourire. Une dernière chose, comment vous appelez-vous ?

Il sourit, puis me répondit d'un air mutin :

- David.

Le temps de cligner les yeux, je vous le jure, il n'était plus là.

D. Marchal 2013

D. Maréchal 2012

La princesse des Parisii [1]

Christophe Prat

On raconte qu'il y a longtemps, très, très longtemps, les rives de la Seine étaient peuplées d'êtres merveilleux. Ils avaient créé au cœur du fleuve une cité magnifique. Dans un écrin entre marais et monts était leur havre de paix. Ils y vivaient simplement, conversant avec les animaux comme avec les arbres. Parfois, les pierres leur confiaient d'étranges pensées.

Le druide Paulux était leur guide. Villageois, créatures des bois et des eaux étaient sous sa protection.

Au milieu de leur île s'élevait un temple dont les murs étaient couverts d'argent et la toiture habillée d'or. Paulux l'avait nommé Lutécia en hommage à sa fille ainée.

Hélas, les hommes succombèrent à la convoitise. Quelques-uns tentèrent de percer les secrets de la Seine. D'autres volèrent les plumes du Cocatrix[2] pour les troquer contre des pierres précieuses. D'autres encore colportèrent alentour des histoires de richesses mystérieuses et de

[1] **Parisii** : peuple gaulois vivant autrefois sur les bords de Seine.

[2] **Cocatrix :** animal fantastique possédant une tête de coq, des ailes de chauve-souris et un corps de serpent. Créature ayant certainement donné son nom à la rue des « Cocatrix ».

pouvoirs magiques.

Le havre des Parisii devint dès lors la cible de tous les envieux de Gallia. Puis vinrent d'autres hommes, avides et sanguinaires : les barbares qui vivaient au-delà de l'océan.

*

* *

La rumeur se répandit soudain… Elle courut sur les berges de la Marne et remonta les rives de l'Oise : de méchants guerriers approchaient. Ils étaient plus terribles que les Huns, plus terribles encore que les Pictes qui remontaient le cours de la Vendée[3]. Ils pillaient et massacraient, rançonnaient et violaient. Leur chef était dur et sans cœur, ses hommes étaient sans âme, leur chef était le plus puissant et le plus dangereux des guerriers jamais enfanté par la terre.

Ayant perçu les murmures portés par le vent de l'Est, il avait chargé son propre fils de conquérir la Seine et piller Lutécia afin de lui rapporter les secrets de cette contrée enchantée. Mordaâm était le nom de ce fils.

*

* *

Le barbare longe prudemment la Seine. Ses hommes le suivent en silence, observant chacun de ses gestes. Leurs

[3] La Vendée est cette petite rivière qui donna son nom au département.

pas ne font pas même craquer les branchettes qui jonchent le sol. À peine soulèvent-ils parfois la dentelle de quelque feuille morte. Ils ont déjà capturé le Cocatrix et les nymphes de l'Oise. L'oiseau de feu qui protégeait la vallée des orages a rejoint les chimères dans une cage aux barreaux sertis de rubis, d'émeraudes et de saphirs.

Un peu plus tôt, Mordaâm a tué Paulux en combat singulier. Le druide avait-il vraiment usé de ses pouvoirs ? Le combat avait été si bref !

Malgré sa défaite, Paulux souriait. Il souriait même alors que son adversaire lui transperçait le cœur.

Cela avait grandement troublé Mordaâm, d'autant que le druide avait murmuré :

- Va en paix. Que tes pas te guident dorénavant vers la source de bonheur.

- Pauvre fou ! avait ri Mordaâm. Le bonheur ne m'importe pas, c'est par mes armes que j'obtiens ce que je désire ! Comme mon père ! Comme mon grand-père. Et comme mes ancêtres avant lui.

Puis le garçon avait tranché la gorge du sage. Une brume les avait enveloppés tous deux immédiatement avant de se répandre sur l'île de la cité. Et lorsqu'elle s'était dissipée, les barbares n'avaient pas retrouvé le corps du vieil homme.

Le jeune guerrier songe à cela tandis qu'ils rampent en approchant le temple. C'est ici son but ultime. Les paysans que ses hommes ont torturés ont tous raconté une histoire identique : là est recelé un merveilleux trésor…

Mordaâm sourit, persuadé que son père se réjouira de

ce nouveau trésor. C'est en effet par amour filial et loyauté envers les siens que Mordaâm conquiert les contrées étrangères.

Ils ne sont plus qu'à vingt ou trente mètres des colonnes qui démarquent l'entrée de l'édifice lorsque des éclats de voix explosent devant eux.

Ce sont des jeunes filles, trois sœurs, qui rient, jouent et courent vers une fontaine de marbre. Elles s'éclaboussent avec l'eau enchantée.

Mordaâm lève une main. De ses doigts fins, il fait signe à ses barbares de cerner le lieu. Moins d'une minute plus tard, tous surgissent. Se jetant sur les deux premières demoiselles, ils ont tôt fait de leur lier les mains.

- Lâchez-nous, tonne la troisième en brandissant un poignard, elle est apparemment la cadette. Vous êtes des lâches ! Laissez-nous ou bien Paulux vous punira !

- Paulux ? réplique doucement Mordaâm, un rictus déchirant sa bouche. Le vieux fou est mort. Je l'ai vaincu. L'art de la guerre n'était pas son fort… Qui es-tu donc pour menacer mes braves ?

- Lutèce, rétorque fièrement la jeune fille. Mais sache que tu commets une grave erreur, barbare ! Paulux était un maître de combat et ses pouvoirs dépassent tout ce que tu peux imaginer. S'il est parti, c'est que le temps était venu. Ne crois pas que tu as gagné… Demande donc à mes sœurs aînées, Elglinaë et Soleïl…

Mordaâm sort son épée du fourreau. Il s'apprête à frapper Lutèce lorsqu'il perçoit du coin de l'œil un mouvement. L'eau de la fontaine bruisse de mille vaguelettes. Des dessins mystérieux parcourent sa surface. Puis s'élèvent en brume scintillante.

Les guerriers murmurent à voix basse, envoûtés par les volutes opalescentes qui les entourent.

La vapeur tiède s'immisce dans les buissons et glisse entre les roseaux, provoquant une douce symphonie. Elle a bientôt recouvert le lieu de son manteau argenté. Les gouttelettes dessinent doucement un visage. C'est un visage d'homme, souriant.

- Père, murmure Lutèce en s'agenouillant.

- Père, font écho Elglinaë et Soleïl, s'agenouillant à leur tour.

- Père ? s'étonne Mordaâm.

Une voix aux intonations enjouées s'épanouit dans la brume.

- Au revoir, mes douces, je vais entamer un nouveau voyage. Mais avant, puisque c'est pour cela qu'il est venu, je vais offrir à ce jeune guerrier le plus grand trésor de ce monde.

À ces mots, un gobelet resplendissant apparaît dans les paumes du druide. D'un geste majestueux, ce dernier l'emplit d'eau.

Mordaâm brandit son épée. L'esprit du druide part d'un immense éclat de rire.

Son visage grandit, aspire toute la brume. Il surplombe le barbare. Mordaâm s'apprête à frapper le mage.

- Bouh ! crie soudain ce dernier.

Et le guerrier de reculer, de buter sur une racine et tomber sur les fesses, provoquant le rire des trois sœurs.

Paulux reprend aussitôt une forme plus humaine, il s'approche du barbare ébahi.

- Tiens, mon ami, dit-il en tendant le gobelet. Bois et tu n'auras plus jamais peur. C'est là le secret de cette île merveilleuse. Celui et celle qui goûtent à son élixir ne connaîtront plus jamais le froid, ni dans le cœur, ni dans le corps.

Mordaâm se méfie. Il se recroqueville comme il peut. Lutèce sourit.

- Ce brave pense que vous voulez lui jouer un mauvais tour, murmure-t-elle à l'attention de son père. Puis elle s'empare du gobelet, avale un peu d'eau avant d'en répandre sur le visage et les épaules de ses sœurs. Aussitôt leurs liens de se dénouer et leurs vêtements de se changer en armures scintillantes. Des épées courbes surgissent dans leurs mains.

Armes levées, les barbares hésitent. Mordaâm fixe Lutèce.

- Qu'elle est belle ! songe-t-il.

Se levant doucement, laissant son épée sur le sol, il avance vers la jeune fille.

- J'accepte votre boisson, dit-il, son visage rayonnant de la fierté des peuples de l'océan.

- Soit, réplique Lutèce, mais sache que tu ne reconnaitras plus les tiens, sache que tu renieras à jamais la guerre.

Un sourire hautain en guise de réponse, le jeune homme attrape la coupe et avale le peu de liquide qu'il contient encore.

- Qu'il est courageux, songe Lutèce. Et puis tellement

beau !

Soudain, une bourrasque balaye la clairière. Un éclair déchire la frondaison. Le trait d'or frappe Mordaâm en pleine poitrine. Le guerrier s'effondre.

Ses hommes n'osent approcher. Leurs regards se portent avec méfiance alentour.

Le corps de Mordaâm s'élève. Vient se placer juste devant le fantôme de Paulux.

- Dahalag oktalp nosaj xela, murmure celui-ci, paupières à demi fermées, imposant ses mains sur le corps de l'autre, dnurmog nrohtak uiguig lexas.

Une nouvelle bourrasque soulève les feuilles, dessine à la surface de l'eau des arabesques étranges. Mordaâm pousse un cri, se recroquevillant, il tombe lourdement sur le sol. Il sanglote. Les larmes aux yeux, Lutèce se précipite vers lui.

- Qu'avons-nous fait ? gémit le garçon. Toutes ces guerres, ces meurtres, pauvres gens… nous… nous… nous sommes des monstres…

- Oui, tonne la voix grave de Paulux, le mal que les tiens ont perpétré, tu ne pourras pas le réparer. Jamais les souffrances que tu as causées ne quitteront ton cœur. Tel est le secret…

- Mais par notre amour, coupe Lutèce, nous ferons vivre ici l'espoir, pour l'avenir. L'île de la cité en sera la marque.

Puis prenant la main de Mordaâm, elle la porte à ses lèvres.

Ainsi, parfois, sur les bords de la Seine, lors d'une promenade en amoureux, ou bien avec nos enfants ou encore nos parents, apercevons-nous une brume d'argent. Si l'on ouvre alors notre cœur, n'est-ce pas le rire de Paulux qui s'élève et perce les feuillages ?

Si l'on ferme les yeux, n'est-ce pas Lutèce et Mordaâm qui surgissent et nous sourient ?

Quant à savoir si l'eau de l'île recèle un pouvoir magique… Que celui ou celle qui en doute vienne en boire une gorgée !

D. Marchal
2012

D. Marchal 2012

Y'a comme un pépin…
Du rififi à Ménilmontant

Marie-France Thiery-Bertaud

Elle me matait droit dans les yeux et je voyais scintiller des petites étoiles dans ses mirettes enjôleuses. Je sirotais mon café, je buvais son regard : y'a pas de pétard, elle a d'la classe ma gonzesse. Affichant un visage mutin, elle commença à tartiner la tranche de pain grillé d'une épaisse couche de confiote. Je la regardais faire, silencieux, subjugué par ses mouvements charmeurs, par la blancheur de ses jolis bras à la rondeur affriolante. Elle me tendit le pain, je mordis dedans à pleines dents et vidai d'un trait mon bol de café, les sens soudain en éveil. Ses yeux brillaient plus que de coutume, quelle diablesse !

J'ai repoussé le bol, me suis levé à la hâte. Mes guiboles ont flageolé et là, ma cafetière n'a fait qu'un tour, j'ai rapidement pigé :

- Y'a comme un pépin, mon Dédé !

*

* *

Il faut que je me présente : moi, c'est Dédé, connu ici

à Ménilmontant sous le nom de Dédé la breloque, rapport à toutes les bagouzes que je porte aux doigts mais aussi à mes bijoux de famille qui, selon ma régulière, sont de vrais joyaux. Et ma régulière, elle est bath ! C'est Ginette, une nénette carrossée comme une Simca. Quand on se promène bras-dessus bras-dessous sur les boulevards, entre Belleville et Ménilmuche, y'a plus d'un blaireau qui se retourne sur notre passage, parce que des bourgeoises roulées comme elle, ça court pas les rues de Paris, et que le Dédé il le porte beau lui aussi dans son costume trois pièces.

Mais moi, faut pas me la conter. Dans tout le quartier de Ménilmontant, Dédé la breloque il est respecté. Y'en a pas un qu'oserait toucher ne serait-ce qu'un cheveu de la Ginette, sinon je lui bomberais la durite en deux temps trois mouvements et il se retrouverait six pieds sous terre au Père Lachaise. Je les entends débiner dans mon dos que ma sentimentalité me perdra, moi le gros dur. Qu'ils aillent se rhabiller, la Ginette je la connais, elle en pince bien trop pour mézigue.

Je règne en maître sur mon quartier depuis pas mal d'années. Je me suis fait ma clientèle petit à petit et maintenant, ça roule du tonnerre. Momo, Thérèse, Ninon et autres filles à ma botte font rentrer l'oseille régulièrement, ça c'est du bon boulot. Pas un blaire pour me berlurer, j'ai l'œil. Un seul a essayé une fois de me piquer une gonzesse ; le Dédé, il est réglo, on ne lui fait pas des petits dans le dos. J'ai fait une descente chez lui, et je lui ai balancé, bien en face, les yeux dans les yeux :

- Marcel, y'a comme un pépin.

Il a pas eu le temps de gamberger, le gonze, il s'est chopé une torgnole qui lui a passé l'envie de recommencer et même de se plaindre à la maison Royco. Y savent les gars, Dédé il dessoude pas, car c'est un tendre dans le fond. Une petite tête au carré de temps en temps, ça remet les idées en place, y'a pas de quoi fouetter un chat. Après on va se boire que'ques p'tits rouquins chez Jojo, au troquet du coin, on se pète la ruche entre hommes, topète et c'est reparti, y'a plus de rififi.

*

* *

Y'avait vraiment un pépin ! Trente ans que je croupis sous terre. La Ginette elle m'a bien roulé dans la farine avec ses battements de ramasse-miettes à faire fondre le cœur du moine le plus intégriste. Plus de Dédé la breloque, disparu des affaires du jour au lendemain, et personne pour le pleurnicher, à part Ginette, cette grue. Ah ! ça, elle simulait bien au cimetière, elle se mouchait bruyamment dans son tire-jus, les yeux rouges et gonflés – la garce ! – pendant que Jojo la serrait dans ses bras. Ah ! les salauds !

En trente ans, elle est devenue bouffie, Ginette, elle s'est sacrément embourgeoisée avec le gars Jojo. Dans la courette derrière le troquet, elle a semé mes cendres sous la petite table de jardin, à l'ombre d'un gros pommier. Et à chaque fois qu'elle invite ses copines à boire le thé à la même petite table, elle sort son mouchoir, se cache les yeux pour tenter de se tirer des larmes et tape du pied sous la table en minaudant grassement :

- Ah ! mon Dédé, y'avait pas un gars comme lui ! Ah ! ça, je les ai regrettées ses breloques, pas un jour sans que je ne pense à lui.

Et elle pleure de plus belle, et les greluches compatissent. Mais elle ne va pas s'arrêter c'te punaise, personne n'osera lui fermer son clapet ?

Elle venait de porter en bouche un morceau de sucre imbibé de gnole, un canard comme elle disait. Une pomme est tombée de l'arbre au même moment, s'est fracassée en deux sur son crâne. Sous l'effet de la surprise, Ginette en a avalé de travers son sucre. Je la vois qui s'étouffe, elle râle et je me marre. Ses copines sont tellement estomaquées que pas une ne bouge. Elle s'étrangle, son visage devient blanc, ses yeux se révulsent, elle s'affale dans sa chaise et tombe lourdement à terre.

Bonjour ma Ginette, bienvenue au pays, tu avais vu juste, y'avait comme un pépin !

D. Marchal 2012

D. Marchal 2012

Le pont des Arts

Pierrette Gobin-Vaillant

Giovanni di Sotto, c'est cet homme au visage encore lisse, parti trop tôt en 1820 à cause d'une vilaine pneumonie. Vous est-il arrivé autrefois de regarder furtivement ses yeux ? Si c'est le cas, le constat qui en découlait était que vous n'y lisiez aucune trace d'émotion. Vous, comme nous tous, n'avez pu y déceler quoi que ce soit. L'homme se défendait d'y laisser entrevoir un soupçon de sensibilité. Il possédait une maîtrise de ses sentiments assez remarquable, il faut bien le dire. Ses sourcils bruns étoffés ne marquaient aucune interrogation. Sa bouche ne s'attardait pas même à l'esquisse d'un sourire et son menton s'en serait voulu d'oser un tremblement, si infime soit-il. Orgueil latin, orgueil tout court ou sensibilité exacerbée dont il avait honte ? Nul ne le sait.

Mais comme il ne faut jamais jurer de rien et surtout ne jamais clamer haut et fort « Jamais ! » vous seriez surpris de déceler à présent dans les pupilles foncées du bel Italien un nuage de mélancolie. Nuage qu'il semble avoir tiré comme on tire un voile pour préserver un peu d'intimité. Et ce, depuis son voyage dans le temps. Enfin, depuis qu'il a été projeté dans le nôtre de temps.

Lorsque, dans les hautes sphères nébuleuses, *On* lui a

proposé de choisir une destination qui entraînerait une accélération jubilatoire de ses palpitations cardiaques, un lieu de villégiature où les souvenirs afflueraient, un endroit qu'il aurait jadis foulé de ses pas, Giovanni a choisi sans hésitation aucune de revenir sur le Pont des Arts. Mais *On* l'a prévenu : « N'espère pas le trouver à l'identique, ne te laisse offusquer par quoi que ce soit et accepte, accepte le changement comme s'il était bénéfique. »

Toujours très fringant dans sa redingote en drap gris clair et ses bottes en cuir noir, Giovanni di Sotto adopte un maintien de gentleman. Son haut de forme cache sa chevelure corbeau qu'il n'est jamais parvenu à dompter, et lui confère une taille supérieure à la réalité ce qui flatte son orgueil.

Une main dans la poche gauche de son manteau, l'autre qui n'en finit pas de lisser sa moustache, le bel Italien, figé sur les premières marches du Pont des Arts, se souvient.

Au début des années 1800, Giovanni a participé à la construction de cette structure. « Ma passerelle », aimait-il dire avec affection. Non pas qu'il se la soit appropriée par un investissement plus acharné que les autres ouvriers, même si travailler la fonte, assembler les arches ne revêtait aucun secret pour lui, mais sur ce pont qui enjambe la Seine et qui relie l'Institut de France et la cour carrée du Louvre, l'Italien a vécu en 1820 sa dernière histoire d'amour.

Giovanni fait quelques pas. Précautionneusement, il pose un pied sur les lattes, puis l'autre avec tout autant de délicatesse. Pour ne pas les endommager plus qu'elles ne le sont. Le bois est strié, ridé, fendu, épuisé, poli, saturé d'avoir été autant piétiné. Il se penche, le touche du bout des doigts, en recherche les aspérités du plat de la main puis sans retenue aucune s'allonge pour le humer. Il s'en doutait : l'odeur initiale a disparu. Il le déplore. Cette odeur de bois qu'on travaille, qu'on façonne, n'est plus. Ce parfum qui lui a hanté les narines et que tout son être a mémorisé s'est envolé. Désolation. Giovanni se relève quelque peu contrarié. Bien que « *On* l'ait prévenu », la constatation est douloureuse. C'est en partie grâce à lui que tous ces gens peuvent fouler le Pont des Arts. L'assemblage des planches de bois, c'est lui aussi. Mais Giovanni n'est pas homme à se laisser abattre pour si peu et même s'il voulait s'attarder sur ces considérations, il n'en aurait pas le temps. Voilà qu'il doit maintenant esquiver les nombreux promeneurs qui déambulent… Car si personne ne remarque cet homme d'un autre temps immobile, puisque invisible pour tous, Giovanni, lui, subit la trépidante vie parisienne de plein fouet. Tous ces gens qui se bousculent ! Mais où courent-ils donc ? Et ces gamins bizarrement affublés qui crient, piaillent autour de lui et qu'il doit éviter ! Mériteraient un soufflet ! En détaillant un peu plus les adultes, il constate que les dames portent des pantalons au même titre que les messieurs ! Et qu'elles osent dévoiler leur féminité ! Décidément, plus rien ne va dans ce monde. Mais Giovanni a promis de ne pas s'offusquer. *On* l'a prévenu : toute cette évolution doit sans doute faire partie de ce qui est bénéfique.

Giovanni avance doucement, presque cérémonieusement jusqu'à ce que, la main en visière, il s'arrête. Là-bas, un peintre a installé son chevalet. Oh, il n'est pas le seul ! Une enfilade de peintres semble vouloir croquer le panorama qui s'offre à eux : des quais de Seine à l'Institut de France en passant par le Louvre et l'île de la Cité, tous ont à cœur de laisser leurs pinceaux immortaliser ce point de vue unique. D'autres vont s'attarder sur l'ondulation des péniches à quai. Mais ce n'est pas ce qui importe à Giovanni. Lui, il croit bien reconnaître cette silhouette, là-bas, légèrement voûtée, penchée sur son chevalet vieillissant. Le cœur soudainement plus léger, il accélère le pas. Jacques-Louis David, le peintre de Napoléon 1er, aurait lui aussi eu l'opportunité de venir se fondre dans ce XXIe siècle ? Giovanni n'a auparavant jamais eu l'occasion de lui adresser la parole. C'est bien connu, les ouvriers et les artistes qui officient auprès des tout puissants ne se côtoient pas. Ils n'appartiennent pas au même monde. D'ailleurs, Giovanni ne s'intéresse pas plus que ça à la peinture mais il trouverait un certain réconfort à pouvoir partager ses impressions avec quelqu'un de son siècle. Mais plus il approche, plus il comprend que son imagination lui a joué un tour : force lui est de constater que le peintre en question n'a pas la moindre petite expression en commun avec « son » peintre. Rien. Désabusé, il n'accorde aucun regard à l'aquarelle de l'artiste et s'éloigne tête basse et les bras ballants.

Cette foule que Giovanni doit constamment éviter est épuisante. Ce grouillement l'étourdit au point qu'il lui est nécessaire de se poser quelques instants. Un banc, là, dont seule l'extrémité est libre va accueillir son postérieur, duquel il dégage sa redingote d'un geste étudié. Se poser enfin ! Giovanni était loin de s'imaginer que le Pont des Arts attirait autant de promeneurs : outre les artistes peintres, Giovanni remarque ces gens avec, à la main, des boîtes de différentes dimensions, petites pour la plupart, qui semblent se satisfaire d'un clic discret. Il ne se passe rien, mais eux affichent la satisfaction, le plaisir. Le changement bénéfique sans doute. Et puis, ces vendeurs à la sauvette qui proposent Paris en miniature. Comme si Paris pouvait se réduire à une Tour Eiffel de quelques centimètres ! Un Arc de Triomphe si minuscule ! S'il n'affichait pas un visage aussi impavide, Giovanni oserait un sourire narquois accompagné d'un hochement de tête moqueur. Et puis aussi, tous ces dialectes qui font frémir son oreille. Quels sont-ils ? Tant de nationalités différentes se côtoient ici, sur son pont…

Giovanni que la lassitude a gagné, sent ses paupières s'alourdir. Se laisser porter par le temps, se laisser porter dans le temps, un voyage bien tentant que celui-ci. Les yeux à peine fermés, l'Italien a la surprise de voir quelques silhouettes prestigieuses déambuler devant lui. Ces silhouettes, *On* lui en a décrit quelques-unes. Ce Georges, à la moustache drue, dont les doigts se plaquent sur une guitare au rythme de paroles qui s'égrènent comme le vent qui soulève les jupes des filles sur son pont, ce Boudu qui simule un suicide pour le 7e art, cette Amélie, au fabuleux destin, ce…. mais qu'est-ce donc ce bourdonnement qui emplit l'air frais de l'après-midi ? Ces sons intempestifs qui déchirent l'atmosphère et contraignent Giovanni à ouvrir les yeux et à quitter cet état cotonneux qui le délassait si bien ? Il regarde autour de lui. Personne ne semble indisposé par ces bruits. Son ouïe serait donc la seule à être gênée ? Giovanni quitte à regret le banc, se redresse et, sur la pointe des pieds, le cou tendu, essaie de situer l'origine de ces nuisances auxquelles il n'avait pas prêté attention jusqu'à présent. Il a suffi qu'il veuille se reposer pour qu'elles lui montent à la tête. Serait-ce ces véhicules, le long de l'Institut de France ? Ma foi, il se pourrait bien que son pont soit entouré de ce bourdonnement car des véhicules, il en voit partout. Ils font eux aussi partie de l'évolution bénéfique, sans nul doute. Mais qu'est-ce sur la Seine ? Une voix nasillarde s'extirpe d'un bateau et il semble bien à Giovanni qu'elle commente l'origine du Pont des Arts ! Mais oui, c'est de cela qu'il s'agit ! Alors, n'y tenant plus, il s'agite, lève les bras, se penche à la balustrade, fait des signes, crie :

- Attendez ! Je la connais, moi, l'histoire du Pont des Arts ! Je vais vous la narrer par le menu, attendez !

Mais, Giovanni di Sotto ! À quoi bon tout ce tintamarre ? Tu es in-vi-si-ble !

L'Italien fait quelques pas en arrière. Déçu ? Irrité ? Absolument pas. En posant les mains sur le pont, il vient de voir les innombrables cadenas qui y sont accrochés. Des centaines de cadenas ! Certains rivalisent d'originalité, d'autres demeurent sobres, mais tous ont été accrochés pour sceller à tout jamais un amour entre deux êtres. Giovanni reste bouche bée. Il a immédiatement compris le message qui doit être perçu. Et pour cause ! C'est son idée qui a été développée ! Il en est l'instigateur ! Évidemment, en 1820, il ne s'agissait pas de cadenas. Mais c'est son idée ! À lui ! Giovanni di Sotto !

À quoi bon te voiler la face, Giovanni ? Tu sais pertinemment que le choix de revenir ici revêt précisément un caractère sentimental. Depuis le début, tu empêches tes souvenirs d'affluer. Tu les repousses pour caresser une latte, pour espérer y rencontrer une vieille connaissance. Alibis que tout ceci, Giovanni, alibis. Sois honnête avec toi-même. Laisse ton cœur parler, saigner, rêver.

Une main dans la poche gauche de son manteau, l'autre qui n'en finit pas de lisser sa moustache, Giovanni di Sotto se souvient.

Depuis quelques mois, le cœur de Giovanni a eu la bonne idée de s'emballer pour une belle qu'il a l'habitude de rencontrer une fois par semaine sur le Pont des Arts. Cette semaine-ci, les deux amoureux se sont donné rendez-vous pour le jeudi, en fin d'après-midi. Giovanni patiente en faisant les cent pas. Il sait que parfois sa belle est retenue dans la maison où elle officie en tant que femme de ménage. Dans ces cas-là, avant de partir, il tord en forme de cœur, un fil de fer qu'il accroche à la base du pont. Dès qu'elle peut se libérer, la jeune fille court chercher le cœur qu'elle conserve précieusement jusqu'à leur prochaine rencontre.

Giovanni, pour tromper son impatience, commence à sculpter le métal. Une petite brise fraîche véhiculée par la Seine balaie le pont. Giovanni frissonne. Le vent s'est insidieusement faufilé à travers sa redingote et commence à lui glacer les os. Le cœur est maintenant accroché à l'un des poteaux du pont. Avant de quitter l'endroit, Giovanni se retourne. Il reviendra dans une semaine.

Une toux persistante n'a cessé de secouer le corps de l'Italien depuis quelques jours. Grignotées par une fièvre, ses forces l'ont abandonné peu à peu.

Giovanni n'est jamais revenu sur le Pont des Arts. Jusqu'à aujourd'hui.

Depuis, ses yeux se sont parés d'un voile mélancolique.

D. Marchal 2012

Le lutin rouge des Tuileries

Olivier Mazé

Depuis toujours, ses petits pieds parcouraient les longs corridors du palais. « Le lutin rouge », comme certains le surnommaient, était vif, preste à disparaître au moindre regard. Très superstitieuse, La Médicis lui avait causé grand tort en faisant démolir son « salon » de bonne convenance comme il aimait à l'appeler. Elle en avait fait les frais. Le roi de Navarre s'était installé en la demeure depuis quelques mois et il se murmurait qu'il aspirait à la paix et à la reconstruction. Ce mot, le lutin l'avait déjà bien trop entendu. Cela ne laissait rien présager de bon.

Ce soir, il flânait dans ce que « Riri à la moustache blanche » appelait le Grand Dessein. Une belle galerie qui n'avait connu que deux visiteurs jusqu'alors, le Roi et son maître d'œuvre, venait d'être achevée. Mais Riri aurait une sacrée surprise à son réveil. Un petit badigeonnage de rouge à gauche, un petit badigeonnage à droite et le tour fut joué ! Le lutin n'usait pas de sang pour réaliser son art mais d'une mélasse rouge dont lui seul connaissait l'origine. Après avoir achevé sa besogne, il s'apprêtait à quitter la Grande Galerie quand il aperçut un petit garçon.

C'est avec grande hésitation que le jeune Nicolas[4] avait franchi la porte gigantesque menant à la galerie du Bord de l'Eau. Il contemplait les murs vierges et lumineux encadrés par de hautes colonnes d'albâtre. Son père était si fier de son œuvre qu'il avait promis à Louis le dauphin de l'y emmener. Nicolas, un peu plus de trois ans et « peu gracieux » selon les mots mêmes de sa mère qui ne jurait que par Louis ou Gaston, ne méritait pas la moindre attention. En dépit de sa santé fragile, Nicolas avait une finesse d'esprit hors du commun pour son âge : il était capable de voir au-delà des apparences et parlait déjà mieux que certains conseillers du Roi. Il n'écoutait plus depuis bien longtemps les histoires enfantines. La sage-femme de la Reine le surveillait de près et lui administrait régulièrement des décoctions qui lui donnaient des nausées et des maux de tête. Pour une fois, il avait réussi à échapper à la vigilance de celle-ci.

Une série de traces rouges dessinées sur l'un des murs attira son attention. Il écarquilla les yeux en voyant ce que son grand frère lui avait appris être une couronne. Sur cette dernière on distinguait sans peine une lame d'épée. Son papa chéri n'apprécierait certainement pas. Bien vite, il se sentit observé. Une silhouette de petite stature se cachait dans l'ombre. L'intrus se dévoila bientôt : il s'agissait d'un homme vêtu de rouge. Son visage était aussi pourpre que la

[4] Nicolas de France (1607-1611) second fils d'Henri IV et de Marie de Médicis.

large cape brodée d'étranges symboles dont il s'était affublé.

Le lutin posa un regard circonspect sur le garçon et finit par dire avec amusement :

– Bien le bonjour, mon petit monsieur. Se serait-on égaré ?

– Euh... qui es-tu, Monsieur ?

– Ceux qui m'ont déjà vu par le passé m'ont surnommé le Lutin Rouge. Je suis... comment dire ? Hum... Disons un visiteur permanent ici.

Nicolas, qui avait décidé de jouer le garçonnet parfaitement innocent, fit semblant de ne rien comprendre à ce que lui disait cet étrange individu et demanda :

– Pourquoi t'es tout rouge Monsieur ?

Le lutin qui n'était pas né de la dernière pluie devina vite que ce tout petit garçon était de sang royal. Sa tenue et son regard plein d'intelligence ne laissaient aucune place au doute. Aussi décida-t-il de retourner la situation à son avantage.

– Disons que cette couleur m'est familière depuis que l'on m'a offert un sauf-conduit pour l'enfer. Et puis je n'ai jamais été grand adepte du blanc royal. Et vous, est-ce que vous aimez le blanc mon petit Monsieur ?

Nicolas commençait à se méfier de ce jeu de questions à tout va mais répondit avec assurance :

– Pas vraiment... Maman dit que c'est la seule couleur que nous devrions porter, Louis, Gaston et moi. Elle prétend que c'est en l'honneur du Roi et de son panache. Mais euh...

Nicolas se rendit compte de son faux pas et enchaîna

aussitôt :

– Mais il faut dire que comme Maman est au service de la Reine, elle se prend toujours pour une grande dame. Moi, le blanc, je trouve que ça fait terne.

Le lutin explosa de rire si bien qu'il en devint rouge écarlate et pensa :

– Sacré Riri ! Tu es très audacieux en m'envoyant ton fils !

Il se reprit en voyant l'air ahuri du jeune garçon :

– Tu parles drôlement bien pour un fils de dame de compagnie, dis-moi. Mais tu as raison, je ne vois pas l'intérêt de porter du blanc quand on peut rayonner avec un pourpoint coloré.

Après un court silence, il enchaîna :

- Mon cher petit Monsieur, je crois bien que votre mère serait folle de rage si elle savait que l'un de ses précieux petits a quitté sa chambre sans prévenir.

Nicolas avait d'ores et déjà compris que le lutin l'avait démasqué, aussi répondit-il à cette dernière intervention en toute sincérité.

– Ma mère ne m'aime pas, elle ne s'occupe que de Louis ou Gaston. Elle me considère comme son enfant juste parce que le Roi m'aime énormément. Comme vous le pouvez constater, je suis souffrant. De jour en jour, je suis plus malingre et malade. Voyez, du fait de ma faible condition physique, ils ne m'ont point encore donné de baptême. Selon la Reine, la mort m'emportera dans l'année.

– La peste soit des Médicis ! Quand on en chasse

une, une nouvelle revient plus vite que la bise. Mon petit Monsieur, je dois vous avouer ne pas tenir votre père dans mon cœur car il n'a de cesse de modifier cette demeure qui m'est devenue chère au fil des ans.

Le lutin se balançait maintenant d'un pied sur l'autre, visiblement dérangé par quelque chose...

– Soit… Même si la roue du destin roule déjà trop vite pour sauver le Roi, votre père, je peux peut-être l'empêcher de dévorer les enfants du Roi. Dites-moi donc, comment vous surnomme-t-on présentement ?

Le jeune Nicolas délivra à l'adresse du lutin un délicieux sourire d'enfant et répondit :

– Mon père, Louis et mes sœurs m'appellent Nicolas. Quant à la Reine et ceux qui la suivent, ils me nomment Monsieur le duc.

– Y-a-t-il quelqu'un dans votre entourage en qui vous ayez une confiance absolue et qui ne tient pas trop la Reine dans son cœur ?

– Mon frère Louis ! Mais lui aussi a les mains liées, notre mère a trop de pouvoir à l'heure actuelle pour que nous puissions faire quoique ce soit.

Le jeune duc semblait chagriné.

– Vous disiez que pour mon père, la roue du destin roule trop vite. Qu'est-ce que ça signifie ? Va-t-il mourir ?

– Hélas mon petit Monsieur, ses décisions ont fait grand tort à l'homme qu'il est et désormais les dagues et poignards de ses opposants sont pointés vers son cœur.

Nicolas laissa échapper un hoquet de douleur. Un douloureux mal de tête le saisit, il trébucha. Bien que souvent sujet à ce genre de vertige, l'annonce de la mort de son père si chèrement aimé l'avait frappé plus fort qu'un marteau une enclume.

Le lutin le rattrapa *in extremis* avant qu'il ne heurte le carrelage de marbre de la Grande Galerie. Après quelques instants, Nicolas avait repris ses esprits et le lutin rouge, qui avait posé sa cape sous la tête de l'enfant, l'aida à se relever.

– Je suis désolé Monsieur le lutin, les décoctions de Madame Louise m'affaiblissent de jour en jour. Je suis fatigué.

Visiblement soulagé, le petit homme rouge esquissa un sourire malicieux et s'enquit :

– Qui est donc cette Madame Louise ?

– C'est la sage-femme de la Reine, elle m'empoisonne avec ses potions et me force à les boire. Elle prétend que c'est pour apaiser les maux de tête et me soulager. Mais je ne m'en porte que plus mal.

– Hum... Faites donc venir votre frère, demain, vers la même heure, à l'entrée de la Grande Galerie, j'aimerais le rencontrer. Allez, d'ici là, gardez précieusement en tête que vous n'êtes pas seul. Désormais vous avez plus qu'un allié avec vous. Un ami. Je m'en vais lancer une petite pièce dans la mare royale en ajoutant une touche personnelle à mon art dès ce soir.

L'enfant était aux anges, il ramassa la cape du lutin et la lui tendit avec de profonds remerciements. Puis il se dirigea à pas de loup vers la porte qui menait à l'escalier de sa chambre.

Après avoir vu disparaître le jeune Nicolas, le Lutin Rouge reprit son badigeonnage sur le mur de la Galerie et écrivit à l'aide d'une plume peinte de rouge l'identité du coupable. Songeant déjà à de futurs stratagèmes plus fous les uns que les autres, il s'en retourna vers ses quartiers. Nicolas était un atout précieux pour mettre un terme à la tyrannie des Médicis. Si Louis l'héritier du Roi entrait dans la partie, tout espoir serait permis. Bientôt, le visage de la France changerait.

Le lendemain matin, la profanation de la galerie fut perçue comme un affront au Roi. Et même si elle fut défendue par Marie de Médicis, Henri IV punit Louise Bourgeois pour le sacrilège qu'elle avait commis. Elle fut renvoyée en province dans le duché d'Orléans sous escorte. Elle devait y rester une année durant pour apprendre les bonnes manières. Une fois nettoyée, la Grande Galerie reçut ses premiers visiteurs et ses premiers chefs d'œuvres. Les peintres et sculpteurs au service du Roi après accord de ce dernier purent bientôt admirer leur travail au milieu du long couloir qui menait jusqu'au Louvre.

Le soir-même, devant un portrait réalisé par Pourbus le Jeune, alors favori de la Médicis, le lutin et le dauphin unirent leurs destins pour la première fois. Le plus compliqué pour le petit homme rouge fut de faire comprendre à Louis que sa mère était l'instigatrice de la dégradation de l'état de santé de son petit frère. Ils finirent néanmoins par se confier l'un à l'autre et Louis fut très bientôt l'espion du lutin auprès de la Reine.

Au fil des mois, il se rapprocha de sa mère en disant que sans elle, la vie n'aurait pas de raison d'être et qu'il voulait en savoir plus sur les origines de la famille de Médicis. Il était si proche de la Reine qu'il en vint à connaître par cœur son emploi du temps. Marie de Médicis enrageait de jour en jour en se rendant compte des torts que lui faisait celui qu'elle appelait déjà « l'être invisible ». On pourrait citer certaines de ses mésaventures : un jour, ses femmes des chambres lui présentaient des robes déchirées, un autre, sa couronne avait disparu avant d'être retrouvée dans les cuisines royales... Son portrait maquillé d'une moustache couleur sang dut même être refait par Pourbus.

Le couronnement « officiel » de la Reine fut accueilli par tous comme une grande joie. Enfin peut-être pas tous... Le lutin rouge avait contribué très largement à faire repousser le couronnement par l'entremise de Louis et Nicolas. Mais cette fois-ci, tous trois durent laisser la place au destin.

*

* *

La nouvelle choqua tout le monde au Palais. Le roi

venait de mourir, assassiné ! La Reine s'effondra en larmes en apprenant la nouvelle. Nicolas et Louis, bien qu'informés depuis plusieurs mois déjà du destin tragique auquel devait succomber leur père, ressentaient un immense chagrin. Le lutin soutint les deux frères dans cet épisode tragique. Il leur sembla à tous trois évident que l'assassinat au lendemain du couronnement de la Reine n'était pas le fruit du hasard.

Le nouveau roi Louis encore trop jeune pour régner dut se plier aux règles de la nouvelle régente, sa mère Marie de Médicis qui, très vite, fit faire des travaux importants dans le Palais des Tuileries. Elle se montrait très dépensière et semblait ne plus se soucier de l'avenir de ses enfants, excepté celui de Gaston, en qui elle voyait déjà un grand homme. L'arrestation de l'assassin Ravaillac, un fanatique catholique, fit beaucoup de remous dans les rangs des protestants. Ceux d'entre eux qui résidaient au Palais furent renvoyés vers des châteaux de province sur ordre de la Médicis.

Les mois passèrent et le pire arriva. Louise Bourgeois alors revenue auprès de sa bien-aimée reine avait durci le traitement de Nicolas en lui donnant trois décoctions par jour. Ses premières crises eurent lieu au début de l'année 1611. Il ne put bientôt plus quitter son lit. Louis réclamait à sa mère de faire quelque chose. Pour la forme, elle envoya quérir le médecin royal du Roi d'Espagne. Mais hélas, le verdict de celui-ci fut sans appel : Nicolas souffrait d'une dégénérescence aggravée. En apprenant cela, le Lutin fut hors de lui. Nicolas, bien que faible et sujet à des crises d'épilepsie fréquentes, n'avait rien d'un fou. La régente reçut bientôt une lettre marquée du sceau royal qui se terminait ainsi : « … Sang pour sang, ma vengeance sera terrible. » En bas de page, un vague griffonnage aux formes chaotiques où on lisait « Henri IV ». Un filet d'encre rouge vint couler sur les doigts de Marie de Médicis alors même qu'elle laissait échapper un hoquet de terreur.

Pendant plus d'une semaine, elle resta cloîtrée dans sa chambre recevant pour seule visite celle d'un prêtre. Puis elle reprit son travail de réforme avec encore plus d'ardeur et se montra plus impitoyable que jamais avec ses sujets. En novembre, le monde s'écroula pour le jeune Louis XIII quand on lui fit part du décès de son jeune frère Nicolas. La cérémonie fut brève, le jeune duc d'Orléans ayant expiré sans recevoir de baptême. La Reine esquissa même un sourire à l'égard de ses partisans alors que Louis rendait hommage à son jeune frère.

Le roi n'avait pas pu voir le Lutin pour faire part de la souffrance qui l'animait. Il sembla que son fidèle ami avait tout simplement disparu ce jour-là. « L'être invisible » ne daigna plus mener la moindre action contre la Reine. Louis resta dès lors dans une chambre du Louvre et n'en sortit plus qu'à de rares occasions.

Le mariage de Louis avec l'infante d'Espagne Anne d'Autriche fut monté de toutes pièces par la Reine. Encore une fois, le Roi déjà abattu ne put rien faire face à ce choix.

Il n'avait alors que quatorze ans. Après deux ans d'humiliation et de malheurs, il eut à nouveau les mains libres. Par le biais de son ami le duc de Luynes, il parvint à éliminer deux cartes maîtresses de la Reine, son favori ainsi que la femme de celui-ci, alors dame de compagnie. Cette prise de pouvoir par la force lui permit d'exiler sa mère à Blois.

En peu de temps, la Reine parvint à s'évader de sa « prison » et à prendre la tête d'une armée pour s'opposer au Roi. Louis XIII se vit contraint d'accepter son retour à la Cour. Le retour de la Médicis l'inquiétait mais quel autre choix avait-il ?

Perdu dans ses pensées, il regrettait amèrement son fidèle Lutin Rouge. « Si seulement j'avais un aussi fin stratège que lui, songeait-il, un stratège qui me conseillerait au mieux et m'aiderait dans la nasse de noirceur qui m'entoure ».

Le bal battait son plein sous les lumières de la Grande Galerie, les nobles dansaient sans se soucier de ses tracas. Il finit par émerger de ses rêveries en criant : « Lutin ! ». Tous se figèrent et le dévisagèrent avec stupéfaction. Il sourit pour rassurer ses invités et s'exclama : « Continuez, mes amis, je pensais juste à la magie que me procure la musique... ».

Ils repartirent de plus belle dans la joie et la bonne humeur.

Si seulement... Du rouge ! Il cligna des yeux pour en être certain ! Un individu tout vêtu de pourpre venait d'attirer son attention. Louis crut rêver en voyant ces vêtements rouges flamboyants. Il quitta son trône et se dirigea droit vers cet homme de belle stature. Celui-ci se retourna et s'inclina avec un sourire complice :

–Armand du Plessis, duc de Richelieu ; pour vous servir, mon Roi.

Louis XIII sourit à son tour.

D. Marchal 2012

La vie en Rose

Delphine Marchal

Naguère, sur la butte Montmartre, royaume des bohèmes, vivait un homme doué d'un incroyable talent pour le dessin et d'un sens inné de l'observation. Il était capable d'esquisser avec une précision déconcertante les traits d'un inconnu croisé la veille, ses œuvres étaient néanmoins boudées par le public. Et point davantage estimées de ses pairs, si bien qu'aux salons ou expositions, jamais il n'était convié. Tous lui reprochaient une peinture bien monotone en cette glorieuse *époque impressionniste*[5]. Et pour cause, le pauvre Faustin ne distinguait pas les couleurs ! De ses yeux gris clairs, il percevait et peignait la vie ainsi. Il avait bien tenté d'appliquer des pigments d'ocre, de garance ou d'émeraude ici et là sur la toile, mais en vain.

Des « oh !» et des « ah !» de stupeur ou d'indignation avaient alors fusé face aux arbres fardés de bleu, aux nuages verdâtres et aux portraits cireux. Certains grimacèrent. D'autres s'étranglèrent à en perdre leur souffle. « N'avait-on

---

[5] Mouvement impressionniste : école picturale du XIXe siècle qui s'attachait à peindre les impressions fugitives suscitées par les jeux de lumière sur la nature, les objets.

pas idée de se prétendre peintre alors qu'on n'y voyait rien ! » se gaussait-on de lui doucement.

Cependant, n'allez pas croire qu'il n'était point aimé des Montmartrois ! Sa générosité et son charme naturel ravissaient à chaque coin de rue tandis que son physique avantageux chavirait plus d'un cœur en fleur. Personne n'aurait souhaité qu'il s'efface du paysage de ce vieux Paris.

Mais voilà que subitement l'ombre de sa longue silhouette ne se dessina plus sur les pavés de Montmartre. Alors qu'il était accoutumé à déambuler quotidiennement fusain à la main, il avait disparu depuis de longs jours. Sur la place du Tertre, repaire des artistes peintres, il n'était plus apparu. À la terrasse du cabaret "Le Lapin-Agile" où il se plaisait tant à retrouver son ami *Auguste Renoir*[6], il ne se montra pas davantage. Devant son atelier habituellement ouvert aux quatre vents, on trouva porte close et volets fermés. Inquiétude et questionnements s'affichèrent alors sur les visages des Montmartrois. Bientôt, il fallut se rendre à l'évidence, Faustin était parti. Parti ? Pourquoi ? Et pour aller où ? Aux interrogations affolées des jeunes filles, nul ne pouvait répondre. Même Auguste, son fidèle confident ne put que hausser les épaules, la mine abattue.

Pourtant d'absence, il n'en était rien. Faustin s'était simplement verrouillé chez lui, dans l'espoir fou que le miracle prédit quelques jours plus tôt se produise.

Tout commença au détour des vignes cultivées sur la

---

[6] Auguste Renoir : peintre impressionniste français (1841-1919)

butte, du côté de la Goutte d'Or. Faustin alangui contre l'écorce d'un grand chêne, contemplait les hauts rangs de ceps baignés de soleil. Treilles qui déjà laissaient présager des bonnes pintes de vin dont on se délecterait dans la convivialité des guinguettes et cabarets du coin. Malgré tout, il était maussade. Combien de fois avait-il ouï parler de la beauté inattendue de ce panorama verdoyant. Vert ? Mordoré ? Cyan ? Vermillon ? Ces mots n'avaient aucun sens pour Faustin et le laissaient toujours aussi perplexe. Autant de coloris chatoyants qui l'entouraient mais demeuraient invisibles dans son univers terne et délavé. Souvent par plaisanterie, il se disait « aveugle des couleurs », mais en son for intérieur il était de plus en plus peiné. Il avait consulté bien des médecins (et charlatans aussi), hélas sans résultat aucun, lui qui aurait tout donné pour faire disparaître son infirmité. C'est dans cette humeur chagrine qu'il finit par s'assoupir, pressant entre ses doigts un trèfle qu'il venait d'arracher de dépit.

Lorsqu'il se réveilla, les rayons d'été avaient laissé place à un voile sombre. Mais c'étaient bien davantage les picotements de sa main que la fraicheur de la nuit qui l'avaient tiré du sommeil. Lorsqu'il desserra son poing qui le démangeait tant, une luciole s'en échappa et se mit à virevolter en scintillant devant son nez. D'abord surpris, Faustin en resta coi quand il s'aperçut que le coléoptère n'était point gris ! D'autant plus que la curieuse petite bête variait de couleurs à tout va, tantôt jaune luminescent, tantôt bleu incandescent. À chaque clignement d'œil, Faustin découvrait une nuance différente. Toute la palette de l'arc-en-ciel y flamboya. Alors c'était donc comme ça de voir normalement ! songea-t-il, béat d'admiration.

- Eh oui ! C'est comme ça ! N'est-ce pas merveilleux ? lui répondit gaiement l'insecte.

Faustin n'en croyait guère plus ses oreilles que ses yeux… après les couleurs… une bestiole qui parle… La folie le guettait-il ? Bouche bée, Faustin ne put qu'opiner vivement du chef en constatant combien le paysage autour de lui demeurait d'un triste face à cette profusion d'éclats lumineux.

- Rassure-toi, tout ceci est bien réel ! reprit le ver luisant. Et cela pourrait l'être davantage. J'ai cru comprendre que cette vie incolore te désespère. Pour le moment je suis le seul à t'apparaître de mille feux et lumières, mais je peux réaliser ton vœu le plus cher. Bien sûr ton monde en sera transformé. Toutefois, en échange tu devras me céder quelque chose de précieux.

C'est sur ces mots retentissants que Faustin s'empressa d'accepter l'étrange pacte. Il ne se soucia guère de savoir ce qui lui en coûterait. Des biens de valeurs, il n'en possédait point. De l'or encore moins. Il n'avait rien d'important à offrir et il ne manqua pas de le préciser. La luciole se contenta alors de lui adresser de vifs battements d'élytres et un sourire mutin. Faustin semblait oublier qu'il existait nombre insoupçonné de richesses.

Depuis il se cloîtrait chez lui à la lueur des bougies, guettant le moment de délivrance avec fébrilité. « Abstiens-toi de parler à quiconque de notre accord, sans quoi ton souhait s'annulera ! » l'avait mis en garde le coléoptère. De crainte que sa langue ne finisse par fourcher, Faustin s'isola de tous. Il faut dire qu'il avait la verve prolixe lorsqu'un gobelet à la main il s'encanaillait dans les soirées Montmartroises, en compagnie des chansonniers et poètes. Voilà pourquoi Faustin avait déserté les venelles de la butte, au grand dam des riverains.

C'est au matin du septième jour que le phénomène eut lieu. Lorsqu'il en prit conscience, fou de joie, Faustin ouvrit la porte à toute volée pour contempler la vue qui s'offrait à lui. Devant cette profusion de lumière et de couleurs, ses yeux se firent douloureux et il eut le souffle coupé. Même dans ses rêves les plus démentiels, il n'avait imaginé un tel spectacle. La nouvelle fit bien vite le tour de Montmartre. On accourut de toutes parts afin de s'assurer que la rumeur disait vrai. Et surtout on se félicita d'un tel prodige.

Faustin se garda bien de donner quelque explication. Pour tout le monde il était simplement devenu le miraculé. Le moment de liesse envolé, il se fit un plaisir d'apprendre avec l'avidité d'un jeune écolier, l'étendue de la palette chromatique. Fort impatient de pouvoir enfin égaler ses pairs et ses maîtres, il se mit en devoir de fabriquer ses pigments avec le plus grand soin. Sa préférence allait déjà vers les tons rosés. Tout un symbole, car Faustin vouait un véritable culte pour la fleur du même nom. Rose de caractère avec ses épines défensives et rose au cœur tendre avec son délicat parfum, aimait-il à penser. Pour son plus grand bonheur, il découvrait à présent les douces nuances pastel que pouvaient prendre ses pétales. Hélas il n'eut guère le loisir d'en faire le sujet de son prochain tableau car subitement il lui devint impossible d'esquisser le moindre trait. Il s'acharna pourtant encore et encore. Mais ses doigts se crispaient inéluctablement et tremblaient d'une manière incontrôlable à chaque tentative. Il n'eut pas plus de succès de l'autre main. Quelle ironie du sort ! songea-t-il en versant des larmes de rage et d'incompréhension. À quoi lui servait-il de distinguer les couleurs s'il ne pouvait exercer son art ? Lorsque la luciole lui réapparut brièvement, il comprit alors combien il avait été naïf d'avoir pactisé avec elle et il se maudit de sa crédulité. À présent, elle l'avait dépossédé du seul trésor qu'il chérissait : son talent pour le dessin.

Inconsolable, le malheureux s'enferma à double tour dans son atelier. Nombreux sont ceux qui essayèrent de l'en déloger, Auguste son meilleur ami le premier. Mais pas un n'y parvint. Des jours durant, Faustin se morfondit dans l'obscurité la plus totale. Il avait même finit par clouer des liteaux afin qu'aucun rai de soleil ne filtrât par les interstices des contrevents. Il refusait tout bonnement d'exposer ses yeux à la lumière et aux couleurs, reniant ainsi farouchement le cruel marché dont il avait été victime. Il implora le ciel avec l'énergie du désespoir afin que la luciole fît preuve d'une once de compassion et mît fin à leur accord. Faustin souhaitait simplement retrouver sa vie d'avant, mais d'insecte luisant il n'en vit pas le bout d'une aile brillante.

Seul avec ses suppliques, il demeura dans la pénombre et le silence de son modeste logis. Il se souvint alors que le drame avait débuté par la banale cueillette d'un trèfle. Loin d'être enthousiaste à l'idée de retourner au pied des vignes, il était néanmoins prêt à tenter n'importe quoi pour se libérer de ce sortilège et pouvoir dessiner à nouveau. Sans plus attendre, il s'aventura d'un pas nerveux sur le chemin des cépages qui couvraient les versants de la butte Montmartre. La tenue débraillée et les cheveux hirsutes, il faisait peur à voir avec son allure d'épouvantail mal rasé. Pour preuve, sur son passage les oiseaux effrayés s'enfuyaient tous à tire-d'aile. Et les passants en firent autant. D'ailleurs pas un ne le reconnut !

Déboulant sous le haut chêne, il lorgna scrupuleusement le sol dans sa quête salvatrice. Hélas, il ne trouva point l'objet de ses convoitises, même après avoir largement étendu la zone de ses recherches jusqu'au bas de la pente. Le visage défait et le regard humide, il se laissa choir contre le tronc noueux d'un vieil arbre, scrutant ses mains sur lesquelles coulaient des larmes de tristesse.

- Vous m'avez l'air bien mal en point ? Puis-je vous être d'une quelconque aide ? s'excusa presque une timide voix cristalline.

Lorsque Faustin leva les yeux, il rencontra deux grandes prunelles noisette. Il ne put retenir un hoquet de surprise face à la jeune femme qui se tenait devant lui. Sous l'effet du contre-jour, elle baignait dans un halo lumineux. Sa chevelure dorée flottait au gré du vent et sa longue robe brodée de perles irisées accentuait les gracieuses courbes de sa silhouette. Faustin crut défaillir quand il remarqua un petit trèfle à quatre feuilles attaché négligemment à une mèche bouclée des cheveux de la demoiselle. Son teint rosé parsemé d'éphélides et son sourire mutin achevèrent de le conquérir. L'espace d'un instant, elle réussit presque à chasser le chagrin qui le tourmentait si profondément. D'autant plus que ce dernier devait bien admettre que la vision de la jeune femme resplendissante de couleurs n'était pas pour lui déplaire !

Le moment de gêne dissimulé, ils se présentèrent l'un à l'autre. Tout en s'excusant pour son apparence plus que négligée, Faustin apprit que la belle inconnue se prénommait Lucile. Elle résidait à Montmartre depuis peu où chaque soir elle montait sur les planches pour chanter. D'ailleurs elle n'avait pas son pareil pour divertir le public. Bien vite, on ne croisa plus Faustin sans voir Lucile à ses côtés. Toujours ensemble, tantôt à musarder aux abords de la place du Tertre ou dans les cabarets, tantôt à se taquiner et plaisanter. Faustin courtisait la jeune femme avec la plus gentille bienséance. Par bien des aspects, ils se ressemblaient et chacun s'accordait à dire qu'ils formaient là un bien joli couple.

Cependant Faustin avait toujours le cœur gros de ne pouvoir s'adonner à son art. Il aurait tellement aimé esquisser les contours de sa bien-aimée. Redoutant qu'elle ne le ridiculise ou pis encore, il finit tout de même par se confier à elle et lui raconter son étrange pacte. Après l'avoir écouté avec la plus grande attention, elle lui demanda simplement si c'était bien là son désir le plus cher. D'un vigoureux signe de la tête, il acquiesça. C'est alors qu'ils s'enlacèrent tendrement et échangèrent leur premier et unique baiser. Quand Faustin relâcha son étreinte, Lucile avait disparue. En lieu et place se tenait la petite luciole qui brillait et s'agitait vivement devant lui. Elle laissa tomber dans le creux de sa paume ouverte, un petit brin végétal à quatre pétales.

- J'ai bien entendu ton souhait. Mais je devais m'assurer de ta sincérité avant de rompre notre accord, souffla doucement l'insecte luisant. À cet instant, Faustin comprit combien sa rencontre avec Lucile qu'il pensait providentielle n'avait été que chimère.

- Sois heureux Faustin, reprit le petit être avec des trémolos dans la voix.

Serrant son poing à en faire pâlir les jointures, le jeune homme ferma les paupières. Il ne put retenir ni ses sanglots ni les gouttelettes qui perlaient sur ses joues. Lorsqu'il rouvrit les yeux, de trèfle et de luciole il n'y avait plus trace aucune. Il attendit un long moment avant de s'autoriser à glisser un fusain entre ses doigts. Puis des jours durant, il dessina sans s'interrompre ou presque. Du matin au soir, la nuit aussi Faustin noircit d'abord des centaines de papiers et usa nombre de craies charbonneuses. Puis d'un geste assuré, il étala de larges touches de peinture et composa ainsi des dizaines de toiles. Contre toute attente, lorsque l'on découvrit ses nouvelles œuvres, l'émerveillement s'afficha sur bien des visages. Rapidement on s'arracha ses toiles à prix d'or. Par la suite, quand on lui demanda d'où lui était venu ce subit regain d'inspiration et de succès, il susurra alors le doux prénom de Lucile et ajouta le regard pétillant, que non seulement elle lui avait offert la joie de pouvoir redessiner mais également la chance de voir la vie en rose. Face à de tels propos au demeurant forts décousus beaucoup de Montmartrois restèrent dubitatifs, surtout que la demoiselle avait quitté Montmartre aussi soudainement qu'elle était arrivée, sans laisser d'adresse ni d'explication. Cependant, on n'épilogua point davantage sur le sujet, préférant s'extasier devant la beauté des peintures de l'artiste, toutes déclinées en nuances rosées.

À partir de ce moment-là, Faustin prit l'habitude de signer ses tableaux d'un symbolique petit brin à quatre pétales. Il abandonna définitivement ses crayons charbonneux et ne peignit plus qu'avec des camaïeux de roses, seuls coloris qu'il distinguait à présent. Du magenta au garance, en passant par le carmin ou encore le lilas, il était comblé par la richesse de ces teintes. Ainsi pour son plus grand bonheur, Faustin continua de vivre dans son petit atelier de la butte Montmartre d'où il ne perçut plus jamais la vie en gris.

D. Marchal 2012

D. Marchal 2012

Moulin Rouge

Juliette Chaux-Mazé

Si l'on connaît la butte Montmartre pour son Sacré-Cœur, ses peintres de rue et ses danseuses de cabaret, bien peu de gens savent les histoires qui ont fait de ce lieu un incontournable de la Ville Lumière.

Écoutez donc celle-ci, celle d'un moulin... d'un moulin maudit... d'un moulin rouge...

À la Renaissance, les Jésuites s'étaient installés à l'abbaye Saint Pierre de Montmartre, construite bien des siècles auparavant, et les habitants de la colline subvenaient aux besoins des frères tout au long des saisons. Un moulin, bien entendu, fournissait la farine à l'abbaye, laissant tourner ses ailes claires au gré des vents qui visitaient la capitale du Royaume de France. Le meunier était un brave homme, sympathique avec les clients, mais terriblement jaloux de sa femme, une matrone aux formes généreuses et à la voix de poissonnière. La dame n'avait point de galant, mais le mari en voyait partout. Il suffit d'un soir un peu trop arrosé, d'une dispute un peu trop vive : le meunier égorgea sa femme, sombrant dans la folie la plus totale.

Dès la découverte du drame, on ferma le moulin.

Personne ne voulait reprendre une affaire qui avait connu un épisode aussi tragique. Qui plus est, le sang épars de la pauvresse semblait s'être ancré sur les planches de l'édifice : rien n'y fit, on ne put l'enlever. On commença à murmurer que le moulin était maudit et à passer au large.

Lorsque des paysans rentrant de la foire y aperçurent une silhouette blanche, scintillant tristement dans le noir de la nuit, on barricada la porte avec d'épaisses planches et d'énormes clous.

Lorsque la Dame du Moulin eut fait sa première victime, on peignit la bâtisse en rouge, afin de bien informer quiconque de son danger.

Mais il y a toujours un gaillard éméché, ou un nigaud qui veut montrer sa bravoure, et d'années en années, goutte à goutte, les victimes se succédèrent.

La Dame du Moulin guettait, chaque nuit, à travers le volet clos du toit, l'inconscient qui l'appellerait ou se faufilerait par une fenêtre dans sa demeure. Et là, on raconte que la diablesse, usant de ses formes alléchantes, dansait une danse si enivrante que les hommes ne pouvaient en détacher le regard. Qu'elle jouait avec ses cheveux rouges sang, qu'elle entrouvraient ses lèvres cerise, que ses pieds ne touchaient plus le sol, et que, quand elle les enlaçait dans un baiser mortel, elle paraissait plus belle qu'aucune reine du monde !

La tragédie peut donc transformer une brave paysanne en créature ensorcelante. Toujours est-il que les décennies et les vents mauvais (et peut-être aussi quelques discrets coups de hache) eurent raison du moulin, dont il ne resta bientôt plus qu'un vague souvenir, qui devait lui aussi s’effacer.

Au XIXème siècle, la colline de Montmartre n'avait plus rien de religieux. Elle s'était couverte de maisons et les artistes désargentés commençaient à venir y traîner, mus par un souffle de liberté et de décadence. La Dame du Moulin, qui s'était tenue tranquille durant quelques temps, s'empressa de reprendre son macabre ballet, se tenant nonchalamment appuyée à la palissade qui surplombait le terrain où elle était morte autrefois. Ses cheveux flottant étrangement, si rouges dans la nuit percée des faibles lueurs des réverbères, attiraient irrésistiblement les jeunes bohèmes, et on les retrouvait, morts, à l'aube.

La rumeur de la Dame Rouge et de sa danse extraordinaire se répandit, et de nouveaux imbéciles vinrent se jeter dans la gueule du loup, prétextant pouvoir y résister ou souhaitant l'admirer une fois au moins.

Or en 1860, Charles Morton, respectable entrepreneur de théâtres londoniens, vint séjourner quelque temps à Paris. Il aimait à flâner à Montmartre, à y respirer le grain de folie qui y flottait. Aussi, de rencontres en bribes de conversation, les cancans des commères lui apprirent-ils la fameuse légende.

Mister Morton n'était pas homme à croire les rumeurs, mais il raffolait du fantastique. Et puis, les cancans des concierges parisiennes ne sont-ils pas les meilleurs au monde ?

Voilà donc notre Britannique faisant les cent pas, au

crépuscule, dans la rue où, disait-on, apparaissait la Dame Rouge. Il avait fait plusieurs allers et venues sans rien voir, quand, faisant demi-tour, il aperçut une silhouette rebondie mais non dénuée de charmes, qui n'était pas là quelques minutes auparavant. Un clocher sonnait tout juste minuit. Respirant un grand coup, il marcha d'un pas décidé sur l'apparition. Celle-ci lui sourit, auréolée de cheveux rouges luisant comme du sang frais. Il faut avouer qu'elle était belle, la bougresse !

- Mon beau Monsieur, lui dit-elle sans le lâcher du regard, viens donc par chez moi, je vais te montrer quelque chose que tu te souviendras toute ta vie...

On pourra noter ici que la Dame du Moulin s'exprimait fort mal, mais il faut rappeler que de son vivant, elle était épouse d'un meunier du XVIème siècle, et que cela donnait peu d'occasions de s'instruire.

Le gentleman prit galamment la main qui lui était tendue et se retrouva soudain à l'intérieur d'un moulin entièrement rouge ! Il y flottait une étrange odeur de renfermé et de sang séché, ce qui aurait pu être très désagréable si la femme rouge n'avait fait oublier tout le reste.

Au son d'une musique hypnotique, elle commença à se déhancher, enchaînant les mouvements lascifs ou dynamiques, tournant, volant, un sourire carnassier aux lèvres. Après plusieurs minutes, plusieurs heures peut-être, elle s'approcha doucement de Charles Morton : c'était généralement à ce moment-là qu'elle se laissait tomber sur les genoux de sa victime et l'embrassait, aspirant sa vie dans une étreinte.

Mais à peine s'était-elle un peu rapprochée que l'Anglais se leva brusquement, applaudissant à tout rompre. Ensorcelé, il l'était, mais par la danse elle-même et nullement par la créature !

- *Fantastic* ! s'exclama-t-il en lui serrant cordialement la main. Tout bonnement *fantastic* ! Vous avez un vrai potentiel, vraiment ! N'avez-vous jamais songé à faire carrière dans le spectacle ?

La pauvre femme le regardait, interdite, et tout son corps charnu tremblotait, malmené par les vives secousses de la poignée de main.

Remarquant son trouble, Charles Morton se découvrit et la salua aimablement :

- Je me présente, Charles Morton, de Londres. Je m'intéresse au monde des théâtres, et, chère madame, je crois que nous tenons quelque chose !

La « Dame Rouge » le serait bien devenue un peu plus encore si elle avait pu : c'était la première fois depuis bien des siècles qu'un homme la félicitait et lui parlait avec courtoisie ! Aussi accepta-t-elle de s'asseoir un moment pour discuter avec ce charmant monsieur à l'accent chantant.

Mister Morton, en bon professionnel, lui fit raconter toute sa terrible histoire : « Quelle *tragedy*, ma chère ! Mais vraiment, quelle affiche cela fera ! »

Au petit matin, l'accord était conclu : Charles Morton devait recruter quatre jeunes et jolies filles sachant danser, et la Dame du Moulin leur enseignerait sa danse envoûtante.

Toujours grâce aux cancans des commères de la butte, Mister Morton n'eut guère de mal à engager ses danseuses. Il n'osa cependant pas révéler que leur professeur était mort depuis trois cent ans environ.

À minuit pile, les quatre ingénues se tenaient, en habits du dimanche, devant la palissade que l'entrepreneur leur avait indiquée. Il arriva juste à temps. La Dame Rouge se matérialisa soudain, faisant crier les demoiselles qui se mirent aussitôt à glousser. Son parler populaire leur fit croire qu'elle était parisienne de souche. Elle leur demanda de fermer les yeux et ils se retrouvèrent tous à nouveau dans la salle du moulin.

Le cours commença de façon méthodique mais les filles, heureuses d'avoir trouvé un travail, y mettaient tant de bonne volonté que les rires et la bonne humeur s'invitèrent bien vite.

La Dame Rouge était plus heureuse qu'elle ne l'avait jamais été de sa vie - et de sa mort-. Quand ses élèves lui firent la démonstration de l'enchaînement, elle en fut si ravie qu'elle eut envie de gambiller en tous sens.

Lorsque Charles Morton brandit un contrat pour les emmener en tournée en Europe, les jeunes femmes trépignèrent en poussant de petits cris de joie et la meunière poussa un cri étrange, un hululement rempli de bien-être.

Aussitôt, une mélodie entraînante et étonnamment moderne retentit de toutes parts et la Dame Rouge se mit à sauter, piétinant sur place en poussant de grands cris joyeux. Elle tapait du pied, soulevait son jupon, tournait, virevoltait en d'acrobatiques figures. Dans leur liesse, les filles de Montmartre se mirent à l'imiter. Bien alignées, elles levaient outrancièrement leurs jambes, dévoilant des jupons blancs. L'une faisait des roues, une autre un tour sur elle-même, le pied dans la main au-dessus de sa tête, une troisième traversait la scène improvisée, criant et jacassant. Cette danse n'était que folie et joie de vivre, que liberté et sourire. Et coquinerie aussi, nota avec satisfaction Charles Morton en reluquant avec toute la classe britannique les dessous de ces dames.

La musique montait crescendo et les danseuses s'en donnaient à cœur joie, quand tout à coup, la mélodie s'arrêta dans une brillante note tenue. Elles se jetèrent au sol en grand écart, pouffant de rire. La Dame Rouge, toute ébouriffée, riait plus fort que les autres et soudain, elle lança un regard radieux et très doux à Mister Morton.

Dans un éclat argenté, la dame du moulin s'évapora et une fine poussière scintilla jusqu'au ciel, qui était apparu au-dessus de leurs têtes. Ils se retrouvaient sur le terrain vague, derrière la palissade.

On ne sait si Charles Morton expliqua la réelle histoire aux filles. Mais il s'arrangea avec une connaissance parisienne pour racheter le terrain. En 1889, un cabaret flambant neuf s'y dressait, prêt à accueillir les badauds du monde entier, venus admirer la Dame de Fer. Chose particulière, le directeur n'avait pas choisi un nom fleurant le luxe ou la débauche : le cabaret s'appelait « le Moulin Rouge ». Un faux moulin rubicond le surplombait, attirant l'œil autant que les jolies filles qui y entraient et en sortaient.

Chaque soir, les Parisiens et les autres purent admirer une danse impressionnante, requérant souplesse, rapidité et dynamisme, une danse qui allait devenir le symbole de Paris.

Toutes dentelles dehors, culottes bouffantes à la vue de tous -pour le plus grand plaisir de ces messieurs-, les danseuses de Moulin Rouge connurent de suite un succès phénoménal.

Et quand le directeur venait sur scène annoncer ce numéro tant attendu, il utilisait le terme que son ami Morton avait trouvé, pour remercier les commères françaises de l'avoir si bien guidé sur les chemins du hasard : « Mesdames et messieurs, le célèbre French Cancan ! »

D. Marchal 2012

GM
12

La dame de chez Maxim's

Olivier Mazé

Baignée d'une brume épaisse, la Seine s'endormait aux rythmes d'un air d'accordéon. Sur ses berges, en contrebas, j'apercevais des pêcheurs ramassant leur maigre butin du soir. Je levai les yeux alors que je parvenais à ses pieds : la Tour Eiffel, œuvre magistrale qui semblait d'un autre temps. Son créateur ne l'avait pourtant achevée que seulement quelques années plus tôt. À l'étage, je devinais le manège des nappes qui étaient dressées. Les premiers couverts seraient bientôt servis. Antoine le chef devait déjà pester contre le souffle glacial qui s'infiltrait dans les cuisines comme chaque soirée d'hiver...

Je me hâtai de grimper, enfilai ma « tenue de cérémonie » et entrai en scène. Tandis que Bernard et Auguste étaient déjà affairés à accueillir les premiers clients, je guettais avec impatience l'arrivée du prochain. Mécaniquement j'ouvrais et je refermais la montre-gousset de Grand-Père alors que le temps s'égrenait. « Payé au client », voilà ce que disait l'annonce quand je m'étais présenté ici. J'avais hérité du service en salle, moi qui désirais une place de commis de cuisine.

La porte s'ouvrit ! Mon cœur tambourinait à l'idée que

j'allais enfin pouvoir servir un client. Je repérai le vieil Alphonse faisant ses habituelles courbettes puis un homme de carrure imposante s'avança face aux larges portes ouvertes du restaurant. Il portait une redingote à boutons d'or. Deux sentiments me parcoururent quand je vis son allure : fierté et impatience. Le voilà qui s'apprêtait à entrer. Mais il n'en fit rien ; il s'effaça pour laisser passer une silhouette menue. Une dame. Dans l'ombre du hall, je ne distinguais que ses cheveux d'un blond vénitien dont quelques anglaises retombaient sur une robe rouge grenat. De fins liserés dorés s'irisaient sous le lustre de l'entrée et rendaient sa robe encore plus éclatante. Auguste qui s'était faufilé derrière moi me donna un léger coup de coude dans les côtes en chuchotant :

- Ce sont les Delarosière. Elle est jolie, tu ne trouves pas ? Allez ! Va donc les servir au lieu d'ouvrir ces grands yeux de biche ! Je suis certain que tu changeras vite d'opinion quand tu découvriras la terrible malédiction qui pèse sur eux.

- Une malédiction ? hoquetai-je éberlué.

Pour toute réponse, il m'asséna une grande claque dans le dos et me poussa vers les nouveaux arrivants.

- Madame, Monsieur, si vous voulez bien me …

Le visage de la jeune femme venait de m'ensorceler. Une peau laiteuse, des yeux d'un vert reptilien, un doux sourire s'achevant sur une timide fossette… Ses formes généreuses l'embellissaient encore davantage mais ce qui me laissait sans voix, c'était tout autre chose. Mon cœur ne m'avait jamais fait aussi mal, il cognait à tout rompre.

Sentant une vague de chaleur me monter aux joues, je quittais mes rêveries. Voyant l'homme me fusiller du regard, je me repris aussitôt :

- Madame, Monsieur, veuillez me suivre, s'il vous plaît.

Je leur présentai une table qui offrait une vue magnifique sur les jardins du Champ-de-Mars, éclairés par de grandes lanternes d'éclairage public. Un régal pour les yeux qui comblerait sans nul doute ce couple. Même si j'avoue que mon intention était surtout de contenter la jeune et mystérieuse Madame Delarosière.

Plusieurs soirs de suite, le couple revint à la même table. Toujours plus élégante, la dame me tournait la tête ! Il me semblait qu'elle m'observait à la dérobée, qu'elle rougissait quand je leur parlais. Au bout d'une semaine, elle commença à bavarder avec moi de sujets anodins : le temps, les actualités…Une semaine plus tard, nous échangions déjà nos opinions et nos goûts comme deux bons amis. Monsieur Delarosière, qui avait au départ pris part à ses discussions, se murait peu à peu dans un mutisme désapprobateur.

Cela faisait un mois que je connaissais Madame Delarosière et, comme d'ordinaire, le repas semblait se dérouler sans encombre. Alors que je m'apprêtais à leur servir le civet de sanglier aux cèpes qu'ils avaient tous deux commandé, j'entendis le ton monter. L'homme semblait vouloir quelque chose qui appartenait à la jeune femme et celle-ci, inflexible à ses demandes, semblait campée sur ses positions. Finalement, avant que j'atteigne leur table avec leurs deux assiettes, l'homme se leva et repoussa violemment sa chaise. Sans le moindre regard pour sa compagne, il quitta le restaurant après avoir réclamé à grands cris son pardessus à Alphonse.

Fort ennuyé, je servis malgré tout la jeune femme. Celle-ci ne semblait pas perturbée le moins du monde. Elle m'adressa un doux sourire et me déclara, les joues légèrement roses :

- Certains hommes ne comprendront décidément jamais rien en affaire de cœur. Et vous, mon bel ami, que répondriez-vous si je vous avouais que je vous aime comme je n'ai jamais encore aimé personne ?

J'en restai interdit ! Je ne savais que dire tant sa question me désarçonna. Une bourgeoise – magnifique, qui plus est – venait de me révéler qu'elle m'aimait. C'était impossible ! Pourtant son regard ne laissait pas place au doute.

- Madame, je ne veux pas vous causer le moindre souci mais puisque vous le demandez de cette façon, je vous dirai qu'en effet mon cœur s'est enflammé pour vous dès que je vous ai aperçue.

- Vous me comblez, mon ami, mais asseyez-vous donc et discutons, le voulez-vous ?

- C'est-à-dire que… je suis en service et…

- Vous m'aimez oui ou non ?

- Oui, bien sûr mais…

- Il n'y a pas de mais qui tienne, et puis même si vous perdez cet emploi, n'ayez crainte, je suis sûr que vous en trouverez très vite un autre mon cher ; vous pouvez compter sur moi pour vous dédommager si d'aventure vous éprouviez des difficultés à en retrouver un.

- Madame, je vous en prie ! Nous ne nous connaissons même pas…

- C'est vrai ! Mais pour commencer asseyez-vous ! chantonna-t-elle, d'une voix enfantine.

Commençons donc par les présentations. Je suis la marquise Solène Delarosière. Et vous tendre amour, à quel doux nom répondez-vous donc ?

- Euh… Maxime, Madame, Maxime Gaillard.

- Appelez-moi Solène voulez-vous? Cessez ces mièvreries de « Madame » et autres avec moi.

- Bien Mad… Solène. Puis je connaître la raison de la dispute avec votre époux ?

- Mon époux ? Vous devez faire erreur, mon ami, reprit-elle, un grand sourire aux lèvres, celui qui m'accompagnait ce soir était mon cousin, Charles Delarosière. Quant à la raison de notre mésentente… Disons que Charles s'est rendu compte que je vous faisais les yeux doux et il y voit un malheur de plus pour notre famille. Sachez Maxime, que je suis riche. Mes parents sont décédés, il y a quelques années dans des circonstances tragiques. Notre demeure familiale a brûlé au beau milieu de l'été en l'année 1887. Mon père avait pris les devants en cas d'accident et avait écrit dans son testament que tout l'argent familial reviendrait à sa fille unique, moi-même. Mes oncles, tantes et la majorité de mes cousins ont péri dans l'accident.

Charles a été sauvé in extremis par l'un des valets de chambre de la maison. Pour ma part, j'étais à ce moment à un bal organisé par des amis à moi. Vous comprenez donc que Charles a peur de tout le monde désormais, les étrangers sont une menace pour lui. De plus, pouvoir imaginer quelqu'un de notre rang avoir une liaison avec un simple serveur salirait à jamais notre titre et notre nom.

Hélas ! je sais bien qu'il a raison et que je ne pourrai jamais imaginer vous fréquenter. Même si mon cœur me dicte le contraire, je ne pourrais jamais vous démontrer mon amour autrement que par mes paroles de ce jour. Néanmoins, je souhaiterais vous aider. Quels sont vos rêves, dites-moi, Maxime ?

Je restais impressionné par son histoire. Ainsi sa malédiction était plutôt un drame familial.

- Avant toute chose, Mad... Solène, si vous me le permettez, j'aimerais savoir si l'incendie était d'origine criminelle ou accidentelle ?

Elle esquissa un sourire franc et déclara :

- Vous voilà l'âme d'un enquêteur ! Ne me dites pas que vous envisagez d'entrer dans la maréchaussée, mon très cher ! Ou peut-être détective ? Trêve de plaisanterie. Pour votre information, il s'agissait d'un accident. Je ne peux hélas, vous en dire plus là-dessus.

Après avoir essuyé une discrète larme, elle reprit :

- À quoi aspirez-vous donc, Maxime ? Car je doute que vous souhaitiez rester toute votre vie à la place que vous occupez ? Je vous aime et je veux le meilleur pour vous, alors dites-moi je vous en conjure. Si je ne peux être à vos côtés pour la vie future, j'aimerais au moins faire en sorte que notre amour trouve un avenir à travers ce que vous en ferez.

- Soit, je vais vous le dire, mais ne riez pas Solène, je vous en prie.

- Quel que soit votre vœu, je ne me permettrai jamais d'en rire.

- À dire vrai, j'aimerais être propriétaire d'un grand restaurant portant mon nom ici à Paris.

- Que penseriez-vous de la Rue Royale, juste aux pieds de la Tour Eiffel, me souffla-t-elle pour toute réponse.

- Ce serait mon rêve le plus fou, Solène et si vous pouvez faire de ce rêve une réalité, j'aimerais que vous soyez ma première cliente. Si seulement nos vies n'étaient pas si différentes… Si seulement je n'étais pas de statut social si modeste.

- Hélas, mon ami, que je vous envie ! Être bourgeois et riche n'apporte pas que le bonheur contrairement aux apparences. « Nous sommes chacun sur l'une des rives du fleuve Amour sans pouvoir jamais nous atteindre », déclama-t-elle comme une actrice. Et aujourd'hui je vous lance une corde pour faire de votre vie une réussite. La main que je vous tends, fera de vous une personne célèbre Maxime. Ne m'oubliez pas.

- Je ne vous oublierai jamais Solène. Voyez-vous là-bas les étoiles miroiter dans la Seine ?

Elle se pencha sur le bord de la fenêtre et répondit :

- Je les vois Maxime, il y en a autant que de larmes en mon cœur en cet instant. Au-delà de toutes les promesses que nous pourrions nous faire, il y en a une que je vous demande de tenir.

- Laquelle ?

- Mettez toute la poésie qui sommeille en vous dans vos plats. Alors et seulement là, vous trouverez la véritable félicité. Dans quelques mois, vous comprendrez.

- L'amour est une rose dont les épines sont bien cruelles mais s'il faut que mon amour se transmette par les goûts et les couleurs alors il en sera ainsi.

- Je dois vous quitter, finit-elle par ajouter.

- Hélas, si tôt ! Vous n'avez même pas goûté le plat que vous aviez commandé.

- J'en ai découvert un autre qui m'a été bien plus plaisant de partager avec vous. Merci.

Elle posa son dû sur la table et se leva. Je la suivis derechef, sans me soucier des réactions extérieures. Avant qu'elle n'atteigne le hall, je tenais sa large cape noire entre les mains et la lui tendis.

Elle porta une dernière fois ses doux yeux verts sur mon visage et murmura, si proche que nous récoltâmes des regards désapprobateurs :

- Mon amour, crois-tu à la destinée ?

Les yeux embués de larmes, elle partit.

Quelques mois plus tard, j'avais ouvert mon restaurant au numéro 3 de la Rue Royale. Son nom : Maxim's. Elle vint comme convenu pour l'ouverture et je lui servis un menu identique à celui commandé à la Tour Eiffel en souvenir de notre rencontre.

D. Marchal 2012

Orsay, la nuit

Pierrette Gobin-Vaillant

Dans moins de trente minutes, le musée d'Orsay fermera ses portes. Maximilien, le guide, promène sa longue silhouette marine dans les allées et les différentes salles à la recherche des retardataires. Du rez-de-chaussée au niveau supérieur, sa voix monocorde et lasse récite inexorablement la même phrase depuis dix ans :

- Mesdames et messieurs, je vous prie, veuillez vous diriger vers la sortie, merci.

Puis, comme tous les soirs, pour presser les visiteurs, le guide passe dans le local technique et actionne les trois grandes manettes qui commandent les lumières. Clang ! clang ! clang ! Elles s'éteignent les unes après les autres dans un bruit sourd. Maximilien accompagne alors les derniers flâneurs jusqu'à la lourde porte qu'il referme derrière eux. De ses deux mains, il tourne la grosse clé en fer une fois, deux fois. L'immense horloge scellée sur la façade principale du bâtiment indique 18 heures.

Le musée retrouve sa quiétude.

Maximilien ôte alors sa casquette et libère ses cheveux collés sur son front toujours du même geste de la main. Il peut enfin permettre à son échine de se courber sous le poids des kilomètres parcourus dans la journée.

Comme tous les soirs, en traînant les pieds, il ronchonne après les architectes qui ont eu cette idée saugrenue d'installer un musée dans une ancienne gare.

- Pour sûr, c'est pas eux qui arpentent c't'endroit. C'est facile de crayonner sur un papier ! Après, tant pis pour les autres, hein ? Et dire que j'ai pas fini.

En effet, Maximilien doit encore effectuer une dernière ronde avant de songer à regagner son chez lui. Ses pieds usés, fatigués, enflés d'avoir piétiné toute la journée glissent de salle en salle. Ses yeux balaient distraitement les lieux. Son corps se drape d'une lassitude manifeste, il bâille. Son cou s'enfonce un peu plus dans ses épaules. Heureusement, il a bientôt fini. Sa ronde s'achève par l'allée centrale où trônent les sculptures. Avant de partir, il écoute une dernière fois le calme qui règne en maître des lieux, cette sérénité dont se pare le musée et qui redonne à chaque œuvre artistique une présence indéniable.

Un peu trop parfois.

Près de lui, dans sa cage de verre, se manifeste une voix : la petite danseuse de 14 ans.

- Maximilien, tu m'ouvres, dis ?

Maximilien fait la sourde oreille.

- Maximilien ! ! ! Ouvre-moi ! S'il te plaît ! Allez ! ! !

Sans réaction de la part du guide, la petite danseuse réitère en minaudant du bout des lèvres :

- Max ! Tu m'avais promis ! ! !

- Pas ce soir, je suis éreinté. C'est pas toi qui arpentes le musée de long en large et de large en long toute la journée que Dieu fait.

- Justement, puisque moi je suis coincée dans cette cage de verre, j'ai besoin de me dégourdir les jambes et tu m'avais promis que ce soir… Allez, Maxou ! ! ! implore l'adolescente.

Maximilien baisse la tête. C'est vrai, il avait oublié. Mais ça tombe mal. Ce soir, ses pieds sont douloureux, sa tête est emplie de toutes ces voix qui y vont de leurs commentaires sur l'impressionnisme, le post romantisme, le pointillisme, l'orientalisme. Tous ces sons en isme lui sifflent dans la tête. Tout ce brouhaha se bouscule dans son pauvre crâne. Il aurait bien besoin de calme.

Oui, mais c'est sans compter sur l'insistance de la petite statue.

- Bon, tu me fais sortir oui ou non ? s'impatiente-elle.

Maximilien, dont le cœur est en train de se laisser attendrir, hésite tant son corps le martèle de ces infimes douleurs qui se propagent dans les articulations. Cette petite, c'est un peu la gamine qu'il n'a pas eue. Il pourrait bien lui faire plaisir.

- Max ? Si tu ne m'ouvres pas, je dis à tout le monde que tu t'attardes devant « Le déjeuner sur l'herbe » de Manet et que tu regardes les femmes nues, le menace-t-elle.

Le guide sait qu'elle en est capable, la coquine. La détermination se lit sur son visage. Son port de tête et ses yeux pétillants de malice traduisent son caractère effronté.

- Et même que tu suis le contour de leurs courbes de ton index, ajoute-t-elle lentement en détachant chaque syllabe.

Maximilien fouille alors dans sa poche et extirpe la

minuscule clé en bronze qui va libérer la petite danseuse.

- Quand même ! C'est pas trop tôt ! ronchonne-t-elle en sautant à terre.

Puis, elle déplie ses membres endoloris. Elle agrippe ses doigts et s'étire, s'étire à n'en plus finir, allonge ses bras comme si elle voulait toucher la voûte du musée. Ensuite, sa main droite va chercher le talon de son pied droit pour tendre, tendre la jambe et sautiller sur place. La main gauche fait de même avec le pied gauche. Quelques entrechats et ronds de jambes complètent le réveil de ses membres. Enfin, elle finit par une pirouette fouettée devant le regard ébahi et attendri de Maximilien.

- Arrête, tu me donnes le tournis, se plaint-il en souriant.

L'adolescente rajuste son tutu, resserre le ruban de ses longs cheveux et les liens de ses chaussons. Elle se retourne, lève la tête et en riant adresse un signe de la main à la statue de Balzac qui trône à l'étage supérieur.

- Salut Honoré !

Devant le dynamisme de la petite danseuse et surtout son caractère très affirmé ce jour-là, Maximilien se demande s'il a eu raison de lui céder. C'est qu'il va falloir l'occuper maintenant, la gamine, et la surveiller de près.

- Viens par ici, que je te montre la Seine, lui propose le guide en s'approchant de la vitre. Grandis-toi, fais les pointes pour mieux voir.

Le menton appuyé sur le rebord de la baie, l'adolescente contemple le fleuve qui ondoie en serpentins argentés sous le faisceau de la lune.

- M'en fiche de ton fleuve. C'est monotone. Quel intérêt de regarder de l'eau ! pff ! C'est quoi le jardin là-bas ? demande-t-elle.

- C'est le jardin des Tuileries.

- Drôle de nom. Et l'Opéra National de Paris, c'est loin ? J'aimerais y aller. Je suis petit rat, non ? Je veux aller danser là-bas. Ma place est avec les autres danseuses. Même que j'ai un vrai tutu et de véritables chaussons, moi. Tu dois m'y emmener. Tu es guide, donc tu dois savoir où c'est. On y va maintenant ! ordonne-t-elle.

- Écoute, tu n'as que 14 ans et tu vis ici au musée d'Orsay, sous ma responsabilité, rétorque Maximilien avec un soupçon d'impatience dans la voix. Tu n'es pas la seule danseuse ici. Allez, promène-toi dans le musée, profites-en encore un peu avant mon départ. Va voir les autres statues.

L'adolescente à qui cette proposition semble enfin plaire, se déplace dans les allées à petits pas chassés. Pendant ce temps, Maximilien en profite pour s'asseoir et libérer ses pieds de leur carcan. De toute façon, il ne peut rien lui arriver à la petite.

Pourtant, sa pause sera de courte durée. À peine assis, il l'entend hurler son nom :

- Max ! ! ! Viens vite ! ! ! Viens voir ! ! !

Le pauvre homme, affolé par le ton péremptoire de la gamine, se précipite en oubliant ses chaussures. Il la trouve près de la danseuse figée en une grande arabesque. La petite lui montre du doigt les formes de la statue.

- Pourquoi Edgar lui a-t-il fait des seins et pas à moi ?

Maximilien se gratte la tête, terriblement embêté par

cette question.

- Sois plus respectueuse envers l'artiste, appelle-le M. Degas.

- C'est mon père, je l'appelle comme je veux. Alors, tu réponds ? insiste-t-elle. Pourquoi m'a-t-il façonnée avec un buste plat ? s'obstine-t-elle en plaçant ses mains sur sa poitrine sans forme. Je veux des seins !

Maximilien perd patience. Une douleur lancinante dans la jambe gauche lui rappelle qu'il devrait être au lit depuis longtemps.

- Écoute, je suis fatigué, exténué. J'ai piétiné toute la journée en posant mon regard bienveillant sur chaque tableau, chaque statue. Tu vois, ce soir j'ai voulu te faire plaisir pour qu'à ton tour tu te dégourdisses les jambes et voilà comment tu me remercies. Ton insolence est affligeante. Et puis je vais te dire : tu ne seras jamais Petit Rat à l'Opéra car tu n'es pas assez disciplinée. La rigueur s'apprend très jeune et toi tu t'insurges contre toute forme d'obéissance. Ton air revêche déplaît fortement, crois-moi. Je les entends, les commentaires à ton sujet. Pourquoi crois-tu que tu es enfermée dans une vitrine en verre ? Parce que tu ressembles trop à une vraie gamine effrontée. Tu paies pour le talent de ton père. Tu sais, tu auras beau te croiser les mains derrière le dos en bombant le torse ça ne te fera pas grossir la poitrine. Tu es la petite danseuse de 14 ans, et tu le resteras à vie. Regarde-moi au moins quand je te parle au lieu de jouer du bout du pied.

L'adolescente n'a pas cillé. Puis, elle s'est accroupie enserrant ses jambes dans ses bras, le menton posé sur ses genoux, la lippe boudeuse. Du coin de l'œil, elle observe Maximilien. Le brave homme, faisant fi de son attitude, a récupéré ses chaussures pour les enfiler tranquillement. Puis, il s'est appliqué à nouer ses lacets. La gamine écarquille les yeux. C'est la première fois qu'elle voit quelqu'un lacer ses chaussures.

- Tu sais même pas mettre tes liens !!! ça s'enroule autour de la cheville, comme moi ! ironise-t-elle.

- Ne compare pas, toi tu as des chaussons de danse, moi des chaussures de ville. Allez, au lieu de dire des bêtises, tu ferais mieux de profiter des quelques instants de liberté que je te laisse avant de quitter le musée. Car j'ai une petite faim qui me taraude l'estomac et j'ai hâte d'aller boire un bouillon de légumes, lui rétorque le guide.

La petite danseuse ne s'est pas fait prier. Aussitôt debout, elle se précipite en sautillant vers l'entrée du musée avec pour but de s'installer à califourchon sur le buste du magnifique lion de Barye. Pour ce faire, elle doit grimper sur le socle qui est inaccessible à ses petites jambes. Elle aspire pourtant tellement à s'installer sur l'échine du félin ! Agacée, impatiente, énervée, elle finit par appeler Maximilien à la rescousse.

- Max ! Il faut que tu viennes m'aider. Tu vois bien que j'y arriverai pas toute seule !

Mais Maximilien n'a pas bougé, tant il est éreinté. Il préfère lui intimer l'ordre de revenir à ses côtés :

- Il est strictement interdit de grimper sur ce lion, tu m'entends ? De toute façon, tu n'y parviendras pas car il est à pas moins de deux mètres de haut. Allez ! Viens un peu par ici que diable !

- Qu'est-ce qu'il est majestueux ! s'exclame-t-elle, admirative. Son père s'appelle comment ?

- Antoine-Louis Barye.

- Tu peux m'en dire plus ? Tu es guide, non ?

- Je pourrais, oui, mais pas ce soir. Une autre fois. Je t'ai demandé de revenir vers moi, vas-tu obéir oui ou non ?

La petite danseuse se rapproche du guide en jetés entrelacés.

- Bravo, c'est très élégant. Tu es douée petite. Pourquoi ne t'intéresses-tu pas aux autres danseuses du musée ? Va voir celles de Jean-Baptiste Carpeaux ! Tu peux également admirer les peintures de ton père. Tu devrais apprécier la classe de danse ou le tableau qui représente les petits rats en répétition. Allez ! Va ! Balade-toi encore un peu et sans faire de bêtise, tu m'entends ? Ne touche surtout pas aux objets d'art ! lui recommande Maximilien en la menaçant de l'index.

Puis, se radoucissant, il ajoute ces quelques mots :

- Ne tarde pas trop cependant, car mon ventre crie famine.

La petite danseuse, trop heureuse de bénéficier d'un sursis, manifeste sa joie en esquissant quelques pirouettes et fouettés avant de s'élancer à l'assaut du musée. Très vite, elle se désintéresse des sculptures au bénéfice des peintures. Séduite par les toiles de Gauguin, elle décide qu'elle partira elle aussi vers Tahiti. De toute façon, Maximilien ne peut rien lui refuser. Il lui suffira de le flatter, de l'amadouer et, elle en est certaine, il cédera. Dès que possible, elle abordera le sujet. Elle sait déjà comment elle va s'y prendre. Elle va gagner un peu plus la confiance du guide en se comportant comme une enfant sage. Aucune bêtise, rien qui n'attirera le courroux de Maximilien. L'adolescente poursuit ainsi sa visite, les mains derrière le dos, le buste gonflé, comme à son habitude.

Pendant ce temps, Maximilien ferme les yeux pour mieux goûter le silence des murs, le silence du musée, le silence qui lui permet d'entendre sa respiration régulière. Derrière ses paupières baissées défilent pêle-mêle des portraits, des peintures, des scènes de moisson, de vendanges, des couleurs pastel, des contours de plus en plus flous.

La petite danseuse s'intéresse maintenant aux toiles de Paul Cézanne. Elle aime bien « Les joueurs de carte ». Celui de gauche ressemble un peu à Maximilien. Max, il faut absolument qu'elle trouve quelque chose qui lui fasse plaisir. Avec un cadeau, il ne pourra pas résister à sa requête. Un cadeau, certes, mais quoi ? Elle apprécie rudement ce Paul, car il peint avec précision les arbres, les villages et surtout la mer. Elle s'approche du « Golfe de Marseille » pour mieux admirer l'étendue bleue. C'est autre chose que ce fleuve grisâtre qui se dandine devant le musée. Tout à coup, son regard s'anime un peu plus, un éclat illumine ses pupilles. Ça y est, elle a trouvé le cadeau qu'elle va faire à Maximilien. Elle n'en doute pas, il sera touché par son geste. Il va être si content de voir qu'elle est attentionnée ! Elle découvre en même temps que faire plaisir lui procure une joie qui lui était inconnue jusqu'à présent. Elle jubile, elle frappe des mains excitée comme une puce et sautille sur place. Son voyage à Tahiti dans l'univers de monsieur Gauguin est au bout de ses doigts. Instantanément, elle se calme, étire ses mains, allonge ses doigts jusqu'à entendre un craquèlement. Ça y est, elle est prête. Elle s'applique, retient sa respiration et y met tout son cœur.

Des cris, Maximilien entend des cris. C'est son nom ! On crie son nom ! On l'appelle ! Il ouvre les yeux, regarde autour de lui, consterné de s'être assoupi dans le musée. Mais que se passe-t-il ? Tout lui revient. C'est la gamine. C'est vrai qu'il l'a autorisée à visiter le musée. C'est alors qu'il la voit revenir vers lui, un sourire resplendissant et brandissant quelque chose dans la main.

- Regarde, Max ! Regarde ! J'ai pensé à toi. J'ai eu tellement envie de te faire plaisir car tu es mon papounet d'adoption, n'est-ce pas ? Tu es fatigué et tu as faim ? Tu as toujours faim, hein ? Eh bien, tu vas pouvoir te régaler car j'ai cueilli pour toi une pomme et une orange sur le tableau de Paul. Surtout ne t'inquiète pas, ça ne se verra absolument pas, car je n'ai pas pris les fruits qui étaient dans la jolie coupe de faïence, mais ceux qui étaient tombés à côté sur la nappe.

L'adolescente dépose les fruits sur les genoux de son ami. Maximilien, ébaubi, abasourdi, totalement consterné, demeure bouche bée. Il ne peut maîtriser les tremblements de ses mains et de ses jambes. Tout son corps s'agite en petits soubresauts. Seul, son visage demeure figé. La stupeur lui écarquille les yeux en de grosses billes rondes inertes, et ses lèvres toujours entrouvertes ne semblent plus pouvoir articuler aucun mot. Maximilien est muet, statufié.

L'adolescente, surprise par cette réaction qu'elle n'avait absolument pas envisagée, s'inquiète :

- Tu es malade ? Tu n'aimes pas les pommes ? Ce sont les oranges que tu détestes ? Tu veux que j'aille te chercher autre chose ? J'ai vu que Paul avait peint aussi une dame avec une cafetière. Tu préfères une tasse de café ? Mais, réponds-moi ! ! ! Dis-donc, Max, tu ne serais pas un peu ingrat ? Je prends soin de toi et voilà comment tu me remercies. Ah ! Je sais ! Il y a un autre Paul qui peint des fruits plus exotiques. Paul Gauguin. Tu veux une banane de Tahiti ? À ce propos, j'aimerais te demander si…

Brusquement interrompue dans son élan par la main de Maximilien qui lui a agrippé fermement le poignet, la gamine s'est tue et regarde les fruits rouler à terre. Elle s'efforce de suivre le guide dont les enjambées sont véloces. Pas un mot. Il ne prononce pas un mot, mais son visage s'est durci, sa bouche est crispée en un rictus de colère d'où s'échappe une mince coulée de bave. Il a envie d'éructer, de hurler, de proférer des menaces, des injures. Elle a découpé les fruits dans le tableau de Paul Cézanne. Elle a osé ! Maximilien est outré. Crier le soulagerait, mais il se tait. Il est responsable du musée, il n'aurait jamais dû se laisser attendrir par cette gamine. C'est de sa faute à lui, à lui uniquement. La petite danseuse, embarrassée par la main de son ami qui lui serre si violemment le poignet jusqu'à le faire bleuir, devine qu'il se passe quelque chose. Aurait-elle mal agi ? En tout cas, elle remarque qu'il n'a plus les jambes lourdes et ça, c'est une bonne nouvelle. En effet,

Maximilien se dépêche d'emmener l'adolescente jusqu'à sa cage de verre. Toujours sans un mot, il l'y dépose, puis il ferme la porte à l'aide de la minuscule clé de bronze.

- Max, je voulais juste… commence la gamine.

- NON ! ! ! ! ! ! ! ! ! ! ! ! ! ! ! ! ! ! hurle le guide avant de revenir sur ses pas afin de récupérer la pomme et l'orange. Il les saisit avec précaution, heureux de constater qu'ils n'ont pas été endommagés. Puis, promptement, comme s'il craignait qu'on le surprenne, il se dirige vers le tableau de Cézanne. Sans hésitation, aucune, il humecte de la langue le dos des fruits pour les déposer à l'emplacement précis des cavités. Afin d'en apprécier le résultat, Maximilien recule de quelques pas. Un sourire à peine perceptible se dessine enfin sur son visage. Ni vu, ni connu. La tension retombe. Max bâille à s'en décrocher la mâchoire, tout en s'étirant. N'est-il pas temps pour lui d'aller se coucher ?

Maximilien pousse un soupir de soulagement en humant l'air frais et humide qui s'envole de la Seine. Un coup d'œil sur la grosse pendule du fronton lui indique qu'il ne lui reste plus que cinq heures de sommeil avant l'ouverture du musée.

D. Marchal 2012

D. Marchal

Le Trésor
du
Quai des Orfèvres

Paul Herbreteau

L'actuel Quai des Orfèvres se situe dans le centre historique du Vieux Paris entre le Pont Neuf et l'ancienne rue de Jérusalem. Il fut construit entre la fin du 16ème et le début du 17ème siècle. En ces temps reculés, s'y abritait la confrérie des orfèvres, joailliers et autres bijoutiers.

La Préfecture de Police s'y installa en 1871, et depuis par métonymie, le Quai des Orfèvres désigne au grand public les services de la Direction régionale de la police judiciaire de Paris, sise au N° 36.

Nul n'aurait imaginé que cette institution prestigieuse focaliserait un jour l'attention des Parisiens, et par extension celle de la France entière quand un beau matin, Paris découvrit avec effarement que les dorures à la feuille d'or qui recouvrait les dômes de ses plus célèbres monuments avaient disparu pendant la nuit pour n'être remplacées - comme le montrerait l'enquête - que par une pâle copie de cuivre doré…

Comment le célèbre N° 36 allait-il se trouver impliqué dans le tourbillon médiatique qui allait déferler? Alors qu'il aurait dû être celui qui se devait de démêler l'écheveau d'une affaire devenue bien délicate.

§§§

Quelques mois auparavant, Alain Dain avait quitté la douce quiétude de sa province natale. Le document officiel lui avait notifié que, dans le cadre de son service militaire, il venait d'être nommé auxiliaire de police à Paris. Il n'avait jamais su à quel heureux hasard il devait de se retrouver au N° 36 du Quai des Orfèvres, alors que de nombreux policiers chevronnés attendaient avec une impatience non dissimulée un hypothétique transfert à la prestigieuse Direction Nationale. Entre eux, ils l'appelaient affectueusement : « La Maison Poulaga » en souvenir de l'ancien marché aux volailles de Paris sur lequel avait été construit l'édifice.

Alain Dain trouvait que son affectation relevait d'une intervention magique. Avec son entourage, le sujet était bien évidemment venu sur le tapis… Normal paraît-il quand on s'appelait comme lui (Alain Dain). « Mais vous vous rendez compte ? Fils de ferrailleur, petit- fils d'orpailleur et je suis affecté au Quai des Orfèvres ! »

Cependant il avait vite déchanté : Alain Dain n'était dans cette histoire qu'un petit lampiste. Sa hiérarchie l'avait immédiatement affecté comme planton à l'entrée principale du bâtiment ; le plus souvent en compagnie de l'un de ses camarades : un curieux personnage qui répondait officiellement au nom de Gilles Blanchet…

Il subissait depuis lors les quolibets et autres railleries des passants en goguette, plus particulièrement en fin de soirée lorsque les quais de Seine s'animent jusqu'à plus soif, quand bien même la nuit va laisser place au petit matin.

Afin de vous éclairer sur la hauteur et la teneur de ce qu'il pouvait entendre ou endurer, on y trouvait du :

« Bonsoir petit poulet ! Tu as bonne mine ! Alors ! Élevé au grain ?

On monte la garde ? Tu veilles au grain ?

Tu as les yeux fous mon poulet ! Tu n'aurais pas un grain ?

Tu dors où ? Là-haut dans le poulailler ? Et ton collègue ? En bas dans la basse- cour ? »

Remarquez, à propos de *« poulailler »*, les railleurs n'avaient pas tout à fait tort : Alain avait établi ses quartiers, ou plutôt on l'y avait forcé, dans une minuscule chambre mansardée, tout la haut dans les combles, sans ascenseur. On y accédait par un escalier de bonne fort étroit, mais la chambre jouissait d'une vue imprenable sur l'hôtel des Invalides et le Panthéon dont les dômes étincelants paraissaient enluminer le paysage.

Quant à son camarade d'infortune, Gilles Blanchet, on lui avait officiellement attribué un local dans les sous-sols, certes un peu plus grand que sa chambre mansardée, mais la seule lumière naturelle qui y était dispensée filtrait à travers un soupirail poussiéreux au ras des pavés du trottoir attenant.

Dans la vénérable institution, on parlait du sous-sol à mots couverts, en baissant la voix. La légende voulait que dans des temps immémoriaux, les anciennes fondations auraient abrité une société d'alchimistes qui fournissaient philtres d'amour, d'éternité et autres niaiseries aux infirmes et mendiants de la Cour des Miracles et que ces derniers avaient pour habitude d'emprunter quelques issues secrètes dont on avait perdu la trace, pour venir s'y ravitailler…

D'emblée, Alain avait essayé de sympathiser avec son partenaire de garde, Gilles. Très vite cependant il avait déchanté : ce dernier se montrait taciturne, peu enclin aux confidences. Quand il vous regardait, ses yeux noirs s'enfonçaient en vous comme deux vrilles. Les premières fois, Alain en avait eu la chair de poule : sans doute encore normal quand on est *« poulet »*. Néanmoins, l'évocation des coupoles dorées des Invalides et du Panthéon étaient les seuls sujets de conversation qui semblaient le transporter de plaisir et susciter chez lui un regain perceptible d'émotion. Au hasard de quelques rares promenades qu'ils avaient effectuées de concert, Il fixait sur elles un regard différent de l'habitude, un regard que la braise animait mais d'une singularité toute particulière. L'intensité différait d'un œil à un autre, l'un se montrait chaleureusement doré quand l'autre arborait à l'inverse un éclat de cuivre étrangement falot.

Gilles l'avait précédé de trois mois et semblait avoir pris à quelques habitudes. Dans un premier temps, cela avait eu pour effet de laisser Alain circonspect. Par exemple, en pleine nuit, alors que le N° 36 s'affalait dans le sommeil du juste, il s'absentait parfois de son poste en toute impunité. Il le voyait disparaître dans la pénombre du bâtiment et en revenir quelque temps après, muet comme une carpe mais frétillant comme un gardon, dans un état d'excitation qu'il avait peine à contenir. Une seule fois, Alain avait cru apercevoir quelques poussières qui scintillaient faiblement sur le revers de sa vareuse de service, sous les yeux vairons d'une lune qui se mirait dans la Seine. Il le lui avait fait remarquer mais l'autre s'était emporté avec une vigueur qui l'avait laissé pantois de surprise alors que son regard de braise si particulier s'était allumé l'espace d'un instant. Par la suite, en sa qualité de planton, Alain s'était pour ainsi dire tenu sur ses gardes et les semaines s'étaient écoulées dans la plus parfaite des monotonies…

Mais un après-midi qu'il était de repos et que Gilles n'avait donné signe de vie depuis plusieurs jours, on avait tambouriné à la porte de son cagibi. Alain s'était réveillé en sursaut.

§§§

- Dain, magnez-vous le train ! Le Divisionnaire souhaite vous voir à l'instant !

Il avait dévalé les escaliers sans demander son reste en boutonnant d'une main sa veste de service tout en tenant de l'autre la rambarde…

- À vos ordres Monsieur le Divisionnaire !

- Ah vous voilà enfin ! J'ai besoin d'un gaillard costaud comme vous l'êtes. Pourriez-vous me pousser de quelques mètres l'armoire métallique qui se trouve sur le palier à l'entrée de mon bureau ? Le parquet doit être ciré incessamment sous peu… Allez ! Allez ! vous pouvez disposer ! Ne restez-pas planté là ! Un comble pour un planton !

Et il partit d'un grand éclat de rire tout en se replongeant dans l'épais dossier d'une affaire en cours…

- Et fermez-moi cette porte ! Exécution !

Alain s'était trouvé devant l'imposante armoire qu'il connaissait fort bien pour l'avoir dépassée tant de fois quand il se rendait dans sa chambre ou qu'il en revenait. Il se demandait ce qu'elle faisait là et à quoi elle pouvait bien servir. *« C'est du solide, du massif et du renforcé : elle doit bien peser plusieurs tonnes de bon acier trempé et durci… Une armoire coffre-fort quoi ! »* Tout en s'arc-boutant pour la déplacer…

Il faillit s'étaler de tout son long quand elle s'éloigna sans rechigner comme si elle était montée sur quelques patins fort bien dissimulés dans ses encoignures. Incrédule Alain la regarda à deux fois ; s'il fallait bientôt la remettre en place, il prétendrait y arriver d'un seul doigt ou presque ! …Cette impression de poids qui s'en dégageait habituellement semblait s'être dégonflée comme une baudruche. Il se félicitait déjà de la célérité avec laquelle il avait accompli sa mission et s'apprêtait à regagner ses pénates quand son attention fut attirée par une petite surface de papier peint qu'il venait de dégager… Légèrement placée au-dessus de la plinthe que cachait l'armoire, cette dernière semblait douée de respiration …

Alain s'interrogea aussitôt sur ce mouvement subtil de

membrane qu'un mystérieux ventricule, de son va et vient, animait. Il s'en approcha, s'y accroupit et crut y déceler une déchirure assez grande pour y passer une main. Primesautier comme il pouvait l'être, et dénué de toute couardise il introduisit son avant-bras dans l'orifice qui s'offrait à lui. L'éclair d'un instant il pensa que ses doigts pourraient être happés par un horrible crapaud à la bave venimeuse, où qu'un serpent antédiluvien lui décocherait une morsure qui le transformerait instantanément en harpie, ce monstre fabuleux au corps de rapace et à la tête de femme qu'il avait observé récemment dans un bestiaire médiéval.

Il n'en fut rien, Dieu Merci ! Et avec précaution, il poursuivit l'exploration de la cavité qui s'enfonçait à la verticale dans l'épaisseur du plancher du palier… Alain ne pouvait s'empêcher de penser à la tête du Divisionnaire s'il lui avait pris l'idée se sortir inopinément de son bureau mais une chance insolente semblait être de son côté…

Alain se désespérait de sonder l'intégralité du conduit. Dans quelques centimètres, la bouche, désormais béante aurait avalé l'intégralité de son bras… Quand imperceptiblement deux de ses doigts se saisirent de quelque chose… Sa position devenait grotesque, plaqué comme il l'était, tordu contre le mur, ressentant des prémices de crampes, son aisselle lui faisant mal tant il s'évertuait à vouloir extirper de l'orifice au moins ce quelque chose…

Il entendit des pas qui montaient l'escalier.

Dans un effort surhumain, les veines de son cou

gonflées à éclater, ses doigts finirent par agripper un objet métallique… Alain remontait déjà l'escalier qui le menait à sa minuscule chambrée quand les pas qu'il avait entendus semblèrent s'arrêter devant l'espace qu'il venait de quitter…

« Ce n'était que ça ?... Et je m'y connais en métaux ! ». Allongé sur le lit, il contemplait le petit lingot de cuivre doré qu'il venait d'extraire de sa poche… *« Il faut que j'y retourne cette nuit, je dois en avoir le cœur net, je prendrai la pince qui nous sert à ramasser les déchets qui parfois jonchent l'entrée du 36 »*

§§§

Comme il se l'était promis, il y retourna un peu plus tard. L'armoire avait retrouvé son emplacement d'origine. Il la fit glisser sans effort sur le parquet fraîchement ciré…

La pince qui prolongeait son bras d'une longueur quasi identique, n'y rencontra que le vide…

Il ne put s'empêcher de coller une oreille contre l'embrasure de l'orifice ; il lui sembla entendre une voix, celle de Gilles ! Qui psalmodiait quelque formule alambiquée. Des bouffées de chaleur et des relents, si particuliers aux fonderies, montaient des profondeurs.

Sidéré, il ne put fermer l'œil de la nuit… Il s'en passait de belles au Quai des Orfèvres ! Devait-il tenir sa langue ? Devait-il se confier à sa hiérarchie ? Le prendrait-on au sérieux, lui, le jeune profane ? Toutes ces pensées qui ne cessaient de se bousculer…

Il reprit son service seul. L'absence de son comparse ne semblait troubler quiconque. Une âme diabolique et maléfique semblait s'être emparée de la bâtisse. L'apparence d'une aube nouvelle et machiavélique s'était levée.

Les passants semblaient moroses et inquiets. Beaucoup avaient les yeux rivés sur leur journal. La situation devenait cocasse : certains se prenaient un lampadaire mais continuaient néanmoins d'avancer, imperturbable dans leur lecture. Très vite Alain se rendit compte qu'ils se dirigeaient tous dans les mêmes directions : l'hôtel des Invalides et le Panthéon tout proches…Plus personne ne semblait entrer par l'entrée principale, les locaux paraissaient déserts, et les rares personnes qui en sortaient, peu disertes.

L'envie lui prit de les suivre, mais un abandon de poste, indubitablement, serait sévèrement puni. Impossible d'accrocher un regard ! Impossible de se faire une opinion objective ! Impossible d'appréhender ce qui pouvait bien se passer !

La chance, ou plutôt la malchance d'un passant, finit pourtant par lui sourire.

Il était bizarrement accoutré, extraction tragicomique d'un décor moyenâgeux ; contrairement aux autres, il ne lisait pas, mais une gazette dépassait de la poche de son pourpoint élimé. Son visage était partiellement caché par une tignasse épaisse et hirsute. Parvenu à sa hauteur, l'étrange personnage lui décocha un regard haineux et l'espace d'un instant, Alain crut y discerner un regard que la braise animait mais d'une singularité toute particulière. L'intensité différait d'un œil à un autre, l'une se montrait chaleureusement dorée quand l'autre arborait à l'inverse un éclat de cuivre étrangement falot. Un frémissement bref et soudain s'empara du personnage, et comme poussée hors de son pourpoint, la gazette atterrit sur les vieux pavés et se contorsionna une dernière fois. En première page s'affichait l'information :

« Sensationnel ! Inexplicable ! Incompréhensible ! Les dômes des Invalides et du Panthéon ont perdu cette nuit tout leur éclat… Les feuilles d'or dont ils étaient recouverts se sont soudainement ternies… Le Quai des Orfèvres mène l'enquête ! »

§§§

Alain se réveilla en sursaut… *« Je rêvais donc ?... Ce n'était qu'un cauchemar !... »* Quelqu'un tambourinait à la porte de son cagibi…

Il était en retard pour sa prise de garde. Il dévala l'escalier, faillit renverser le Divisionnaire qui rejoignait son bureau. Ce dernier avait la tête basse des mauvais jours. Répondant par habitude au salut de son subalterne, il détourna brièvement les yeux : un regard de braise les animait mais de cette singularité si particulière qu'Alain connaissait déjà…

Toute proche et plus imposante que jamais, l'armoire métallique trônait à son emplacement habituel. Les ferrures de ses portes gémissaient sous des pressions inconnues. Une lueur d'un doré irréel suintait de ses gonds.

Poussé par une force invisible, Alain voulut à nouveau la faire glisser et retrouver l'orifice qu'elle dissimulait...

Ses mains furent happées par une force mystérieuse. Il ne pouvait plus les détacher de l'armoire…

Avant qu'un ultime voile noir ne lui ferme à jamais les yeux, il découvrit qu'une assistance nombreuse se tenait derrière lui. En première position il y reconnut Gilles ; et en léger retrait, chamarrés comme pour un sabbat : le Divisionnaire et tous ses collègues du 36 Quai des Orfèvres…

Comme dans une ultime offrande, Gilles portait à bout de bras et sans efforts, un grimoire d'un format gigantesque. Il le tenait ouvert comme les ailes déployées d'un condor dans un temple de soleil… Sur la couverture il put y déchiffrer :

Gilles Blancher
Compagnon de Gilles de RETZ

« LA PIERRE PHILOSOPHALE RETROUVÉE »

§§§

D. Marchal 2013

Les rois de Notre Dame

Juliette Chaux-Mazé

- De notre temps, c'était mieux !

Combien de fois l'avaient-ils entendue, cette satanée phrase rabâchée par David. Salomon se gratta la barbe et, pour donner le change, observa la ronde des pigeons sur le parvis.

- Regardez-moi ça, le gros rouquin court après la petite grise ! Celui-ci, impossible de le freiner. Sûr que le blanc, là, avec les taches rousses, est aussi de lui.

Un gamin coiffé d'une casquette rouge vif fit s'envoler les gros volatiles. Ses parents le rattrapèrent et le firent poser fièrement devant les hautes tours de la cathédrale.

- De mon temps, les enfants obéissaient mieux à leurs parents. Vous rappelez-vous le petit Guillaume, le fils du charpentier ? Ah, qu'il était gentil, cet enfant, quand il batifolait au milieu des échafaudages.

- Un sale gosse, oui, maugréa Saül entre ses dents. Et puis ses pitreries ont failli lui coûter la vie. Heureusement que le maître d'œuvre l'a secouru in extremis !

- Qu'est-ce qu'il y a comme monde aujourd'hui, siffla Jéroboam en redressant sa couronne. Tiens, encore un car de Japonais : ça fait le troisième depuis ce matin.

- Souriez, souriez, murmura Salomon en montrant toutes ses dents impeccablement alignées, ils nous mitraillent avec leurs appareils !

- Il faut bien avouer que nous sommes beaux.

- Et imposants.

- Nous sommes tout de même les rois de Judée et d'Israël : ça ne se voit pas tous les jours, surtout à Tokyo.

Un juron peu catholique les fit regarder à l'extrémité de la galerie, sur la façade de la tour Nord, où Achab s'efforçait de faire déguerpir le gros pigeon rouquin, venu se réfugier sur sa coiffe de pierre.

- Enfin, Achab, très cher ! le reprit son voisin. Un peu de tenue ! N'avez-vous pas vu qu'une classe nous observe ? Est-ce là le modèle de dignité et de prestige que vous voulez transmettre aux générations futures ?

Achab marmonna dans sa barbe droite quelque chose à propos de « générations futures » et de son « postérieur » que les autres préférèrent ne pas chercher à comprendre.

Cachée dans l'angle de la tour Sud, camouflée dans l'ombre du portail central, une des statues gardait le silence. Drapé dans sa tunique aux airs mérovingiens, l'homme était perdu dans ses rêveries. À tous les vents, à toutes les intempéries, ils en avaient traversé des événements, vu des secrets et des malheurs. Depuis le XIIIème siècle, les vingt-huit rois de la galerie de la façade de Notre Dame de Paris avaient suivis pas à pas la vie des monarques de France, grands et petits. Leurs baptêmes, leurs sacres, leurs mariages, leurs enterrements. Ils en avaient connu des guerres, avaient tremblé au son du canon.

Du haut de leurs trois mètres cinquante, il fallait bien

reconnaître qu'ils ne passaient pas inaperçus.

Leurs habits étaient simples mais majestueux, renvoyant l'image de rois bons et populaires. Bien sûr, ils n'avaient guère à voir avec la mode du temps d'avant Jésus, et s'inspiraient plutôt de l'idéal du prêt-à-porter du début du Moyen Age, mais ils tenaient chaud l'hiver, quand la bise soufflait fort sur la Seine, et frais l'été, pour accueillir depuis quelques décennies les flots innombrables de touristes de tous pays.

On ne pouvait pas les « louper », comme disaient parfois les jeunes collégiens venus avec leur professeur d'histoire. Bien dressés au-dessus des trois portes gigantesques, formant une belle ligne le long de la façade, on les repérait sans problème, pas comme ces prétentieuses gargouilles perchées au sommet des tours qui, par pure jalousie, grimaçaient et crachaient les jours de pluie. Ces sales bestioles étaient presque aussi pénibles que les pigeons. Enfin, l'architecte avait eu l'excellente idée de ne pas les mélanger aux gens « normaux ».

La statue soupira en voyant où se dirigeaient les objectifs des appareils photos. Les rois se rengorgeaient pourtant, présentant leurs mines avenantes et paternalistes aux touristes, mais ceux-ci, la plupart du temps, n'avaient d'yeux que pour le Jugement dernier. C'était certes un beau bas-relief, avec ce grand Christ entouré d'anges bien sympathiques, qui adoraient chanter de jolies ritournelles ou raconter des plaisanteries fort goûteuses. Mais ce n'était pas lui qui l'avait sculpté. L'auteur de ce Jugement si célèbre, comme les autres artisans qui avaient œuvré pour faire de

Notre Dame cette merveille, resterait pour toujours inconnu et son souvenir ne vivait nulle part.

Alors que lui, il était là, bien visible, même si personne ne le savait.

Les cris d'Achab, sur lequel le gros rouquin venait de laisser négligemment tomber une petite auréole blanche, le tirèrent de ses pensées.

On dit que la mémoire est dans la pierre et c'est bien vrai. Il suffit de prêter l'oreille : mais comment est-ce possible au milieu de tant de gens ? Au milieu d'une si grande ville qui jamais ne se tait ?

La statue ferma les yeux. Il lui arrivait de ne plus avoir toute sa tête et parfois, elle ne parvenait plus à mettre le doigt sur un nom ou une anecdote. On aurait pu dire que c'était la vieillesse, mais, bien propre et entretenue comme elle était, ce n'était pas cela.

Ça, elle se le rappelait. La seule fois où elle regretta sincèrement d'être bien en vue, d'être un roi, de ne pas être une hideuse gargouille cachée entre deux clochetons tout là-haut, d'être exposée aux regards du passant.

Les visites guidées ont du bon. Mais en 1793, ce concept culturel n'existait pas encore, ou du moins les Parisiens avaient-ils autre chose à faire. Si les Révolutionnaires avaient écouté les explications d'un guide, comme cette charmante blondinette juste sous la tour Sud, ils auraient su que ces vingt-huit rois fièrement dressés, toisant le peuple de toute leur bonhomie, n'étaient pas les rois de France, mais de braves rois bibliques dont les légendes remontaient à Mathusalem. Ils ne les auraient pas, par bravade contre l'Ancien Régime, « raccourcis », comme on s'amusait à dire à l'époque. D'un coup de hache, d'un coup de marteau, les vingt-huit têtes avaient volées, tombant dans un fracas épouvantable sur le parvis où les anges ne chantaient plus.

Il leur avait fallu attendre 1843 pour voir de nouveau. Un certain Viollet le Duc, architecte en vogue, avait été mandé pour leur refaire une beauté. Bon, il les avait affublés de bouclettes et de barbes presque fleuries, et de couronnes se voulant à l'ancienne, mais ressemblant plus à un déguisement de chat, avec deux oreilles pointues de chaque côté. Les sculpteurs avaient au moins eu l'heureuse idée de diriger le regard des rois vers le bas. Sans quoi, ceux-ci auraient été privés de leur passe-temps favori ! Mais parce qu'on lui avait tourné la tête pile en face du décrochement central, il souffrait par temps humide d'une horrible crampe à l'œil droit… à force de regarder de biais.

Ceci dit, il n'était pas plus mal loti que certains de ses compères, notamment celui fixant une pomme qu'il soupesait en vain depuis huit cents ans, bien qu'à y regarder de plus près, avec l'air chafouin que lui avait donné l'artisan du XIXème siècle et sa main sur le ventre, il avait plutôt l'air un peu nauséeux.

À l'époque, lors de la construction, il avait plus belle figure : le plus élégant et prestigieux visage de tous. À présent, on pouvait l'admirer, détaché de son corps de pierre, au musée de Cluny, après qu'on l'eut découvert dans une banque, il y avait quelque temps déjà.

L'air frais du soir lui fit remarquer le nombre plus restreint de badauds. La journée tirait à sa fin. Les pigeons reprirent possession de la place et le soleil colora la Seine d'un rose timide. Comme chaque soir, les rois, qui avaient conservé leur bonne éducation, se saluèrent un par un en s'appelant par leurs noms et se souhaitèrent la bonne nuit. Vingt-sept personnes se saluant une à une, c'est long. La statue s'y prêta comme les autres, mais quand vint son tour, seuls ses meilleurs amis parlèrent, la majorité des rois de Judée et d'Israël se murant dans un silence pédant.

Car au XIIIème siècle, le maître qui les avait sculptés avait voulu laisser sa patte, afin qu'à jamais, les siècles le connaissent. Il avait placé, sur le royal buste, une tête flatteuse : la sienne. Et, de pierre ou pas, tous dans le même bateau (au-dessus de la même nef, devrais-je dire), il ne serait jamais, aux yeux de ses voisins, un roi.

D. Marchal 2013

Santons sous la pluie

Un zouave en liberté

Paul Herbreteau

Nous nous sommes tous demandés, à un moment ou à un autre, si une âme vibrait à l'intérieur de la statuaire de nos édifices. Nous nous sommes peut-être demandé lors d'une escapade sur des méandres de Seine, si dans la poitrine de pierre du célèbre Zouave du Pont de l'Alma battait un cœur épris de… « Liberté »

Vous ne pensiez peut-être pas si bien dire !

Dans la froidure d'une nuit de Noël, un magicien de passage va lui offrir le plus beau des cadeaux : la rencontre éphémère avec son amour centenaire dans l'un des plus exclusifs endroits que l'on puisse rêver de visiter dans la Cité des Lumières…

Mais tout a une contrepartie : l'installation tout aussi éphémère d'une crèche extraordinaire sur l'emplacement momentanément libéré d'un Zouave amoureux et transi…

§§§

Dans la froidure d'un avant Noël, le bateau-mouche se glissait dans la nuit. D'ici peu, il ramènerait ses derniers touristes en goguette au Port de la Conférence. Jean Duval n'aurait jamais imaginé, ce matin même, se retrouver sur ce navire à faire des ronds de Seine tandis que la violence des bourrasques enveloppait le bateau et ses repères familiers de ses flocons rageurs…

« Pourquoi agis-tu différemment des autres, mon petit Valjean ! » (sobriquet que ses parents avaient donné à « Jean Duval »*)*, lui répétait sa maman à l'envi depuis leur appartement du 6 rue de Beaurepaire dans le 10ème arrondissement de Paris, *« Quand cesseras-tu de faire le zouave avec ta baguette ? Dans une étable, tu ferais fuir le bœuf, l'âne et les moutons avant que tu ne puisses les transformer en santons de sel, selon ta volonté… »*

Justement : le Zouave !

Sur un coup de tête, il n'était venu que pour lui… le mythique Zouave du pont de l'Alma qui se les gelait depuis des lustres à mesurer le niveau des crues de la Seine ; rongé d'un mal incurable : celui d'aimer et d'être aimé.

Ah, s'il avait pu s'épancher et que l'on daignât enfin l'écouter !

MAIS.

Chaudement vêtu, Jean Duval dégustait à petites gorgées un dernier Pastis ; ce qui le consolait des aléas tourbillonnants des frimas alentour…

Il ne l'aperçut pourtant que l'espace d'un instant quand le blizzard ambiant daigna ouvrir son manteau de furie. Instants volés vite refermés mais qui pour lui avaient déjà valeur d'éternité.

Il se surprit alors à penser :

« Foi de magicien, je veux bien accéder à ton désir.
Uniquement pour la nuit de Noël : tel sera mon bon plaisir ;
Tu y rencontreras l'amour sous un autre toit
Mais au petit matin tu devras t'en retourner chez toi.
Sur ta couche momentanément libérée, j'y déposerai quelques santons,
Une pluie généreuse, quelques rumeurs et de pieuses chansons.
Constituée de sel, la crèche sera magnifique mais éphémère, attendant ton retour.
On la célébrera, on la chantera ; et on vous acclamera tour à tour.»

Jean Duval le Magicien s'attela sur le champ à ce nouveau défi. Il savait qu'il pouvait compter sur un dernier carré d'amis fidèles, tous natifs de l'Île de la Cité, mais que les aléas de la vie avaient dispersés aux quatre coins de la capitale. Il les appelait parfois mes *« ex Cité »* mais le plus souvent et affectueusement avant tout : *« Mes déjantés ! »*

§§§

Jean Duval se servait de sa baguette avec aisance et en tous lieux. Les résultats qu'il obtenait se révélaient plus époustouflants les uns que les autres ; mais une seule ombre entachait quelque peu le palmarès à son tableau. Exécutant, Il excellait ! Mais piètre organisateur, il se devait d'engager une assistante redoutable d'intelligence, d'efficacité et de générosité confondues.

Il avait jeté son dévolu sur une jeune femme rencontrée sur les bords du Canal Saint Martin dans le nord-est de la capitale. C'était un de ces matins où elle venait puiser une eau précieuse destinée à quelques arpents qu'elle cultivait en secret et avec amour, le long de cette voie navigable si particulière.

Elle lui avait plu d'emblée. Ils s'étaient rapprochés et au vu des circonstances de leur première rencontre, il l'avait rebaptisée ma « Cosette », avec son consentement empressé.

Le projet tenait la route… Sa « Cosette » s'était déjà enquise d'un lieu d'accueil pour le Zouave ainsi que d'une surprise de taille quand il y serait transféré l'espace d'une nuit. Elle organisait déjà les moyens de le repositionner à sa place habituelle quant au petit jour la pluie aurait achevé son œuvre implacable sur des santons de sel…

§§§

Pour le recrutement de ces derniers : Joseph, Marie et l'Enfant Jésus, elle avait naturellement été amenée à frapper - de sa baguette - à la porte du Musée de l'Orangerie, lieu emblématique dans le jardin des Tuileries. Jean Duval avait la chance de connaître le jeune couple qui y résidait à demeure : la douce Julie, avait été nommée préceptrice des petites fées lutines qui grandissaient à l'intérieur des Nymphéas et qui évoluaient dans chacun de leurs contours délicats. Dans sa tâche immense, elle était secondée par son fidèle compagnon Ollie, gardien de la paix et des clés de ce temple de l'impressionnisme. Et à force d'entendre les petites fées lutines leur déclamer à longueur de nuits : « Allez Julie ! Il est temps d'y aller Ollie ! », qu'ils avaient fini par apprécier leur châlit et la chaleur des partages de leurs doux ébats…

Neuf mois plus tard naissait un petit garçon adorable au surnom évocateur de « G » : « G » comme 'génial' ou comme « généreux » fruits des délices de leurs belles amours. Ils avaient adhéré spontanément à ce projet fou : Julie redeviendrait ce qu'elle avait été encore récemment, vierge et de surcroît, Marie ! Quant à Ollie, se retrouver dans les habits de Joseph le charpentier ne l'effrayait guère. Enfin, pour ce qui était de « G », on ne lui avait pas demandé son avis, gazouiller et gesticuler d'aise suffirait à le mettre dans l'action et à susciter de légitimes émotions.

§§§

Perplexe, Jean Duval se grattait la tête de sa baguette : *« Pour le bœuf ? Je demanderais bien à un ami bourguignon, mais le transférer dans la capitale demanderait trop de mon énergie… »* tout en consultant une tablette magique que bien plus tard un certain monsieur « Pomme » appellerait « Aïl Pade »… *Il y a bien ma vieille connaissance, Paulux ! L'ancien druide des Parisii qui a émigré en Vendée, à Cugand précisément, il a une bonne tête bovine ! Et depuis que sa femme le trompe avec son meilleur ami, un ancien boucher des Halles, il arbore à son insu une de ces paires de cornes !*

Jean Duval sentait une douce excitation d'aise s'emparer de lui quand tout se mettait agréablement en place.

L'âne à Purna ! Mon vieil ami Purna de la rue de la Montagne Sainte-Geneviève dans le 5ème et son placide baudet, mais je n'ai plus de nouvelles depuis qu'il est parti chanter des hymnes à

Laya… Mais que je suis bête ! Le compagnon de Hemeff ! La conteuse des riches maisons de retraites des bords de Seine : l'ex Pâtre Hiss de la rue des Bergers dans le 15ème et ses longilignes oreilles…feraient bien l'affaire ! »

Il se maudissait déjà de ce projet pharaonique et désuet en soi, à vouloir offrir un peu de plaisir à un Zouave au cœur de pierre avant la fonte de la plus incroyable crèche d'une Nativité en devenir.

Pour les moutons ? C'était le cadet de ses soucis… Car il tenait une solution toute prête : elle portait le doux nom de Hessmer, Hessmer Alda, ancienne danseuse sur le parvis de Notre Dame mais réfugiée depuis longtemps avec ses chats et ses chiens au Zoo de Vincennes où elle officiait en dresseuse émérite. Cependant : transformer des chats et des chiens en moutons, cela avait-il été tenté de par le passé ? Jean Duval savait pouvoir compter sur elle pour y mettre bon ordre et d'un geste satisfait, sur sa tablette virtuelle, il avait validé cette dernière option.

Restait le problème récurrent des Rois-Mages : Gaspard, Melchior et Balthazar. *« Ils vont encore se perdre !* pensait-il*, ne pas suivre la bonne étoile ! »*

Mais Jean Duval recouvra vite sa sérénité : pour l'étoile, la Mairie de Paris l'avait assuré de son concours, la Tour Eiffel s'illuminerait toute la nuit, et le plus puissant de ses rayons lasers resterait pointé en permanence sur le pilier du célèbre pont.

Pour « Gaspart » ! Alda Hessmer ferait bien l'affaire : elle qu'un rien habillait.

Un énième déguisement lui siérait à ravir...

En ce qui concernait « Balthazar », qui rimait merveilleusement avec « Fout l'bazar ! », Jean Duval avait d'autorité décidé qu'Hemeff tiendrait ce rôle ; vous savez bien la compagne précédemment cité de l'ex pâtre Hiss. Hemeff bénéficiait d'une personnalité adorable et jouissait officiellement d'une bonne réputation. Officieusement, c'était une autre paire de manches : en tant que conteuse attitrée des riches maisons de retraite des bords de Seine, elle ne pouvait s'empêcher d'émoustiller un troisième âge vulnérable et plus habitué aux histoires de rois fainéants qu'aux jolies fées qui font trempette. Ce qui faisait, qu'après chacun de ses passages, le personnel éprouvait certaine peine à retenir quelques impatients impénitents décidés à faire trempette, eux aussi, mais dans des eaux glacées et aux vertus de jouvence encore à démontrer.

Restait bien évidemment « Melchior ». Jean Duval, en bon dormeur, s'identifiait déjà au personnage, lui qui prenait un peu de bouteille avec l'âge et les siestes qui allaient de pair, mais sans rivaliser toutefois en taille avec le flacon de 18 litres gratifié du même nom que l'on trouvait chez Fauchon, place de la Madeleine dans le 8ème.

Tout était en place pour la plus incroyable des mystifications des nuits parisiennes.

§§§

« Ma Cosette, tu me reçois ? Il est 23h59 ce 24 Décembre ! Top départ de l'Opération « Santons sous la Pluie »… 55 secondes

…9…8…7…6…5…4…3…2…1… »

À minuit pile, normal pour un pont, le plus puissant des lasers de la Tour Eiffel s'en vint effleurer le visage du Zouave. Sur le dernier bateau-mouche, les touristes furent atteints de cécité passagère tant l'éclat de lumière avait paru *« brutal de puissance »*, ou *« puissant de brutalité »* ainsi qu'ils le raconteraient quelques minutes plus tard et dans la cacophonie de leurs langues respectives. Le Zouave avait simplement disparu, et à sa place - il était 0 heures en ce 25 décembre - était apparue la plus délicieuse des visions, une vision que chacun garderait en mémoire jusqu'à son dernier souffle. Une crèche, comme surgie des profondeurs du fleuve, occupait l'emplacement devenu vacant. Une pluie aussi drue que soudaine l'enveloppait de ses attentions empressées.

La nouvelle se répandit comme une traînée de poudre, les bateaux-mouches, en un essaim bourdonnant levèrent l'ancre dans une nuit du même nom, ou presque. Et bientôt - une première sur la Seine - un bouchon se formait près du Pont de l'Alma. Le rayon de la Tour Eifel éclairait les différentes composantes de ce ravissant spectacle. Chaque perle de pluie irisait de son éclat les personnages de ce tableau extraordinaire. Il semblait constitué de milliards de cristaux d'un sel en fleur que l'ondée vivifiante nourrissait dans une apparence exquise et délicate.

Déjà, la Police fluviale intervenait pour remettre bon ordre dans ce singulier enchevêtrement d'esquifs.

Sur le pont majestueux, plusieurs spectateurs imprudents furent emportés par la foule qui les traînait, les entraînait, écrasés l'un contre l'autre sous les piaillements ripailleurs des petits piafs parisiens.

Les chants commencèrent à fuser, à l'instar de cet américain rencontré qui hurlait à tue-tête, une bouteille de Clos Montmartre à la main : *« Jouez hautbois, résonnez musettes ! »*. Il est vrai que question musettes, il en tenait une belle ! Il paraîtrait même que de retour dans son vaste pays, il se souviendrait de son extraordinaire rencontre. Mais toutefois, le petit vin local aidant, il aurait confondu *« Santons »* avec un désormais *« Chantons sous la pluie ! »* de notoriété planétaire.

L'ondée redoublait de violence. La crèche, dans son insolence incongrue et malgré l'heure avancée, s'offrait toujours plus belle aux regards charmés.

Le Pont de l'Alma était devenu le nouveau lieu de rencontre des fêtards de tous poils, mais déjà comme l'aube naissante, se profilait dans les esprits embrumés une seule et unique question :

« Diable ! Mais qu'est donc notre Zouave devenu ? »

§§§

Nicolas le cancrelat en était resté muet de surprise ! Oubliant l'éventualité d'une fuite effrénée, usant de ses fines antennes en perpétuel mouvement de repérage, il analysait les bruits inhabituels qui émanaient de cet endroit d'ordinaire silencieux.

Normalement, à la nuit tombée, il se glissait dans le local. Il y grappillait parfois quelques restes de biscuit tombés de la poche d'un technicien, lequel après un ultime réglage se pressait de redescendre vers la terre ferme.

Nicolas dominait alors le tout Paris, et il avait pris pour habitude de s'installer dans le bureau de Gustave Eiffel, au quatrième étage de la Tour du même nom. De son air goguenard, il observait avec attention la longue conversation figée que le concepteur du monument entretenait avec Thomas Edison depuis quelques décennies. Vous l'aviez sans doute compris, Nicolas avait le privilège unique de pénétrer chaque nuit dans le saint des saints de l'édifice payant le plus visité de la planète. Des milliers de curieux s'y pressaient au quotidien comme des citrons et n'apercevaient à travers un épais vitrage que de fugitives visions surannées. Nicolas avait bien remarqué que le plus puissant des rayons qui émettait depuis la superstructure au-dessus de sa tête, ne balayait plus l'horizon comme à son habitude ; et qu'il restait figé sur l'une des piles du pont en contre-bas. En écarquillant les yeux, il avait discerné que l'habituelle statue du personnage en uniforme avait disparu et qu'à sa place, sous d'insolites chutes d'eau, une féerie étrange se mettait en place.

Sur le tablier du pont, une foule nombreuse se mouvait, toute absorbée par le même spectacle alors qu'un nombre inhabituel de bateaux-mouches s'accumulait à quelques encablures de l'ouvrage…

Curieux de nature, Nicolas s'était glissé dans la pièce

par le minuscule interstice qu'il avait pour habitude d'emprunter. À l'abri de tout regard, il contemplait le charmant spectacle qui se déroulait sous ses yeux. Dans la douce pénombre d'une torche délicatement posée sur l'imposante table, se tenait un homme d'une stature peu commune. Un fez sur la tête, il était habillé d'une veste courte et ajustée sans boutons. Une large ceinture de toile ceignait sa taille et retenait bien en place des culottes bouffantes que prolongeaient des guêtres et des jambières. Il tenait par la main une ravissante jeune femme drapée dans une toge de soie d'un vert de gris doré. De sa main libre, elle serrait une tablette où l'on pouvait lire en chiffres romains « 4 juillet 1776 » : jour de l'indépendance américaine…

Ils se regardaient tendrement.

Si ce n'était leur présence, la salle respirait la pureté du vide et leur conversation allait bon train.

C'était la première nuit qu'ils passeraient ensemble… et la dernière ! De ce qu'il apprenait, Nicolas n'en croyait pas ses antennes !

§§§

Un certain jour de 1856, il avait été adossé à jamais contre l'une des piles du Pont de l'Alma. Mais quelques décennies plus tard, alors qu'il s'y ennuyait à mourir, le Zouave était tombé amoureux…

Il s'était pourtant fait une raison et s'était résigné à son triste sort, sort qui consistait comme vous le savez, à mesurer à son corps défendant les crues de la Seine, et à subir les regards parfois sensuels des nombreux touristes qui défilaient en flottilles et le mitraillaient - un comble pour un zouave - de leurs objectifs photographiques aux calibres diversifiés.

Il n'avait jamais oublié ce jour de 1889, où sagement allongée sur un chaland qui remontait le courant, elle avait capté son regard. Comme ultérieurement pour le magicien Jean Duval, ces instants volés, s'étaient vite refermés mais ils avaient déjà pour eux valeur d'éternité.

Elle s'appelait Carla Bartholdi.

Curieusement, Nicolas le cancrelat avait apprécié ce prénom.

Allez savoir pourquoi !

Elle était - en réduction importante toutefois - la réplique exacte, mais tenue secrète, de sa grande sœur américaine à l'entrée du port de New York.

Réplique exacte certes !

Mais à un détail près.

Contrairement à l'originale qui trônait depuis 1886 sur Liberty Island, Frédéric Auguste Bartholdi lui avait supprimé ce visage un peu austère pour le redessiner à sa convenance et le résultat final lui seyait à merveille : un savant équilibre de beauté et de charme réunis.

Il avait décidé de l'offrir à son ami Gustave Eiffel dont les conseils s'étaient confirmés tellement efficaces pour la conception de l'infrastructure du projet final. Il y avait ajouté cependant une condition : qu'elle balayât la capitale de ses regards où bon lui semblerait ; mais qu'on ne l'aperçût point et qu'elle ne portât préjudice ni à sa grande sœur et ni aux nombreuses répliques qui fleuriraient de-ci de-là, et notamment à Paris.

Gustave Eiffel avait accepté avec enthousiasme et spontanéité. Dans le plus grand secret, il avait spécialement dessiné pour la belle un caisson unique sous le vaste bureau du 4ème étage de la Tour.

Pour ne pas dépareiller avec le reste de l'édifice, le fond était fait d'un verre sans tain maquillé avec soin. Son épaisseur s'affichait comme impressionnante : autre prouesse technique pour l'époque.

Depuis, et à l'insu de tous, elle observait le temps qui se déroulait sous ses pieds. Irrésistiblement, elle se sentait aussi attirée par le soldat fringant - il l'était et le serait pour toujours à ses yeux - qui montait sa garde immuable sous l'un des plus beaux ponts de la capitale.

Depuis, et à l'insu de tous, il observait les flots qui un jour l'avaient entraînée hors de sa vue fatiguée. Irrésistiblement, il se sentait tout aussi attiré par le 4ème étage du monument le plus couru de la capitale.

Il ne savait toujours pas comment il avait pu tenir pendant plus d'un siècle. Décidément notre Zouave se montrait brave parmi les braves.

Et puis, une nuit d'un avant Noël, il avait rencontré Jean Duval…

D'un regard, il lui avait tout narré : ses doutes, sa

passion dévorante. *« Rien qu'une fois ! Une nuit ! Rien que pour elle… et moi !... »*

Émoi…

§§§

La suite, vous la devinez déjà !

Au petit matin, les cristaux de sel de l'extraordinaire crèche avaient disparu. Ils s'avouaient enfin vaincus par les précipitations torrentielles qu'ils avaient supportées de leurs continuels effleurements... Elles s'étaient inexorablement déversées en myriades et autres cascades salées de perles enfilées dans la majesté d'un fleuve à la poésie transcendée.

Le Zouave avait regagné sa vigie en sentinelle zélée…mais étrangement ragaillardie et rassérénée.

Nul besoin de demander à Jean Duval de vous expliquer le comment du pourquoi, ou l'inverse : entre zouaves, ils s'étaient juré de n'en jamais rien révéler.

Aussi, lors d'un prochain passage dans la Cité des Lumières, si votre regard croise celui du fier soldat du pont de l'Alma, ne soyez pas surpris s'il vous offre un sourire fugitif. Il sait déjà que les questions fusent dans votre esprit… mais de grâce, n'insistez point.

Lors d'une nouvelle ascension de la Tour Eiffel, dirigez vos pas jusqu'au 4ème étage et regardez attentivement les dessous de la pièce qui se présente à votre inspection amusée. Ils vous semblent construits de fer puddlé et de rivets ? Fermez les yeux quelques instants et vous l'imaginerez aisément, belle, solitaire et rebelle, observant ce qui se déroule à ses pieds mais irrésistiblement attirée par le soldat fringant - il l'était et le serait toujours à ses yeux - qui monte sa garde immuable sous l'un des plus beaux ponts de la capitale.

§§§

Vos yeux de lecteurs attentifs se ferment déjà. Les lignes se faufilent entre les reliures des pages et les lettres commencent à s'échapper en cascades de guirlandes désordonnées. Le livre grand ouvert s'affaisse toujours un peu plus sur les plis d'un giron à la largeur grandissante.

Dans un dernier bâillement, les forces vous manquent de lever une énième fois l'une de vos mains qui se devrait de masquer une bouche aux contours fatigués.

Cependant, avant de sombrer dans un assoupissement réparateur, laissez les mots vous confier quelques surprenants détails.

Souvenez-vous des interrogations de la maman du jeune garçon au commencement de votre lecture. Vous vous souvenez ?

Peut-être avez-vous oublié le lieu de résidence du petit *« Valjean »* ? Le n° 6 de la rue de Beaurepaire dans le 10ème arrondissement ?

C'est à deux pas de la Place de la République, ne manquez pas d'y pousser une petite visite !

Une surprise de taille vous y attend, vous ne serez pas déçu !

§§§

Bienvenue au Restaurant : « Les Magiciens »

Vous pourrez vous y restaurez à votre guise.
Y déguster de l'âne ? Point !
Mais du bœuf et du mouton…
Y faire le Zouave ?
Oh oui, et en toute … « Liberté ! »
FAIM !

LE LOUXOR

L'Obélisque

Marcel Grelet

« La banlieue, c'est pas rose ! »

Youssouf a souvent entendu, sur les ondes radio, cette rime assortie de morose. Néphérou et Amosis, ses parents, immigrants égyptiens, lui ont aussi marmonné quelquefois, entre des échanges dans leur langue natale, les paroles de cette chanson, véritable tube. Comme un tube, une sorte de tuyau à sons. Une machine à faire de la musique primaire. Mais pour Youssouf, cette chanson parle de son quotidien et le rap, sa musique est en adéquation avec son milieu de vie. C'est très zone, cela n'interdit pas d'avoir du cœur. Celui du gamin de la banlieue est gros, plus que son corps. La chanson fait des gosses comme Youssouf des héros. Il y reconnaît la zone urbaine sensible de Drancy où il habite.

L'instituteur, prof des écoles, leur a dit en mai, à peine un mois plus tôt :

- Je vais vous emmener… Ce sera un grand voyage !

Il regarda Youssouf en particulier. Le gamin lui rendit un sourire poli. Les voyages ne sont pas pour un gosse de banlieue. Déjà sans illusions, il le sait. Ses parents regrettent souvent de ne pouvoir lui faire connaître sa famille, à Louxor, leur ville d'origine au bord du Nil.

Francis le prof, lui, est né de la diaspora vendéenne. Il a grandi du côté de la porte d'Auteuil. Il s'est intégré, plutôt bon gré, impliqué dans la vie de Paris. Il est de la veine post soixante-huit, les seventies, avec Barbara, Joan Baez, Jacques Brel, Georges Brassens et Maxime Le Forestier comme références musicales. C'est une maison bleue accrochée à la colline… Cette chanson l'a bien fait rêver, ado. Francis aime cependant et par-dessus tout faire partager l'Histoire en général à ses élèves et ce n'est ni désuet ni branché.

- Jeudi, dans deux semaines, venez tous avec un petit sac à dos, et un pique-nique ! Oui… Balade surprise !

Pour les enfants, c'est l'assurance d'une journée cool dans un jardin public. L'année précédente, il les avait emmenés faire un *sit-in* au père Lachaise. Un autre jour, il leur avait aussi fait découvrir la place du Tertre.

Ce jeudi, l'instit les entraîne jusqu'à la Porte de la Chapelle, ligne 12 du métro, direction Mairie d'Issy.

Francis aidé de trois parents accompagnateurs, prétend les conduire en Égypte.

- Pour le pays des Pharaons, descente à la Concorde !

Les enfants en doutent.

- Monsieur, Monsieur ! Pour aller au Caire il faut prendre l'avion à Orly ou à Roissy !

Youssouf mène la fronde. Avec sa naïveté, son visage pétillant et ses cheveux frisés, le gosse candide fait chavirer son monde. L'instit lui répond d'un clin d'œil et d'un sourire malin. C'est sa manière de lui dire : « Tu vas voir… »

Les vingt-cinq gamins de la classe et leurs

accompagnateurs viennent de quitter la rame de métro. Il n'a pas été nécessaire de leur commenter ce moyen de transport en commun. Tous ont l'habitude de l'utiliser. Les diables se régalent de la montée des escalators. S'élever sans effort, c'est drôle !

Ils émergent en haut de la rue de Rivoli. Francis n'a pas choisi cette sortie au hasard, pile poil entre les Tuileries et la Concorde.

L'instit arrête le groupe à l'angle de la place et même si ce n'est pas au programme, il leur a parlé en classe de cet endroit. Ses noms successifs et tout et tout. Et comme la manière de les instruire était drôle, avec des images de bandes dessinées, les gamins ont souscrit à cet enseignement. Tout ça n'est pas du goût des grincheux, les collègues de Francis, adeptes d'une ligne bien tracée, sans débordements d'attributions, qui prétendent qu'il fait fausse route, et fausse route est un euphémisme parce que les termes qu'ils lui dédient sont bien plus perfides que cela.

Place de la Charte, de la Monarchie de Juillet. Mais non, elle est redevenue la Concorde…Oui, à cause de la Monarchie de Juillet ! Les élèves déballent dans un désordre absolu tous les noms dont a été gratifiée la Concorde.

Selon Francis, on a le droit de ne pas abêtir les gosses avec des cases à cocher. Parce que, eux, les gamins, ne demandent qu'à faire fonctionner leur imagination.

- Vous voyez bien, la mémoire collective, ça existe !

- Mais de quoi nous parle-t-il ?

Youssouf se débat et les noms s'entrechoquent dans sa tête. Et il se gratte les bouclettes, le gosse. Aïe la racine des cheveux !

Le groupe parcourt la place en resserrant le cercle ; la méthode du colimaçon. Francis les conduit inévitablement sur l'édifice central. C'est astucieux cette méthode, elle permet de croiser aussi des statues : tiens donc, les Deux Fontaines. L'instit ne les rabroue pas quand ils assimilent les personnages représentés sur ce monument à l'oncle ou aux grands-parents africains. Même s'ils y mélangent les origines et les anatomies des statues. Tout est dans leur imagination. Ils en retirent une vivacité d'esprit. Ces gosses sauront un jour associer un élément de la vie à cette image qui leur reviendra. La personnalité se construit aussi sur des délires. Surtout avec des rêves.

- Et le pont, là-bas, en bas de la place ?

Perronet, le nom du constructeur, est sorti spontanément de la bouche d'un de ses élèves. Et une telle mémoire épate Francis. Il avait fait des ronds de jambe pour leur donner un moyen mnémotechnique de se le rappeler. On l'a traité de ringard, à leur faire chanter et danser sur le Pont d'Avignon et à y glisser subrepticement le nom de Perronet. On peut lancer des graines au hasard, rien ne se perd si on ne stérilise pas le terrain. L'Histoire sous une forme ludique, ils adorent.

Ces cinq arches au-dessus de la Seine sont posées comme une passerelle vers le très loin, vers l'avenue du rêve, vers l'Égypte. Et le très loin se dresse, maintenant, très haut au centre de la Concorde. L'Obélisque est planté devant eux. Chacun y va de son délire. Immanquablement, le monument est qualifié de menhir et le raccourci avec la bande dessinée Astérix et Obélix tombe naturellement, forcément, Depardieu en ligne de mire. Et les enfants, même s'ils n'ont pas la stature et le verbe de l'acteur, enflent en singeant Obélix, une aiguille de pierre imaginaire sur le dos. On va encore lui dire qu'il fait n'importe quoi, Francis, et qu'il pourrait être viré, au motif d'appliquer une pédagogie qui n'a rien d'académique. Il s'en moque, lui. Il pense aux enfants.

- Ça aurait été bien commode d'avoir des colosses comme vous pour emporter ce monolithe !

C'est certain, une bande d'Obélix aurait été plus efficace pour déplacer l'aiguille de pierre de plus de 227 tonnes, du pur granit rose. Ça, les gamins s'en foutent, ils préfèrent mimer le Gaulois. Méhémet Ali avait pourtant offert un beau présent à la France, un peu forcé d'ailleurs, en 1830, en lui offrant les deux obélisques de Louxor. Quand il avait fallu les déplacer, le don du souverain s'était avéré cadeau empoisonné.

- Au fait Youssouf…Pourrais-tu nous parler un peu du voyage de cette roche ?

Ce n'est pas vraiment le hasard si le prof pose la question à Youssouf. Le gamin natif des bords du Nil bredouille, se prend les pieds dans le tapis de son histoire. On l'aide un peu, ses copains bien sûr, et Francis rajoute l'élément manquant, rétablit la vérité.

Jean-François Champollion avait choisi lui-même lequel des deux obélisques serait transporté le premier.

- Imaginez… Emporter un tel monument depuis l'Égypte, il en a fallu des camions !

Ah, les rires déclenchés par la réflexion de l'instit ! Évidemment que non, les camions n'étaient pas encore inventés en 1831.

- Mais alors, s'il n'y avait pas de camions ?

- C'étaient des bateaux à voiles Monsieur ! Par chance, Louxor était situé au bord d'un fleuve : le Nil !

- Même qu'il avait fallu construire un navire spécial de 43 mètres de longueur, avec des mâts pas trop hauts, pour pouvoir passer sous les ponts de la Seine ! Il s'appelait « *le Louxor* », forcément !

Plus de trois ans avaient été nécessaires à ce bateau spécial pour aller de Toulon en Haute-Égypte et revenir à Paris.

Ils en ont bavé, les 136 marins commandés par de Verninac Saint-Maur. Pourtant, la remontée du Nil depuis Alexandrie jusqu'à Louxor est une croisière que personne ne fera jamais… Beaucoup paieraient cher, de nos jours, pour la réaliser à bord d'une felouque ! À cette époque c'était plutôt galère !

L'instit a expliqué en cours, à ses chères têtes blondes et ses chères têtes beurs tous les problèmes rencontrés par l'expédition. Quand il leur a parlé de galère, les enfants ont rectifié, presque comme un seul.

- Il s'agissait de navigation à voile, Monsieur !

N'empêche que c'était difficile de remonter le Nil à contre-courant. Francis leur a montré ce jour-là une géographie « Jean Brunhes » une vraie, de son enfance, avec une carte de ce grand pays d'Égypte. Une carte presque toute jaune et ocre, comme le sable du désert. Une carte coupée d'un long cordon né de la fusion du Nil Blanc et du Nil Bleu. Ses deux branches s'unissent à Khartoum pour former ce magnifique fleuve. Il est représenté en bleu sur la carte, élargi de vert et terminé au nord de l'Égypte, au bord de la Méditerranée par un immense delta.

- La vie est ici, de part et d'autre de ce fleuve… L'eau c'est la vie n'est-ce pas !

Francis le leur a martelé, il a tourné les pages de ce manuel antique. Chacune d'elles révélait au moins un cliché de maison en terrasse, de rues colorées ou de cultures dans la vallée.

- Il n'y a qu'à cueillir les fruits et les croquer.

Un vrai paradis qui laisse Youssouf rêveur. Mais pourquoi ses parents ont-ils quitté cet endroit ? Il va y réfléchir et chercher la réponse. Elle viendra plus tard.

- Vous voyez, ce monument cache derrière lui une civilisation !

Il avait fallu un mois et demi pour franchir les quatre cents mètres entre le Nil et le temple dont les obélisques ornaient l'entrée. On a peine à imaginer comment, avec les moyens de l'époque, ce travail a pu être réalisé. Même s'ils avaient failli abandonner, ces hommes n'avaient reculé devant rien. Armand Florimond Mimerel avait établi les plans de la manœuvre, pas toujours avec bonheur d'ailleurs.

On avait rasé des maisons, aplani les aspérités du sol et découpé l'avant du bateau pour y glisser le monument. Le choléra s'en était mêlé, des centaines d'ouvriers malades. Combien sont morts ?

Personne, ni aucun écrit, ne relate comment les habitants de Louxor avaient vécu cette période mémorable. L'Histoire ne retient que le beau, l'impérissable !

- Je vous barbe avec ça… Pensez-y tout de même !

L'instit touche un point sensible. Nul doute que derrière ce chef-d'œuvre se cache de la souffrance. Et selon Francis c'est une raison de plus d'en apprécier humblement la beauté. Il est ambitieux, le prof des écoles. Initier des gamins de C.M.2 à cette histoire, c'est un sacré challenge. Même s'ils ont l'air de se moquer de ce que dit le prof, un jour ils se souviendront. Francis en est convaincu. Il revoit le cancre qu'il était, rêveur devant sa géographie.

- Hé Monsieur, tu dors !

Oups ! Le prof en perd le fil, encore à cause de son livre qui le renvoie en enfance.

Le trop faible niveau des eaux du Nil immobilisa le bateau à Rosette, là-même où Champollion déchiffra les hiéroglyphes, c'est amusant. Il fallut attendre la crue du fleuve pour repartir.

Pour l'instit, le rappel historique est aisé. Il dispose des croquis d'époque, tous les périples du voyage sont gravés sur le piédestal du monument. Et il sait tenir les élèves en haleine.

Durant la mise en place, le vingt-cinq octobre 1836, les haubans, non pas des sièges de bar très hauts où vous voyez votre instit assis tous les soirs, mais des câbles de chanvre. Ces filins étaient prêts à rompre sous la tension. Une voix s'est alors élevée dans la foule, elle a crié. C'était plus qu'un cri, c'était un ordre : « Arrosez les cordages ! » Et naturellement, on a obéi à ce commandement anonyme. La pierre de Louxor a trouvé sa place sur son socle. Ce jour-là, elle est devenue l'Obélisque de la Concorde.

Heureuse coïncidence ou volonté suprême, l'ordre d'arroser les cordages était empreint d'un fort accent arabe. Le responsable des charpentes, Ferdinand Malosses, avait consigné ce détail dans ses carnets de notes. Pour que cette anecdote soit relatée, il fallait que Malosses reconnaisse implicitement son incompétence et celle de son équipe en la matière. C'était une preuve de modestie et d'intelligence.

À propos du périple des babouins sculptés sur le socle d'origine, Francis n'a rien caché à ses élèves. L'œuvre représentant ces animaux le sexe en érection les a bien fait rire. Pour l'instant, les gosses n'ont retenu que ça. Il n'empêche qu'un jour, cette anecdote sera sans doute la clé de leur curiosité, associée à toute l'histoire dont ils se souviendront.

La base originelle de l'édifice n'a pas été installée au pied de l'obélisque. Les pauvres babouins vivent une existence recluse au musée du Louvre. Un drame a été évité, il ne fallait pas choquer la société prude du XIXème siècle.

Youssouf est déjà parti, très loin là-bas.

L'instit hésite un instant à l'interpeller. À quoi bon ?

Le prof se redresse, un brin amusé. Il laisse le gosse à sa rêverie. Ce voyage de l'imaginaire en Égypte sera peut-être le seul périple dans son pays d'origine. En cet instant, aucun autre trip n'est à sa portée, Francis en est sûr. Le gosse en rapportera malgré tout des images magnifiques.

D. Marchal 2013

Les comptes fantastiques d'Haussmann

Marcel Grelet

Pareil à un objet de piété, un bloc de calcaire, cube rocheux approximatif est posé sur une vitrine dans la classe. Ce meuble magique met les tout jeunes collégiens en éveil. L'attraction de la nouveauté, sans aucun doute ! Il contient aussi différents minéraux et quelques graines ou plantes rares séchées, notamment des semences de sésame, avec des petites étiquettes, bien rigides sous leur plastique. Elles étincellent dans l'imaginaire des gamins.

« Sésame, ouvre-toi ! »

Elle explose, la formule faisant référence à Ali Baba et les Quarante voleurs, dans les Mille et une Nuits. Comme un écho bizarre, tous les élèves de la classe de 6ème C, massés près de la vitrine, la récitent tour à tour. Une surenchère teintée de lyrisme. La phrase magique roule dans la salle. C'est un murmure qui devient presque grondement. Youssouf, mû par son don inné de la mise en scène, prononce les mots-clés religieusement. Profondément convaincu de son pouvoir. Un vœu secret s'élève de son esprit, une lueur d'espoir peut-être. La porte s'ouvre et le vœu devient certitude.

- Pas de chance, me revoilà !

Et le caillou tombe, se brise sur le sol.

Francis apparaît. Il salue les C, se présente.

- Je suis votre prof principal chargé d'enseigner l'histoire et la géo !

Il n'y a pas de sous-entendus, à l'évidence ça va décoiffer.

Le prof des écoles, l'année précédente, avait postulé et obtenu cette affectation au collège Paul Bert à Drancy.

Ceux de sa classe en primaire, ses ex-élèves de C.M.2, le retrouvent avec plaisir.

Oh surprise ! Il ne fait aucune allusion au caillou brisé. Le pitre coupable de la chute du calcaire en reste ébahi. L'année démarrait bien pour lui. Il imaginait déjà la dédicace du prof au bas de la première page de son carnet. Un bon début pour des années de collège sans réelles motivations. Et si le prof lui avait fait des remarques, il lui aurait répondu effronté, que son caillou, ce n'était pas la fin du monde, et le vocabulaire aurait été adapté à l'affront. Le bloc de calcaire sur la tête, le gamin s'était posé face aux autres. Invoquant on ne sait quel esprit, un délire, un fantasme. Il soulevait avec cette pierre les fantômes de son imagination. Le crétin ne connaissait pas Francis. Surpris, il a tout lâché. Si ce n'était la surprise de voir entrer le prof principal, peut-être était-ce à cause de la bousculade ? Et le bloc vient de se briser à ses pieds.

- Voilà un événement qui va changer la face de Paris, que dis-je ! La face du monde !

Francis désigne les débris du caillou de l'index. La roche, si tendre soit-elle, n'a rien d'élastique et pourtant ! Il lui faut rebondir sur son éclatement. Une lumière se dégage des minéraux jonchant le sol. Une phosphorescence. Et ça brille dans le regard perdu de Youssouf en écoutant le commentaire de Francis.

- Cette roche nous vient de Méry-sur-Oise. Un endroit situé quelque part en Île de France. Un endroit presque effacé. Enfin… Effacé autrefois, pour faire renaître la ville de Paris… Haussmann ça vous dit quelque chose ?

Belle entrée en matière ! Francis laisse sa question suspendue, mêlée au silence entrecoupé de murmures.

Dans le regard de Youssouf, ce sont des avenues qui défilent, des boulevards étranges, le boulevard de l'étrange. Étrangement loin de Drancy et pourtant. Il y a quelque chose de pharaonique dans ces axes qu'il a parfois empruntés. Il ne les a pas parcourus souvent, mais tout de même empruntés.

- Nous sommes des emprunteurs !

L'année commence fort avec Francis. À peine a-t-il mis les pieds dans la classe, en raison d'un caillou brisé, le prof nous parle d'Histoire et y glisse, l'air de rien, presque insidieusement, un brin de philosophie.

- La terre où nous vivons, nous l'empruntons !

Silence coupable dans la classe.

- Mais oui… Et à qui l'empruntons-nous ?

À nos enfants aux dires de certains !

Peut-être à la galaxie et à ses maîtres ? affirmeront les matheux, géomètres de l'espace, et désireux de ne rendre des comptes à personne. Des gens qui ne doutent de rien, le monde est à eux, ils se l'approprient sans vergogne.

Des êtres surnaturels, prétendront-ils… Ceux-là n'ont rien à prétendre, ou à dire, ou à faire. Ils se fient à la part du rêve.

Il y a bien longtemps que Youssouf ne se pose plus la question de savoir comment est fait un être surnaturel, de savoir si on l'appelle lutin ou farfadet. D'ailleurs, pourquoi parle-t-on d'eux seulement au masculin ? Pourquoi ces êtres ne seraient-ils pas sexués ? Imaginez, une « *lutine ou farfadette* » ça soulèverait des commentaires ! Lui, Youssouf, est dans son rêve. Il y vit, crée ses propres images, mélange de fiction et de réalité.

Ses parents l'ont emmené, une fois ou deux par hasard, dans le Paris du Baron Haussmann, sans savoir qu'il fut préfet, ni même qui il était véritablement. Des endroits où les rues sont avenues, ou avenantes, il ne sait plus très bien. Sans les voitures, il y aurait eu beaucoup de place pour marcher. Dans ces artères rectilignes, des humains auraient pu déambuler à leur guise. Et les commentaires de Francis interfèrent, résonnent avec les images qui se matérialisent dans son esprit.

- La hauteur des immeubles neufs ne devait pas dépasser 20 mètres, égale à la largeur de la rue, comme dans Rivoli et la rue de Rennes. Il y a aussi le boulevard Haussmann. On n'est jamais si bien servi que par soi-même.

Ah ça, c'est drôle, la largeur égale à la hauteur, peut-être bien à la profondeur, un cube quoi, le 9-3 quoi.

En 1846-1848, Napoléon III avait séjourné en Angleterre. Certains quartiers à l'ouest de Londres, des quartiers reconstruits suite au grand incendie de 1666, l'avaient impressionné. Paris devait devenir une ville aussi prestigieuse que la métropole anglaise. L'Empereur confia au Baron Haussmann la charge de rénover la cité. Un vent de salubrité souffla sur la capitale, le spectre de l'épidémie de choléra en 1832 planait encore. L'air et la lumière, ces deux éléments devinrent les maîtres mots de la lutte contre les miasmes de la maladie. On leur associa un travail en profondeur pour évacuer les eaux usées et acheminer l'eau potable, un véritable réseau. Ça, c'était le savoir-faire de l'ingénieur Belgrand.

- Il y a les oubliés de l'Histoire !

Tout comme Alphand et le jardinier Barillet-Deschamps, qui eux, s'attaquèrent aux espaces verts, Eugène Belgrand a largement contribué à la réalisation technique des plans Haussmann, mais on en parle beaucoup moins.

À ces hommes, on doit le Châtelet et l'Etoile avec ses douze avenues convergentes, quoique, elles divergent quand on les regarde du centre de la place. Une Etoile à douze branches. Pas ordinaire la star ! Et puis les gares, de Lyon, du Nord ; l'Opéra aussi. Et les ponts de Paris ! Ils sont si célèbres. On les a si souvent chantés.

- J'en suis sûr, vous retiendrez l'Alma !

Francis le leur concède en brandissant une photo de la statue posée sur une des arches du pont, restée stoïque malgré la côte d'alerte dépassée. Évidemment, le prof a choisi un cliché avec la Seine en crue, un zouave les pieds dans l'eau, ça marque les esprits et ça fait rire les gamins.

Depuis un bon moment déjà, Youssouf ne prête plus

d'attention aux commentaires du prof. Toutes ces réalisations, si glorieuses soient-elles ne sont aux yeux du collégien que des assemblages de pierres. Pourtant, dans les avenues rectilignes du quartier, pouvait sévir le canon et débouler la cavalerie. C'était la face sombre, inavouée du projet Hausmann : prévenir les émeutes et chasser du centre de la capitale les classes modestes de la société, le luxe et la cherté faisant le tri. Par ce moyen on évitait à Paris l'invasion des ouvriers de la province. La démocratie battue en brèche ! Finie la cohabitation des classes !

Le tout jeune collégien, lui, à cent lieues des calculs politiques des promoteurs de ce chantier ambitieux, se gargarise des images d'antan, des clichés de rues moyenâgeuses, étroites et torturées qui ont précédé l'empire. Les tire-jarrets, petits malfrats œuvrant dans les ruelles sombres et les justiciers surgissant pour porter secours à la veuve et l'orphelin sont ses héros. Ses références, il les puise dans des films et autres reportages picorés au gré de séries télé, des clones de cape et d'épée et des classiques rediffusés généreusement en période d'été. Le jeune Français des bords du Nil s'éclate. Plus franchouillard qu'un titi parisien, il se délecte de ces contes romanesques et y intègre l'Histoire pleine d'anecdotes, disséquée par Francis.

L'Histoire, précisément, relate la grande valeur architecturale des travaux haussmanniens caractérisés par des façades, balcons, fenêtres et consoles. Les sixièmes se moquent bien de tout ça, pour l'instant. Il s'en trouvera certainement un petit nombre, dans quelques années, des érudits qui regarderont ces œuvres différemment, à la faveur de la lumière allumée par Francis. Même si, à l'intérieur de ce groupe, un seul élève se souvient de cela, le prof se dit que le jeu en vaut la chandelle qui d'ailleurs était bec de gaz au dix-neuvième siècle.

Les plumes acérées de l'époque s'étaient délectées en jetant leurs critiques sur le papier à propos du projet Hausmann. Jules Ferry y était allé de son couplet en titrant :

« *Les comptes fantastiques d'Haussmann* ! »

Il fallait bien sûr y voir un clin d'œil à d'autres contes, réellement fantastiques ceux-là.

Selon les détracteurs du baron, le projet aurait coûté trois fois le prix annoncé initialement et attiré les spéculateurs de tout poil ; les surfacturations existaient-elles déjà ? Zola y trouva une source d'inspiration pour son roman « *La Curée* ». La fronde menée au Parlement par le député Ernest Picard entraîna un contrôle plus strict des travaux, ce qu'Haussmann avait jusqu'alors subtilement évité.

Plus tard, l'érudit Ernest Renan n'hésitera pas à rapporter qu'Haussmann aurait fait disparaître, pour les besoins de ses travaux en pierre, l'Ile Grande en Bretagne. Sans doute avait-il exagéré pour marquer les esprits. Cependant, les stigmates de cette période sont encore visibles sur l'île en question. Un siècle et demi plus tard, on retient surtout la qualité des travaux et les polémiques déclenchées par le projet sont jetées en pâture aux seuls férus d'histoire.

C'est du bol d'avoir un prof comme Francis, véritable semeur de rêves. L'anecdote suggérée par le caillou brisé vaut bien la pelle à ordures qu'on aurait pu confier, en guise de représailles, à Youssouf ou à quelque autre élève pour ramasser les morceaux sur le carrelage. Mais qui a dit que le minéral est une matière inerte, stérile ?

Et un semeur de rêves, n'est-ce pas déjà un individu surnaturel ?

Ne cherchez pas le lutin.
Il fait des siennes à Paul Bert !

D. Marchal 2013

MOULIN ROUGE
MOULIN ROUGE
MOULIN ROUGE
LA GOULUE
CONCERT
BAL
TOUS LES SOIRS
D. Marchal 2013

Le Tertre

Marcel Grelet

La chaleur torride pousse les Parisiens vers les bars, les condamne à rester chez eux aux heures les plus chaudes de la journée.

- Je vais flâner !

Sa mère a acquiescé.

Youssouf regarde l'horizon. Une brume de chaleur enveloppe la ville. Elle découpe les masses rectilignes des immeubles. Ces constructions austères aux lignes brisées flottent par séquences au-dessus de Paris. Il peut glisser dans ces failles de lumière le fruit de ses délires.

Il est parti vers dix-huit heures, simplement pour déambuler, sans but précis, tout au moins avoué. Le bac est récent pour lui, à peine plus de deux semaines, mais déjà un très bon souvenir, mention bien. Alors, la permission de sortir, quelquefois jusque tard le soir, lui est accordée. Le Paris, particulièrement cosmopolite des vacances, c'est sa tasse de thé. Ses camarades beurs n'ont d'idoles que les footballeurs de la zone, enfin, ceux qui en sont sortis, par le haut : « *l'élite quoi* ». Après l'Euro et les frasques des joueurs de l'équipe de France, les guillemets s'imposent. Youssouf est à contre-courant, si différent de ses camarades. Il n'a jamais trouvé les valeurs de l'intégration dont on leur rebat les oreilles dans ces machines à sous. Son monde, il le rêve, en espace, en lumière, en couleur.

Machinalement, le titi de Drancy a jeté dans son sac à dos une bouteille d'eau, une poignée de crayons et un bloc de papier à dessin A3. Il est descendu jusqu'à la ligne 12, a pris le métro et en est ressorti station Pigalle. Il a suivi le boulevard Rochechouart puis Barbès, s'est laissé emporter par le plus grand hasard vers ces quartiers légendaires. Youssouf et ses camarades adolescents découvraient ici la vie des adultes. Ces endroits mythiques de la capitale leur tiraient des sourires. Ce sont des lieux de vraie vie.

« Eh… t'as vu la meuf ? »

Youssouf n'a rien vu et ne voit rien, que la rue Tardieu qu'il remonte vers Montmartre. Enveloppé d'une lourde moiteur, il gravit les marches jusqu'au parvis du Sacré-Cœur. Le jeune Français revendique cette nationalité, elle est arrivée avec sa naissance. Il se fraie un chemin à travers les hordes de touristes qu'il suit à l'intérieur de la basilique. La bouffée de fraîcheur attendue dans l'édifice lui est à peine perceptible. Ces réservoirs à calories que sont les humains traînent avec eux une moiteur parfois acide : le sel de la vie. C'est précisément ça qui le mène ici. En parfaite insouciance, Youssouf vient sur la butte pour voir, pour apprendre. Il n'a de cesse de découvrir. Et il sourit en pensant à cet amour de l'Histoire, des histoires. Véritable virus qu'on lui a injecté.

- C'est un vrai caïd de banlieue ce prof !

D'aucuns n'ont pas hésité à coller ce qualificatif à Francis. L'enseignant n'a rien fait contre. Il y a même un peu contribué, à cette image. Une sorte d'hybride entre le père Jaouen et l'abbé Gilbert. Pour son plus grand bonheur, Youssouf se l'est coltiné comme prof d'histoire jusqu'en troisième. Assez longtemps pour ne plus être capable de faire d'anticorps contre ce maudit virus qui le conduit, ce soir encore, place du Tertre. Un bel endroit pour prendre de la hauteur, la butte Montmartre, le cœur caché de l'abbaye autrefois.

On a un peu hésité sur l'origine du nom de la place. Il serait lié à Guillaume Dutertre, receveur des biens de l'abbaye au XVIème siècle. On a prétendu cela tout au moins. Il semble que son appellation provienne plutôt de sa position sur ce promontoire : un tertre, ou tartre. Une situation élevée.

Youssouf, bien que particulièrement attaché à l'histoire du lieu, est indifférent à ces querelles à propos des origines du nom. Il vient ici avec plaisir, pour les hommes, enfin, les humains et tout ce qui s'y rattache. Et là, des lignes de vies se détachent à coups de pinceaux, à coups de crayon.

Plus inconscient qu'anxieux, l'Égyptien de Drancy tourne sur le Tertre. Ce soir c'est une première pour lui. Son objectif est bien autre que le désir de flâner avoué à sa mère. Il a décidé de s'essayer au graphite. La technique du fusain, dont on lui a parlé, lui semble bien compliquée. Youssouf s'est entraîné au crayon depuis plusieurs années. Les méthodes enseignées au collège, il les a peaufinées. La tête de son petit frère et ses parents d'abord. Trop vite, ils ont crié au génie. L'amour des proches n'en fait pas les meilleurs critiques. Ses camarades se sont un peu prêté au jeu aussi. Ils n'étaient pas toujours reconnaissables et encore moins motivés pour être des juges avertis. Youssouf est entêté. Il s'est tourné vers la place du Tertre, découverte quelques années plus tôt grâce à son prof, Francis.

Depuis le début des vacances, l'ado vient très souvent sur la place, presque chaque soir. Le coup de patte des artistes l'intrigue. Il aimerait ajouter son nom à la liste prestigieuse des peintres et portraitistes qui ont œuvré ici. C'est une idée de gamin, s'inventer un fabuleux destin, crever un mur de pierre, jaillir comme une ombre de la roche. D'autres avant Youssouf ont été animés de sentiments similaires qui les ont conduits dans cet endroit. Et ça enfle en lui. Il se sent incapable de contenir ce qu'il ressent. Envahi par un besoin incommensurable de se laisser aller à graver, sur le papier, la toile, le métal, la roche, qu'importe le support, c'est le désir de s'exprimer qui le motive.

- Votre démarche témoigne d'une très grande volonté… Vous devez cependant affirmer vos talents pour vous faire une place !

On le lui a dit. L'ado n'a pas réellement su interpréter la manière polie de le renvoyer. Sacrée caboche, il n'a rien confessé à personne et décidé de venir malgré tout.

Youssouf a tout prévu, il déballe à l'ombre des platanes son matériel : un petit tabouret pliant, du carton, et, évidemment ses crayons, des H B, tout simplement. Un petit étui de quatre crayons et une grosse gomme. Le talent fera le reste, c'est sa conviction. Il se glisse discrètement dans un espace laissé vacant pour l'instant par ses deux titulaires. Et il ose proposer à une touriste de lui tirer le portrait, pour cinq modestes euros.

- Il est gonflé, le morveux !

Ce sont des propos d'artistes, tout au moins ceux échangés entre des voisins de place. Leurs regards accablants convergent vers Youssouf. L'insouciance du gamin le pare de la meilleure protection. Quelle naïveté ! Oser les affronter par le dédain relève de la plus pure inconscience ! Et pourtant, le candide titi de Drancy ne bronche pas d'un cil face à ses détracteurs. Sans trembler, à coups brefs de crayon, il ébauche les lignes du portrait de sa première cliente, une débonnaire touriste, jeune et Britannique. Les traits s'affinent sur le « canson ». Et les cheveux d'or de la fille s'étalent en noir, en blanc sur le papier. Et les sourcils disposés avec légèreté rendent son regard plus expressif encore. Et ses lèvres ourlées, sa bouche, s'irisent d'un sourire gracieux. Et le portrait met en exergue les charmes naturels de la fille d'outre-Manche.

Il lui tend le parchemin.

Elle l'observe dans les moindres détails. Elle sourit et lui glisse dix euros. Elle est ravie du résultat. Combien elle est heureuse, elle le lui dit en anglais. Il lui répond que c'est la première fois.

- C'est un honneur pour moi… Vous avez du talent ! Bourré de talent !

Elle n'a pas de doute à ce propos. Elle est sûrement trop indulgente. Elle a déjà beaucoup d'affection pour ce jeune portraitiste atypique.

La fille lui rend le portrait pour une dédicace.

Il signe *Youssouf* au bas du papier, une signature bien timide. Elle lui dépose un baiser d'encouragement sur la joue. Il rougit. Elle s'en va, légère, le portrait roulé soigneusement sous le bras. Un petit signe de la main à l'adresse du jeune dessinateur traduit sa joie. Ce geste restera sans doute l'unique lien avec elle. Il sera un excellent souvenir.

- Petit con, tu n'as pas d'autorisation pour venir ici !

Les voisins ne lui pardonnent pas d'avoir gagné aussi facilement dix euros.

- Tu nous as pris notre travail !

Ils le pressent, deux, trois, quatre, cinq l'enserrent pour l'intimider, le dissuader de revenir.

- Vous avez bien commencé un jour… Je suis ici pour apprendre !

La baffe cingle sur sa joue pour taire son insolence.

- Retiens surtout qu'on ne pratique pas sur la place du Tertre sans autorisation !

Il en prend une autre puis deux, manière de bien lui enfoncer la leçon dans le crâne.

Les gens se massent autour d'eux. Les joues rougies par les gifles, Youssouf rassemble ce qu'il peut dans son sac. On lui a tout jeté sur le sol.

Une voix s'interpose :

- Nom-de-Dieu ! Foutez-lui la paix… C'est mon élève !

Les belligérants adressent un regard empreint de violence à ce type qui ose intervenir en faveur du délinquant. Ils n'hésitent pas à qualifier l'adolescent de voyou mais ne peuvent rien contre le protecteur, lui, est connu sur la place. L'étau se desserre autour de Youssouf.

- Viens, tu ignores encore beaucoup ! Oui, beaucoup trop !

L'homme aux cheveux sel et poivre entraîne Youssouf loin du tumulte, jusqu'à l'emplacement qui lui est réservé.

- Dès que je te lâche, tu fais des conneries !

Francis donne un simulacre de coup de pied au derrière de son élève. Et les deux éclatent de rire. Ils ont encore pas mal de choses à découvrir l'un et l'autre.

D. Marchal 2014

Le baiser de la Tour Eiffel

Marcel Grelet

Elle se dresse face au Trocadéro. Youssouf déambule sur l'esplanade en prolongeant la note d'un balancement de tête, baladeur collé aux oreilles. Il a dans son sac à dos sa bouteille d'eau avec ses crayons, pêle-mêle, et le « canson ». Rien n'est rangé au millimètre dans le sac. Depuis la déconvenue du Tertre, mis à part le tabouret pliant, tout est resté enfoui à l'intérieur. Youssouf a renouvelé l'eau, bien sûr. Il s'est rafraîchi la gorge, les idées aussi. Il n'est plus allé importuner Francis, qu'une seule fois. Le prof lui a montré quelques astuces, des coups de crayons généreux, pour insister sur le trait sans frôler la caricature.

- Roule pour toi maintenant, dessine… Fais gaffe à l'endroit où tu opères… Ils pourraient te mettre à l'envers… Et toi tu valses !

Francis lui a collé une bonne claque dans le dos, l'a peut-être bien traité de *couillon.* C'était entre les dents et l'élève n'a pas entendu, que le conseil de faire dans le monument. Il n'aurait pas d'ennui.

Youssouf marche sur l'esplanade en direction du pont d'Iéna. Elle est majestueuse, de l'autre côté de la Seine, sur le Champ-de-Mars. Le soir est tiède. Il a envie de la coucher sur son papier, pour le simple plaisir de dessiner un monument. Et comme ça, posé sur le parapet, juste à l'entrée du pont, il lance des traits, des courbes de graphite. Ce n'est pas si facile d'imposer une âme au dessin d'un monument métallique. Il ne faut pas trahir les formes géométriques tout en donnant suffisamment de rondeur à l'édifice, assez pour suggérer la vie.

Elle est grise de ses cent vingt-trois ans, et pourtant, elle pétille de lumière. L'âge n'a pas de prise sur la dame d'acier. Rivée dans tous ses membres, à plus de trois cents mètres, elle brille, de toutes ses antennes émettrices d'ondes. Avec son baladeur, qui se résume en deux lettres et un chiffre, un bien vilain nom mathématique pour un véhicule à poésie. Youssouf se prend dans les « hertz », les notes, se trémousse sur le mur. La Seine coule en bas, contrainte par ses berges. Lui n'en n'a pas encore dix-huit, de berges.

Le fleuve porte les bateaux-mouches, autres véhicules à poésie. La poésie, c'est Paris un soir d'été. Et les couples d'étrangers la partagent, sur les banquettes du mouche. Ils s'embrassent. Le spectacle est grandiose avec l'aïeule enluminée. Elle se couche sur le papier du titi de Drancy. Elle a vingt ans. C'est l'âge qu'on donne à ceux qui ne sont pas frappés par l'âge. La nuit est plus romantique encore, et les étrangers s'embrassent plus encore.

Youssouf a tiré de nouvelles lignes, des courbes, des cambrures, des nuances. Il a fait vivre des couleurs avec le graphite appliqué en simples dégradés noirs et blancs. Le papier s'est éclairé de lumière et de vie, du sourire des touristes regardant la tour Eiffel, pleins de bonheur. Et il a mis son nom au bas du parchemin. Il a tout rangé dans son sac. Le noir est tombé, tout relatif sur la ville. Un noir sans obscurité. Fasciné par les lumières de la nuit, l'Égyptien de Drancy a marché vers elle. Elle lui tenait compagnie.

- Bonsoir Messieurs Dames… Vos billets s'il vous plaît !

L'employé leur a demandé les tickets, leur a rendu les coupons séparés. Les jeunes ont disparu avec les touristes, mangés par l'escalier ouest.

Ils gravissent des marches, ces touristes et poètes, ces touristes poètes. Une vraie chenille s'anime, un mille-pattes qui ondule, mollement, nerveusement, au gré de l'affluence, ivre de pas discordants. Les étrangers s'embrassent à nouveau. Ce ne sont plus les mêmes. Les étrangers en voyage, ça finit toujours par s'embrasser. Ils sont heureux parce que le dépaysement est à la hauteur de ce qu'ils avaient mis d'espoir dans ce voyage. Alors ils se donnent des baisers, ronds de bonheur.

En déambulant ici, Youssouf n'avait d'autre espoir que de noircir le papier de l'ombre de la Grande Dame d'acier. La tour Eiffel doit être à sang froid et à température variable, conductrice de chaleur, de froid, comme le métal ; rien de tel. Au fil du temps, elle a acquis une âme de poète grâce au souffle des monteurs d'escaliers. Ils ont soufflé à l'ouest et au nord, les marcheurs de la verticale. Les autres, les ascensionnels, se privent de l'émotionnel. Les marcheurs râlent au gré d'une contremarche rehaussée par la fatigue mais sourient à la halte. Ils s'accrochent à la rampe pour un peu de souffle épargné. Ils visent l'angle, le petit triangle, le quadrilatère, le rectangle et autres formes inédites. C'est une question d'angle avec le regard qui s'aligne sur le croisillon, entre les contreforts. Ils découvrent au hasard de ces cadres métalliques imprévus, l'Arc de triomphe, la Maison de la Radio, le Palais de Chaillot, celui des Sports.

Ils rejoignent le premier étage, tous ces visiteurs d'un soir d'été.

Elle l'a pris par la main. Youssouf sent la chaleur dans ses doigts. Ils marchent sur les coursives, s'appuient aux garde-corps. Il entend cet accent bizarre qui lui dit :

« *C'est très joli* ».

Elle a un timbre peu commun, mais elle le lui dit en français, que c'est joli, toutes ces lumières, toutes ces couleurs. Il lui répond que le noir et le blanc sont aussi des couleurs, celles de l'imaginaire. Ils se regardent. Le blanc et le noir de leurs yeux brillent de toutes les couleurs du rêve.

- Tu es un poète !

- Non, nous sommes sur la tour Eiffel !

Elle ne voit pas le rapport. Pour lui c'est une certitude. Ici, il n'y a que des artistes, poètes d'un soir, mais, c'est une raison suffisante pour être du nombre. Tout n'est qu'une question d'étage et ça la fait sourire.

- Montons !

Cela va sans dire. Ils atteignent le second, par l'escalier, et soufflent encore. Elle appuie sa tête sur son épaule. Il frissonne. Leurs haleines se mêlent dans un halo de lumière. Youssouf tremble. Il a chaud. C'est drôle, de trembler de chaud !

Elle lui cache les yeux de ses deux mains, le fait

tourner. Il se prête au jeu. Puis, elle lève ses paumes. Et se dévoilent l'Arc de Triomphe, le Châtelet, les Halles, la Statue de la Liberté, Montmartre… C'est Paris sur un écran à 180 degrés.

- Demain je t'y emmènerai, dans tous ces endroits !

C'est idiot. Ce jeu est stupide. Demain elle sera partie. Il ne peut se faire à l'idée. Il l'emmènera en rêve.

Elle a acheté les tickets pour le troisième, l'ascenseur évidemment. Ils montent. Ils vibrent, la peur, quelle peur ? Indéfinissable : du vide, du noir, de la séparation, de la lumière irréelle. Ils en ignorent la nature mais elle est bien présente. Ils s'accrochent l'un à l'autre, leurs corps sont chauds, c'est intense. Ils s'embrassent. Il frissonne. C'est la première fois. Elle frissonne aussi. Youssouf sent sa gorge nouée. Il inspire, tente de défaire le lacet qui l'étrangle. Sa pomme d'Adam reste douloureuse. Ses mots, pareils à un morceau de fruit vert mal dégrossi, lui découpent le larynx.

Ils se séparent mais ne se lâchent pas. La scène est grandiose : 360 degrés d'étoiles et de lumière, du spectacle plein les yeux.

Il lui demande :

- C'est où ton pays ?

- C'est Paris… Pour un morceau d'été… Depuis presque deux mois… Une saison de traductrice !

Elle rit. Elle est maintenant touriste débonnaire.

- Et avant ?

Elle lui pose la main sur la joue.

- Londres… Depuis deux ans !

Il la regarde incrédule.

- Et avant ?

Ses cheveux blonds se balancent dans des reflets d'ombre et de lumière.

- Je viens d'un plat pays… Avec des cathédrales pour uniques montagnes… Et toi ?

Ils se fixent, yeux dans les yeux.

- De Drancy… C'est la banlieue !

Elle pense que c'est triste la banlieue, parce qu'elle aussi, en habite une.

- Et avant ?

Il y a forcément un avant, c'est évident pour elle. Lui, sa gorge s'est desserrée un peu.

- D'un pays lointain !

Il a un peu honte d'ignorer tant de son pays et lui répond par des clichés.

- Là-bas, les clochers sont minarets… Les églises mosquées et les menhirs obélisques… Un pays avec des pyramides pour cathédrales !

Ils sont si différents tous les deux. Mais rien ne les choque. Elle lui dit :

- Tu m'emmèneras dans ton pays au bord du fleuve ?

La chanson n'est pas de son pays, de son époque, mais, elle, pense au Kilimandjaro et à ses neiges éternelles qui alimentent le Nil.

- Oui… Yes !

Youssouf promet dans les deux langues, il n'ose pas avouer qu'il ne l'a jamais vu ce pays. Elle l'embrasse. Il le lui rend bien, des baisers qui ne sont pas de touristes.

Ils redescendent. On les y invite, la tour ferme à

minuit. C'est amusant, Youssouf pense à son prof qui leur a parlé de Benjamin Franklin et du paratonnerre. Il leur a expliqué que la tour Eiffel en était pourvue. Ce soir, la cage de Faraday n'a pu empêcher le coup de foudre.

Ils marchent sur le Champ-de-Mars. Ils n'ont pas envie de le quitter, de se quitter. Il lui demande comment elle a pu le retrouver dans une si grande ville. Elle répond que c'est Francis, sur la place du Tertre.

Subitement, Youssouf découvre qu'il ne sait rien, pas même son nom :

- Quel est ton prénom ?

- Fadette !

Elle est venue de loin, la Farfadette et sa rencontre avec Youssouf restera un poème de l'été.

GJM
2012

Versailles-le-dragon

Christophe Prat

En un temps fort, fort reculé régnait sur les terres de France un Dragon. C'était un temps où les créatures du petit peuple ne se cachaient point encore au regard des hommes. En ce temps presqu'oublié, de nomades chasseurs et pêcheurs, les hommes se métamorphosèrent en agriculteurs et marchands. Ils prenaient goût à la sédentarité, ils apprenaient la possession et l'avidité.

Toutefois, respectant la tradition née des premières lueurs du monde, ils sollicitaient le seigneur Dragon chaque fois qu'ils s'établissaient en un lieu nouveau.

« Nous réclamons votre protection », disaient-ils humblement avant de poser pierres et bâtir demeures.

Le noble Ver confiait alors à l'un de ses innombrables enfants les terres que les hommes s'appropriaient. C'est ainsi que le septième fils de la septième épouse du vénérable Smaug-le-Dragon hérita d'un village enchâssé au Sud de la Seine. Pendant des centaines années, le hameau vécut en paix. Il se développa peu, ne compta guère plus de cent âmes tandis que se succédaient les saisons.

Si Saïl-le-Dragon veillait avec compassion sur les créatures insignifiantes que sont les hommes, il n'en connaissait pas moins leur vanité et leur inconstance. Aussi prenait-il soin de rester le plus souvent camouflé dans une caverne ou de voler si haut dans le ciel que pas même les aigles ne le discernaient.

À dire vrai, Saïl-le-Dragon s'était fait si discret au fil des décennies que bien peu se rappelaient son existence à l'aube du moyen-âge. Le Ver n'était plus qu'une légende que les anciens colportaient et dont les grands-mères usaient parfois pour effrayer les petits. On avait oublié jusqu'à l'origine du hameau et comment le nom s'était changé de « Antre de Saïl-le-dragon » à « Antre du Ver Saïl » et finalement « Ver Sailles ».

* * *

Lorsque des siècles plus tard le roi de France Louis XIV établit sa cour aux abords du village et ordonna la construction d'un château, la population alentour gonfla comme une outre. Hélas, si l'abondance de gibiers et cultures permettait de nourrir tout un chacun, l'eau devint rapidement insuffisante. La population en manqua régulièrement, puis cruellement !

En l'an de grâce 1685, le roi eut l'idée de bâtir un canal grandissime et de pallier ainsi la pénurie chronique. D'aucuns prétendent que là n'était pas sa seule motivation… que peut-être une belle dame de Maintenon… que peut-être ébloui par le soleil… que peut-être épris de grandeur… que peut-être cette grandeur était une folie… mais c'est une autre histoire.

La construction du château avait fortement troublé Saïl. En effet, les travaux avaient entraîné leur lot de misère et de malheur parmi les pauvres ouvriers… Et plusieurs fois aussi, notre dragon s'était vu obligé de chercher un nouveau repaire. Or, sachez qu'on ne doit jamais réveiller un gentil dragon qui dort !

Le chantier du canal Louis XIV le troubla bien plus encore : les hommes -des soldats surtout- arrivaient par centaines et milliers. Ils creusaient la terre et détournaient ruisseaux, rus et rivières. Ils tuaient sans vergogne marcassins et faons. À Pontgouin, à Nogent-le-Roy, à Fontaine-la-Guyon, à Berchère-la-Maingot et partout à l'Ouest de la cité des Parisii, les hommes amputaient la terre sacrée.

Ici une écluse emprisonnait les eaux, là un siphon crevait la colline, ici un vannage noyait les arbrisseaux ; ici les ouvriers assassinaient la forêt, là ils ridiculisaient puis anéantissaient le travail assidu de l'érosion.

Savez-vous qu'un dragon possède une vue aussi perçante que celle d'un faucon et une ouïe aussi développée que celle d'une chouette ? Le dragon est un être sage et tout aussi joyeux. D'aucuns prétendent qu'il est, au fond de lui, un grand enfant… Toujours enclin à s'amuser : n'est-il pas le premier à mettre le feu aux poudres ? Le premier à allumer des feux de joie ? Le premier à cracher des feux d'artifice ? Telle est en vérité sa nature. Mais parfois…

Durant ces trois années, les yeux de Saïl ont tout vu, ses oreilles ont tout entendu, son cœur a tout éprouvé. Une profonde tristesse a envahi notre jeune protecteur un peu plus chaque jour. Saïl sait comment sont traités les enfants sur les chantiers de Maintenon et de Montrouge, il sait la douleur qui frappe les protestants lorsqu'on les force à renier leur religion, il sait les maux des garçonnets que l'on fouette tandis qu'ils acheminent les lourdes pierres autour de la Vesgre et de l'Eure, il sait comment la soldatesque soumet les habitantes rebelles.

« Ce canal est une monstruosité, une monstruosité supplémentaire engendrée par les hommes », pense-t-il. « Pour la gloire d'un seul d'entre eux, ils sèment le malheur sur des milliers d'autres ».

Ce jour de 1688, l'automne crache sur Versailles ses bourrasques de feuilles rougeâtres et le ciel roule ses nuages gonflés de gouttes sanguinolentes.

Ce sont les larmes de Saïl.

Le dragon a revêtu sa plus belle armure, son baudrier scintillant de mille diamants et son heaume irisé de mille feux. Quittant sa tanière sur l'île de la cité, Saïl prend son essor lentement. Le cliquetis de son armure résonne sur plus de vingt lieues. Fascinés par le vol de la chimère, les descendants des Parisiis lèvent les yeux au ciel.

Le prince dragon ne se cache plus. Tout au contraire, il s'amuse un instant des enfants, villageois et soldats qui se précipitent hors des granges, qui hors des masures, qui hors de leur tente. D'un souffle il détourne les flèches qu'on décoche sur lui. D'un coup de griffe il détruit une arche de l'aqueduc de Maintenon. De son haleine brûlante, il incendie échafaudages et palans.

Ainsi a-t-il survolé la Seine puis l'Eure puis les terres de Versailles, semant le désordre sur les cours d'eau, effaçant les trois années de travaux dantesques, délivrant de sa flamme les prisonniers et insufflant en leur cœur l'étincelle de liberté.

Le soleil se lève à peine lorsque Saïl se pose à grand bruit dans la cour du château de Versailles. La foule frémit. Les courtisans apeurés se serrent autour de Louis XIV. Puis s'évanouissent en jardins et bosquets lorsque notre Dragon ouvre sa gueule.

Le roi est seul en haut des marches, seul il entendra la voix de Saïl.

Qu'a-t-il ordonné ? Le monarque ne l'a répété à personne. Mais ce qui est certain : le canal Louis XIV ne fut jamais achevé…

Avant de repartir dans son antre inaccessible, Saïl leva sa tête aux cieux. Dans un rugissement tonitruant, sa bouche cracha un jet de flamme plus haut que les plus hautes montagnes. Puis le prince de feu s'envola, chassant les nuages d'un coup d'aile.

Dans ma famille, on raconte que ce jour, les habitants de Versailles crurent la fin de leur monde venue. Les femmes imploraient Dieu, les hommes le maudissaient, les enfants s'émerveillaient.

Puis, un tout-petit aperçut l'être flamboyant dans le ciel et s'écria :

- Regardez, c'est le roi soleil !

Dans ma famille, on raconte aussi que le prince Saïl a succédé à son père et engendré une lignée de dragons si sages qu'ils ne se sont jamais révélés aux hommes.

Mais moi, je vous le crie, fils des hommes :

- Ne défigurez point ma nature, sinon du haut des cieux je descendrai, volant plus vite que l'éclair. Je serai la flèche incandescente. Misérables créatures ! Ne maltraitez pas ces enfants qui rêvent de moi, sinon, les miens coifferont leur heaume de guerre et revêtiront leur armure de feu. Et vous serez réduits en cendres par leur souffle de compassion.

Saïl-le-Dragon,
Fils de Smaug-le-Dragon,
Fils de Sô-le-Dragon,
Fils du feu.

GM
2012

MENILMONTANT
D. Marchal 2012

Un gamin de Paris

Marie-France Thiery-Bertaud

Il ne me voit pas, ne m'entend pas. Je suis le souffle d'une ombre chargée de veiller sur lui en tous lieux, en tous temps, je suis son ange gardien.

C'est un gamin, haut comme trois pommes, la bouille friponne, le regard frondeur. Plus tout à fait un enfant, mais pas encore un homme, il arpente boulevards et ruelles, la casquette posée nonchalamment sur une masse de cheveux en broussaille, les mains dans les poches d'un pantalon élimé et rapiécé à de nombreux endroits. Sa maison c'est la rue, les trottoirs. Sa famille tous ceux qui nourrissent le Paris des faubourgs. C'est un petit oiseau, sorti très tôt de sa cage, libéré de toutes contraintes sociales, ayant pour seule raison de vivre la liberté, sa liberté.

Il croque à pleines dents dans une pomme chapardée à l'étal d'un marchand des quatre saisons sur le boulevard Richard Lenoir, s'enfuit en riant à gorge déployée et emprunte la ruelle de la Pierre-Levée où l'attendent quelques copains de fortune bien décidés à jouer au bouchon. Il fanfaronne beaucoup, il triche un peu, rien ne lui fait peur et une ou deux heures plus tard il les quitte, sourire aux lèvres, avec dans les mains quelques pièces d'or bien sonnantes.

Il musarde, poursuit son chemin sans but précis, croise rue de la Roquette une vieille femme, amaigrie, assise à même le sol près d'une porte cochère. Il peut fanfaronner, jouer, tricher, mais il est généreux et se laisse facilement émouvoir par la misère des autres. Il prend une pièce dans sa poche et la lui jette d'un air nonchalant. Il fait son fiérot, se donne cette contenance pour ne pas montrer au grand jour ses vrais sentiments.

Sur la place, en bas de la rue, un théâtre de guignol présente à quelques badauds de tous âges, assis sur des chaises éparpillées ici et là, une pièce où l'on reconnaît les acteurs d'une révolution grondant sournoisement. Le roi et bien d'autres y sont brocardés. Il est bon public le gamin, et s'amuse comme l'enfant qu'il est resté. Avant de partir, il jette son obole dans le panier que lui tend une bohémienne.

Il fait beau et il se sent invincible. Parce qu'il est un peu bravache, il saute sur le marchepied d'une voiture qui passe devant lui. Les jambes croisées, adossé crânement à la rambarde, il observe avec intérêt le théâtre grouillant du boulevard Saint-Antoine. C'est le marché, de nombreux paysans ont franchi les portes de la ville pour venir vendre leurs marchandises. Il saute du marchepied, respire, hume ces odeurs familières qu'il aime tant : légumes, volailles, œufs. Il se sent bien, il est chez lui ici et ailleurs, la ville lui appartient. A une jeune fille qui propose des fleurs, il dépense ses dernières pièces en achetant un énorme bouquet. Ce bouquet, c'est pour sa grisette[7], une jeune lingère du faubourg Saint-Antoine. Quand il arrive devant l'échoppe où elle travaille, il perd vite son air fanfaron et, le cœur battant, sous l'œil goguenard des autres jeunes filles il lui offre à pleines mains le bouquet derrière lequel il se cachait. Elle est aussi émue que lui et l'embrasse d'un air gêné.

Il repart, léger, un petit sourire au coin des lèvres. Il est heureux, il est libre. Mais pour combien de temps ? Des bruits grondent dans les faubourgs, la colère monte, les sabres se lèvent. Je sens bien qu'il va se laisser happer par ce mouvement populaire, je sens bien qu'il veut y jouer son rôle. J'essaie de le retenir, de lui souffler à l'oreille qu'il ferait mieux de rester près de sa grisette, de la protéger, de se mettre lui-même à l'abri. Il ne veut pas écouter ma voix de la raison et fonce tête baissée dans cette révolution qui maintenant fait rage. Il est de toutes les barricades, il s'enflamme, il pourfend, il crie à s'égosiller la gorge, lui le petit oiseau si fraîchement tombé du nid. Il veut défendre sa liberté, mais il serait prêt à défendre toutes les causes tant il y a de la fougue dans son jeune cœur passionné. Il enrage et monte au créneau, le sabre à la main.

---

[7] Une jeune ouvrière de la mode (drapière, boutonnière, etc.)

Le coup de feu est parti… Une étincelle au-dessus des barricades, une lueur, un petit cri, un sabre qui tombe et un corps qui, dans une dernière danse désespérée, se replie sur lui-même et s'affaisse lourdement au pied des barricades…. Ses dernières pensées sont pour la vieille femme qui mendiait, la jeune fleuriste, la grisette. Son âme s'envole dans un dernier sourire….

---ooo---

Il sourit en regardant l'horloge, au fond de la classe. Il est obligé d'ailleurs de se tordre le cou pour bien voir l'heure. Mais il est heureux, car c'est bientôt l'heure de la sortie, alors il peut bien continuer à user sa culotte courte sur le banc de cette classe miteuse, il n'en a cure. Dehors l'attendent ses copains, dehors c'est la vie, dehors c'est la liberté. Car il a envie de liberté le gamin, il en a marre d'écouter les leçons ennuyeuses de ce maître dont la règle de bois lui a plus d'une fois écorché les doigts.

Quand la sonnerie retentit, et que la voix de stentor du maître leur enjoint de sortir, tous en rang d'oignons, il ne se fait pas prier. Une fois dehors il respire à fond. Il fait bon en cette journée de printemps. Joyeux, il fait un peu d'esbroufe devant ses petits copains et monte lestement à un panneau de circulation sous leurs yeux amusés. Il se laisse glisser au sol et part en courant.

Sur la place de la Bastille, il s'arrête devant l'immense

colonne en son centre. Il repense à ce que leur a expliqué le maître en cours, et ressent un petit pincement au cœur. Il ne sait pas bien pourquoi d'ailleurs, mais ce lieu l'attire. Il devine que s'y sont déroulé des événements très graves et une petite voix intérieure lui glisse doucement qu'il aurait pu peut-être en être un des acteurs.

Bah ! Il est libre, enfin pas tout à fait non plus car il va bien falloir qu'il rentre chez ses parents tout à l'heure, mais avant il a envie de se laisser porter par cette douce brise. Un bus vient de s'arrêter pour prendre quelques passagers. Pourquoi faire comme tout le monde ? D'un bond, il saute sur le marchepied arrière et s'agrippe à la rampe. Ses cheveux flottent au vent, il retient d'une main sa casquette et observe la foule grouillante sur les trottoirs. Sur une place, un petit théâtre de Guignol joue pour des enfants assis sagement sur les genoux de leurs mamans. Le bus poursuit sa route, le gamin s'amuse à narguer un policier arrêté sur le trottoir en lui faisant un joli pied de nez.

Il descend lestement une fois arrivé au pied de la butte Montmartre. Il monte quatre à quatre l'escalier de la rue du Mont-Cenis, tire la langue au passage à un vieux monsieur qui descendait et en avale de travers sa chique, se disant que décidément il n'y a plus de jeunesse. Arrivé tout en haut, il reprend son souffle une minute et se dirige vers la place du Tertre. Un chat somnole devant une porte cochère, plus loin une chanteuse des rues pousse sa goualante, et quand il arrive sur la place du Tertre, il est happé par le flot de touristes qui s'y pressent. Il aime cette effervescence, il aime se mêler aux peintres, dessinateurs et autres artistes. Devant une petite boutique de fleurs, il sort une pièce de la poche de sa culotte, et achète un œillet. Il n'a pas assez pour acheter plus, la vendeuse se laisse prendre au charme de son sourire ingénu et lui en offre un deuxième. Les fleurs tenues crânement et toute droites dans sa main, il se dirige vers un caricaturiste, au bout de la place. Près de l'homme, occupé à faire le portrait d'une jeune touriste américaine, une petite fille est assise. Quand elle voit le gamin arriver, elle se lève d'un bond, sa jupette en coton vichy s'envole sous le vent. Elle essaie de la retenir, d'un air intimidé. Quand il lui offre les deux œillets, ses joues rosissent de bonheur. Ils sont deux à être heureux, le gamin la serre maladroitement dans ses bras, le père de la petite esquisse un sourire.

Le gamin reprend sa route. Il sait maintenant qu'il doit rentrer chez lui, car sa maman va l'attendre. C'est un gamin de Paris, haut comme trois pommes, la bouille friponne, le regard frondeur. Plus tout à fait un enfant, mais pas encore un homme. Les rues, les boulevards, les trottoirs, il les connaît comme sa poche, et il se sent léger, libre comme l'air. Il vole dans l'escalier, il court vers sa maison et je n'ai pas peur, je suis son ange gardien.

Je sais moi que ce titi, gavroche ou petit poulbot, il ne craint plus rien. Il est aimé, choyé, il connaîtra dans quelques années un autre amour, il vivra sa vie, aura des enfants, garçons ou filles qui deviendront à leur tour des petits gamins de Paris…

MENILMONTANT
D. Marchal 2012

D. Marchal

Les Nymphéas

Juliette Chaux-Mazé

Lorsqu'Oscar ouvrit les yeux, la nuit était tombée. Il frotta ses paupières endormies et frissonna : la chaleur de la journée avait laissé place à une légère brise, qu'accentuait la fraîcheur du petit étang près duquel il s'était assoupi. À la pâle lueur de la lune pleine, les nénuphars semblaient scintiller, entourés d'éclats lumineux, étoiles aqueuses perdues sous les vaguelettes dessinées par le vent. Oscar se leva, remonta un peu son pantalon et essaya de se rappeler par où il était arrivé. La lune l'aidait de son mieux en éclairant chaque recoin, mais les bruits de la nuit semaient le trouble dans son jeune esprit et son cœur commençait à battre la chamade. Sans doute ses parents et sa tante le cherchaient-ils partout ; il les imaginait : sa mère, chignon défait, yeux larmoyants, hurlant « Oscar ! Oscar ! » dans la nuit... Il devait rentrer. Mais par où était-il donc arrivé ?

Tout autour de l'étang, les mêmes saules pleuraient, et les grenouilles sautaient dans l'eau au moindre de ses pas.

Au bout de quelques instants, une peur s'empara de lui, puis se changea bientôt en panique. Il se mit à sangloter, incapable de faire un pas de plus, perdu dans l'obscurité bruyante de la nuit.

C'est alors que les nymphéas, sur l'eau sombre, brillèrent un peu plus fort et s'ouvrirent doucement. Oscar oublia toute crainte quand il vit s'envoler par dizaines de petits insectes lumineux. La nuée tournoyait et de son cœur s'élevait un murmure charmant : on aurait juré qu'ils parlaient.

L'essaim s'immobilisa soudain puis s'approcha lentement de lui. Oscar, fasciné, ne bougea pas. Il sut alors que ce n'était pas des insectes.

Des fées, de magnifiques petites fées scintillantes se mirent à lui caresser les cheveux, à lui essuyer une larme restée sur sa joue.

« Petit homme, n'aies pas peur, nous allons te guider : suis-nous ! »

Porté par les demoiselles ailées, Oscar entendit quelques minutes plus tard la voix de son père qui l'appelait. Il était sain et sauf ! Avant de se précipiter vers lui, il se tourna vers les fées de l'eau et leur dit : « Je vous remercie vraiment de m'avoir ramené chez moi. Je n'oublierai jamais cela, croyez-moi !

- Si nous sommes intervenues, rirent les fées, c'est que tu le méritais. Tu sais voir les choses autrement. Tu sais ressentir les moments fugaces, tu vois les couleurs du temps et l'atmosphère changeante de la nature. Tu n'es pas comme les autres, petit homme. Quel est ton nom ?

- Oscar-Claude Monet, mais mes parents m'appellent Oscar.

- Alors, pour nous, ce sera Claude. Reviens nous voir, petit Claude : et si tu sais rester ce que tu es vraiment, si tu ne nous oublies pas... peut-être aurons-nous un jour un présent pour toi. »

Oscar se fit sévèrement sermonner à son retour mais jamais il ne révéla ce qui s'était passé.

Quelques années plus tard, il retourna à l'étang aux nymphéas. C'était en pleine journée et il avait amené avec lui son matériel de peinture. Il aimait à dessiner, des caricatures surtout, mais prenait parfois le temps de peindre un peu le dimanche. Le temps était beau, et le petit étang baignait dans une chaude lumière dorée. Aussitôt, Oscar laissa courir ses pinceaux au gré de leur envie. Une fois le paysage terminé, il le tint devant lui à bout de bras : ça n'était pas mal. Mais on n'y voyait rien que de très ordinaire : une étendue d'eau éclairée par un joli soleil, avec des arbres verts autour. Oscar soupira : pourquoi n'arrivait-il jamais à rendre sur le papier ce qui vivait dans son esprit ?

Alors il prit des couleurs vives et entreprit de rehausser tous les nénuphars de son ouvrage. À peine commençait-il qu'il entendit un murmure près de lui.

N'en croyant pas ses yeux, il vit les fées penchées sur son dessin.

« Comme tu as grandi, petit Claude !

- Tu dessines plutôt bien.

- Tu n'as pas l'air satisfait.

- Non, maugréa Oscar. Je n'arrive pas à rendre les couleurs telles que je les perçois : on les voit ainsi, ajouta-t-il en tapotant sa feuille, mais en réalité, elles sont changeantes. En chaque instant, la nature vit et bouge. C'est cela que je voudrais savoir faire !

- Nous pouvons t'aider... » Les fées vinrent l'une après l'autre déposer un baiser sur les paupières du jeune homme : cela le picotait légèrement mais il sentait comme un fil d'or se tendre dans son esprit.

Lorsqu'Oscar ouvrit les yeux, il sut que plus jamais rien ne serait comme avant. Il voyait le monde comme il l'avait toujours ressenti : plein de couleurs mouvantes, d'impressions fugaces, de tons vifs mélangés en une harmonie suprême. Il captait chaque humeur du vent, chaque clin d'œil du soleil. Il respira un grand coup et se sentit vivre enfin.

Il voulut remercier de nouveau les fées, mais celles-ci avaient disparu. Il se saisit aussitôt de sa peinture et essaya de rendre sur le papier ce qu'il voyait : c'était déjà mieux, songea-t-il. Alors qu'il mettait la touche finale aux nymphéas, une petite voix retentit à son oreille : « Peins, petit Claude, peins toujours, et ne nous oublie jamais. »

Les années suivantes passèrent bien vite. Monté à Paris pour faire des études d'art, Oscar, qui se faisait désormais appeler Claude Monet, se lia d'amitié avec un autre garçon au regard étrange, Auguste Renoir. Ensemble, ils passaient de longues heures à décrire le vent, la pluie, le soleil sur les bassins des Tuileries. Renoir aussi avait dû rencontrer des fées, pensait Claude. Mais comme il ne voulait pas trahir son secret, jamais il ne lui posa la question.

Ils se lancèrent tous deux à corps perdus dans un tout

nouveau style de peinture : ils essayaient, ils arrivaient presque à rendre sur toile les impressions que la vie leur donnait. Mais les Bourgeois de l'époque se gaussaient devant ces teintes vives posées çà et là, ce mouvement qui cachait les détails que l'académisme vénérait. Auguste et Claude ne connurent que moqueries et misère.

Un soir de 1868, Claude, désespéré, décida de mettre fin à sa vie. Il errait sans but dans les faubourgs parisiens lorsqu'il aperçut une petite mare au milieu d'un terrain vague. Un pauvre petit nénuphar pointait courageusement son nez. Claude s'assit dans la boue et, la tête entre les mains, se mit à pleurer. Soudain, une minuscule main effleura sa joue. Une toute petite fée était près de lui, et le tout petit nénuphar était grand ouvert dans la nuit.

« Ne désespère pas, Claude, continue de peindre, toujours, et ne nous oublie jamais. »

Elle l'embrassa doucement et tout désespoir disparut en un souffle magique. Claude se redressa, épousseta son pantalon râpé et dès le lendemain, se remit à peindre de plus belle.

Claude Monet menait une vie paisible. Après le décès de sa femme, Camille, il acheta une belle maison à Giverny pour y loger sa nombreuse famille et sa compagne. Il aimait particulièrement le grand jardin, qui offrait à ses yeux si sensibles mille plaisirs renouvelés à chaque heure du jour. Les couleurs dansaient à chaque fenêtre et, à chaque saison, le monde renaissait, nouveau et immuable.

En 1893, il fit creuser un plan d'eau où il tint

absolument à planter des nymphéas. Bientôt, ce fut son recoin favori. La fraîcheur qui y régnait en plein été, le calme qui s'y installait l'hiver... sans oublier la présence de petites fées bienveillantes, l'étang aux nymphéas était son jardin secret et il se mit à le peindre avec fougue et passion.

Hélas, quelques années plus tard, le monde moderne avait changé le petit Claude en un monsieur dépensier, en un patriarche sûr de lui. Il allait toujours près de son étang mais ne pensait plus aux fées, et celles-ci ne se montraient plus que rarement. Claude Monet voulait mener grand train de vie et en oubliait ses bienfaitrices. À regret, elles s'endormirent au creux de leurs nénuphars en attendant un hypothétique retour d'un printemps perdu.

En 1908, les yeux du vieil homme, usés peut-être d'avoir vu le monde de façon si flamboyante, tombèrent malades. La cataracte grignotait couleur après couleur, détail après détail : Claude ne vit bientôt plus qu'en rouge et jaune un monde flou et sans profondeur. Il ressentait encore toute la puissance de la beauté autour de lui mais il ne pouvait plus la voir, plus la peindre. Parfois, au crépuscule, assis au bord de l'étang aux nymphéas, il en pleurait de rage. Mais jamais les fées ne se montrèrent pour le consoler. Il comprit alors qu'il les avait blessées, trahies et leur demandait pardon, non pas pour qu'elles l'aident une fois encore, mais simplement parce qu'elles lui manquaient. À chaque fois qu'il voyait un nymphéa mourir, une boule de tristesse se formait dans sa gorge.

En 1922, Claude, au sommet du désespoir, était

devenu aveugle : il ne peignait plus et les couleurs ne tournoyaient plus que dans son esprit en ébullition.

Son ami fidèle Georges Clémenceau finit par le convaincre, en tant qu'ancien médecin, de se faire opérer : son œil droit retrouva certes quelque peu la vue, mais il ne voyait plus cette fois-ci que les tons froids...

Cependant, c'était plus qu'il ne lui en fallait. Désireux de rendre un dernier hommage à ses amies perdues, Claude entreprit une œuvre folle, une œuvre gigantesque. Sur des toiles qui s'assemblaient en tableaux de six mètres de long, il peignit pendant des jours, des semaines, des mois. Il attrapa au vol les lumières du jour, le reflet des nuages sur l'eau calme, la rougeur ardente d'un soleil à l'horizon, la douceur des saules pleureurs, l'éclat des fleurs blanches ou roses sur les vaguelettes. Ses toiles titanesques épuisaient le vieillard qu'il était à présent, mais quand il les regardait, il ne pouvait s'empêcher de se dire que c'était l'œuvre que les fées avaient voulu qu'il peigne, l'aboutissement de sa vie entière.

Il avait peint huit panneaux, tous reflétant des sensations et des moments divers. En déambulant devant eux, on avait l'impression qu'on se promenait au bord d'un étang serein, en pleine nature, et qu'on était seul au monde.

Le jour où il mit la touche finale au dernier panneau, les fées réapparurent. Le vieil artiste sanglota de joie et les demoiselles de l'eau éclairèrent tout le jardin de mille points de lumière : ce fut un spectacle comme jamais on n'en reverra !

Claude termina sa vie près de son étang aux nymphéas, rendant visite chaque jour à ses fidèles compagnes. Quand il mourut en 1926, son ami Clémenceau le revêtit d'un tissu aussi coloré que ce monde qu'il n'avait jamais cessé d'essayer de dévoiler aux autres hommes.

*
* *

Musée de l'Orangerie, Paris, de nos jours.

« Ces toiles sont incroyables ! Ces couleurs, ce mouvement, cette vie qui s'en échappe...On a vraiment l'impression de se promener tout au long d'une journée au bord d'un joli petit étang tranquille... » Le visiteur se sentait seul au monde, malgré le groupe de Japonais qui venait d'entrer dans le large vestibule, sanctuaire dédié à l'œuvre ultime et géniale de Monet.

« Tiens, dit-il, amusé, à sa femme. Regarde le petit, il est fasciné lui aussi ! »

Et en effet. Du haut de ses quinze mois, le garçonnet ne pouvait détacher les yeux des tableaux. Il les observait avec cette profondeur de regard qu'ont parfois les petits enfants et qui nous fait dire qu'« eux comprennent le monde ». Il ne pouvait en détacher les yeux et, s'il avait pu l'exprimer, n'aurait pas trouvé les mots pour décrire la sensation qui l'envahissait. Il ne pouvait en détacher les yeux car pour la première fois, il voyait une image qui représentait sa vision des choses. Il ne pouvait en détacher les yeux car, sur le plus grand des tableaux, sur le plus beau des nymphéas, il lui avait semblé apercevoir, caché parmi les coups de pinceaux, le visage d'une petite fée.

D. Marchal 2013

Les amoureux de la Seine

Delphine Marchal

Au temps de la Gaule, alors que Paris n'était qu'une modeste île de la Seine répondant au nom de Lutèce, vivaient un jeune batelier, Even, et son épouse, Eponine. Le couple se déplaçait et naviguait au gré du commerce et des marchandises à affréter dans la cité et ses environs. Ils consacraient leurs journées à voguer sur ce fleuve qu'ils aimaient tant. D'ailleurs, ils ne quittaient jamais plus de quelques heures leur bateau pour les venelles encombrées et bruyantes des Lutéciens. Et lorsque la Seine parfois se montrait plus retorse ou capricieuse, entre méandres et contre-courants, ils pouvaient compter sur leurs deux compagnons de route, de robustes chevaux de trait attelés à la péniche. Titus et Brutus les noms dont ils avaient hérité, sur les terres du Perche où ils avaient vu le jour. De la berge, ils tractaient alors le bateau, évitant ainsi nombre de sueurs et de frayeurs à Eponine et Even. Bien que le métier de marinier s'avérât rude et l'espace de vie très contraignant puisque limité au profit de la cargaison marchande, les amoureux n'en étaient pas moins heureux de vivre ainsi librement. Ils avaient fait de leur embarcation – ***la Casella***[8] comme ils aimaient à l'appeler – un modeste mais confortable petit nid douillet.

Even était né sur un plateau de la région des *Lingons*[9] à quelque quatre cents mètres d'altitude, à l'endroit même où la Seine prenait sa source. Le fleuve qui s'en allait couler et chahuter vers le nord-ouest avait toujours attiré et fasciné le garçon. Un jour, il suivit son cours, désireux de voir où elle le mènerait. C'est ainsi qu'il franchit les portes de Lutèce pour ne plus jamais en repartir.

Eponine, fille de batelier *Carnute*[10] avait pour ainsi dire toujours baigné dans l'eau. Trop tôt devenue orpheline de mère, la fillette avait pris l'habitude d'accompagner son père sur le fleuve. Au fil des cabotages, la petite, espiègle et rêveuse, s'imaginait tantôt reine des mers, tantôt aventurière et s'inventait mille et une épopées merveilleuses.

Ces deux-là étaient faits pour se rencontrer. Et le destin se réalisa un matin où Even se présentait au père d'Eponine ; il cherchait à s'embarquer pour louer ses services de manœuvrier. Lorsque leurs regards se croisèrent, ils tombèrent éperdument amoureux l'un de l'autre.

Depuis lors, ils ne s'étaient plus quittés. Certes, ils furent l'objet de bien des quolibets dans tout Lutèce quand ils officialisèrent leur union et s'installèrent sur leur Casella.

---

[8] Casella : petite maison en latin.
[9] Peuple celte qui vivait dans l'actuelle région du pays de Langres.
[10] Peuple celte qui vivait à proximité de Lutèce, à l'Ouest.

« Une femme sur un bateau, on n'a pas idée ! », s'exclama-t-on. « Sa place est plutôt à s'affairer dans une vraie maisonnée ! », gloussèrent certains. « Ne crains-tu pas que cela porte malchance à tes affaires ? », ricanèrent d'autres.

Mais les mariés n'avaient cure des convenances et des railleries. Seul le bonheur d'être ensemble comptait. Et l'innocente beauté mais ô combien éclatante qu'ils affichaient faisait plus d'un envieux dans la corporation des bateliers… Des envieux qui, par plaisanterie plus que par mauvais esprit, eurent l'idée de jouer un vilain tour au nouveau venu dans la batellerie.

Malheureusement la farce vira au drame lorsqu'à la faveur d'une nuit, les plaisantins malmenèrent et entaillèrent quelque peu la coque de la Casella déjà fatiguée par le temps. Bien vite l'armature du navire céda. Il n'en fallut pas davantage à la Seine pour se glisser à travers la large brèche. De sa langue fort gourmande, elle s'empara de la cale, engloutissant tout sur son passage. Et tandis que Lutèce dormait paisiblement, l'embarcation sombra rapidement, sans qu'Even et Eponine aient pu fuir et que quiconque ne s'aperçoive du naufrage. Seuls Titus et Brutus, alors alanguis sur la rive, poussèrent de farouches hennissements en s'agitant vainement.

- Qui ose déranger mon sommeil ? gronda une voix aux oreilles d'Even.

Les braillements infernaux lui vrillèrent les tympans et eurent raison de sa léthargie. Ouvrant un œil, puis l'autre, le jeune homme n'en crut pas ses yeux en découvrant pareille créature face à lui. Il en resta coi et ne réussit à émettre que de vagues gargouillis. Se pouvait-il qu'il rêvât ? Ou pis, qu'il eût trépassé ? C'était en vérité la voix d'Auria, une Nymphe qui, en gardienne des lieux, veillait là depuis des siècles. Elle était fort furieuse de voir son repos brisé et son auguste lit endommagé par la Casella. Autour de sa couche, tout n'était que splendeur. Nombre d'amphores emplies d'épices et de jattes pleines de victuailles côtoyaient d'abondants coffres d'or, de malles et d'écrins, ils débordaient de pierres de jade, regorgeaient d'étoffes soyeuses. Even comprit qu'il s'agissait à n'en pas douter de vestiges d'une très ancienne épave de bateau. Réalisant alors que la Casella allait subir la même fin, il s'affola de ne point voir son Eponine bien-aimée à ses côtés. Auria, bien que furieuse se riait effrontément de l'inquiétude et de l'agitation soudaine du marinier.

- Batelier, tu m'as causé grand tort et tu dois en être d'autant châtié ! Si tu tiens à retrouver ta jeune épouse vivante, il te faudra réaliser trois de mes souhaits ! Si tu échoues, alors elle sera condamnée à rester ici à jamais ! annonça la nymphe d'une voix cinglante. Et de poursuivre, l'œil narquois et la bouche en coin :

- Une dame de compagnie ne serait pas pour me déplaire ! Quant à toi, qui sait ce qu'il t'arrivera ! Je n'ai pas encore décidé de ton sort !

Devant la sentence, Even ne put que s'incliner, les prunelles humides et le cœur fort serré.

- Tu dois me rapporter avant la nuit tombée mille plumes d'oie noires. Elles garniront mon si bel oreiller que ton bateau a éventré ! ordonna-t-elle au jeune homme. Even voulut protester que de telles plumes n'existaient pas, mais déjà Auria dans un puissant souffle d'eau le propulsa vers la surface. Lorsqu'il émergea subitement, le soleil dardait ses premiers rayons. À présent complètement démuni, sans Eponine, sans bateau, sans le sou ni de quoi troquer, il fut quelque peu réconforté d'apercevoir Titus et Brutus qui scrutaient la Seine nerveusement, espérant son improbable retour. Mais l'heure n'était point aux effusions ! Il savait la demande de la nymphe impossible à satisfaire. Il se précipita vers la demeure de Lucius. Seul le vieux mage pouvait l'aider. Lucius connaissait bien la redoutable Auria qui avait le pouvoir de vie ou de mort sur tout être dans les eaux de Lutèce. Mais bien rares étaient les hommes à l'avoir aperçue dans les abysses de la Seine. Lucius faisait partie de ceux-là. Ce dernier fut assez surpris lorsque le batelier désespéré, l'implora d'user de sa magie pour sauver sa bien-aimée.

- Que me proposes-tu en échange ? s'enquit le magicien.

- Je te donne l'un de mes chevaux. Il n'y a pas plus robustes qu'eux dans Lutèce, répondit fièrement Even. À l'époque, il était coutumier de tout marchander. Et c'est ainsi que se conclut l'affaire. Even se sépara de Brutus tandis que de son sceptre, Lucius fit apparaître mille plumes d'oie noires. Pas une ne manquait.

Grâce au magicien, Even réussit la première épreuve

avec succès. Auria parut satisfaite quand elle ouvrit le sac, mais elle s'en désintéressa rapidement pour annoncer sa seconde exigence.

- Rapporte-moi une potion capable de faire respirer mes compagnons les poissons hors de l'eau. Je te laisse jusqu'à la fin du jour pour y parvenir. Et la nymphe s'empressa de projeter Even vers la terre ferme.

Voilà une demande des plus déconcertantes, songea le marinier en sortant la tête du fleuve. Et dans un profond soupir, il n'eut d'autre choix que de retourner chez le vieux mage, en pressant Titus de galoper à vive allure. Lorsqu'Even supplia à nouveau Lucius de recourir à ses pouvoirs et à sa science, le vieil homme s'étonna de l'obscure requête et s'en méfia d'autant. Un breuvage pour donner des poumons aux poissons ? Quelle curieuse idée ! Mais devant le visage éploré du jeune marié, le magicien céda.

- Que m'offres-tu en échange d'une telle potion ? s'enquit alors Lucius.

- Je te donne Titus, mon deuxième cheval. C'est tout ce que je possède, répondit Even la mine abattue.

Sur cet accord, le jeune homme laissa les rênes de sa monture aux soins du magicien et repartit nanti d'une fiole. Lucius l'observa s'éloigner d'un œil inquiet. Quel mauvais tour allait-elle encore jouer au batelier ? Il en était certain, tout ceci n'augurait rien de bon.

De nouveau Even réussit à contenter Auria. Et la nymphe se montra fort ravie lorsqu'elle constata que le breuvage avait bien les vertus escomptées. Les poissons qui en absorbèrent quelques gouttes, bondissaient alors comme des petits diables hors de l'eau, envahissant subitement les bords de Seine pour n'en plus repartir, ce qui laissa pantois les Lutéciens.

- Je vois que tu as su te montrer malin et je constate aussi combien les pouvoirs de Lucius sont immenses ! Eh oui, je sais parfaitement que sans lui, tu aurais aussitôt échoué ! s'exclama Auria, les prunelles rivées au flacon. À l'évocation du nom du magicien, Even frémit. Force était de reconnaître que la nymphe disait vrai.

- Cependant, il te reste une dernière chose à accomplir. Mais pour cela, tu disposes seulement de quelques heures avant que la lune ne soit pleine, mit en garde la déesse des eaux.

Even, la gorge nouée et le cœur battant à tout rompre, craignait l'ultime ordre de la nymphe.

- Ramène-moi le sceptre du mage Lucius, alors ta vie et celle de ton épouse seront épargnées ! Sinon…

Auria n'acheva pas sa phrase et partit d'un grand éclat de rire. Puis dans un souffle puissant, elle balaya le jeune homme loin d'elle.

Qu'allait-il advenir de lui et de son Eponine adorée ? Even découragé, ne voyait qu'un funeste destin se profiler à l'horizon… Horizon qu'il scrutait, le regard voilé de larmes en tentant de regagner la berge. Cette fois, le jeune batelier se retrouvait complètement seul et abandonné. Aucun cheval à négocier, aucun magicien pour l'aider. Loin d'être un voleur dans l'âme, il devait pourtant d'une manière ou d'une autre s'emparer du sceptre de Lucius. Mais comment faire ? L'idée de spolier l'homme qui l'avait par deux fois sauvé, l'accablait. Mais l'idée de ne point revoir les si jolis sourires d'Eponine le peinait bien davantage. Sa conscience le taraudait… Et si par chance il parvenait à commettre le larcin, n'était-t-il pas fort à craindre que l'impitoyable et puissante Auria ne se serve du bâton suprême à mauvais escient ? Et alors qui sait les nombreux ravages qu'elle causerait ! Devant ce dilemme, Even assis près du pont où la Casella avait sombré, ne savait que faire et comment agir. C'est alors que Lucius – qui avait discrètement guetté de la rive le retour d'Even – interpella le jeune homme, soucieux de connaître les sombres manigances d'Auria. Car il en était sûr à présent, non seulement elle s'amusait à torturer le batelier mais elle se servait du malheureux pour assouvir ses dangereux desseins, qui visaient à mettre en péril Lutèce et tous ses habitants.

- Voyons mon ami, qu'exige donc Auria cette fois pour que tu fasses pareille mine ?

Even fort surpris de voir le vieux mage devant lui, ne put s'empêcher de fixer en tremblant le sceptre dont il ne séparait jamais. Puis après un moment d'hésitation, il finit par se confier à Lucius. Après tout, il n'avait plus rien à perdre ni à espérer. Il se savait condamné. Le visage grave et l'oreille attentive, Lucius écouta les aveux du garçon. Il ne fut pas étonné d'apprendre que la nymphe voulait s'emparer de ses pouvoirs et de sa magie. Car c'était bien de cela qu'il s'agissait. La déesse avait eu vent que le sceptre de Lucius mis entre les mains d'une divinité de la nature avait la particularité de décupler sa puissance. Et entre les mains d'Auria, il était fort à parier que Lutèce serait rapidement dévastée et submergée par une subite montée des eaux de la Seine. Un redoutable moyen pour la nymphe d'élargir son territoire, chose qu'elle convoitait depuis fort longtemps. C'est sur ces craintes que le magicien enjoignit Even de le suivre au plus vite. Il restait peu de temps avant que les derniers rayons du soleil ne cessent de briller. Ils se hâtèrent de traverser les rues marchandes afin de rejoindre le foyer du vieil homme. Ensuite, il ne fallut que quelques minutes à Lucius pour utiliser sa magie et se munir d'un second sceptre.

- Voici de quoi satisfaire Auria ! lança-t-il à Even en lui tendant l'un des bâtons.

Le marinier, les yeux écarquillés face à l'objet, ne sut que répondre. Et le vieux magicien d'expliquer au batelier :

- Ce sceptre n'est qu'un leurre et ses pouvoirs ô combien illusoires. Mais rassure-toi, la nymphe aura libérée ta jeune épouse bien avant qu'elle ne s'aperçoive de la supercherie. Quant à savoir de quelle manière tu te l'es procuré, dis-lui avoir ordonné à tes chevaux de jouer des fers contre moi. Et que dans la ruade qui s'ensuivit, tu as profité de mes blessures et de mon état de faiblesse pour t'emparer du sceptre. Espérons que le mensonge fonctionnera.

- Mais je n'ai plus rien à t'offrir en échange, s'inquiéta Even.

- Peu importe. Il en va du destin de Lutèce. Maintenant, dépêche-toi car il fait déjà sombre. Titus t'attend, il te fera gagner du temps.

Et c'est au triple galop et plein d'espoir qu'Even regagna la Seine.

Lorsque le jeune homme brandit le sceptre au nez d'Auria, la belle se montra d'abord méfiante. Elle ne s'attendait point à ce qu'il le lui remette. Pas aussi vite et si facilement. Finalement, elle fut presque déçue et envieuse de ne pas avoir eu la possibilité de récupérer le bâton sacré par elle-même. Mais elle se réjouissait bien trop de l'avoir entre les mains pour s'encombrer de quelques futiles regrets. Cependant, elle ne manqua pas de presser Even de questions sur son entreprise et sembla se satisfaire de ses réponses, trop accaparée qu'elle était à contempler de ses vives prunelles le sceptre qui scintillait. Ce dernier se nimbait d'une lumière blanche dès qu'elle l'effleurait. À n'en pas douter, il s'agissait bien du sceptre du Lucius. Les signes ne trompaient pas ! Et bien que la nymphe Auria fût réputée pour ses puissantes colères et sa cruauté, elle avait néanmoins le mérite d'être divinité de parole. Elle brisa donc le sortilège en libérant Eponine de son sommeil puis laissa les amoureux rejoindre les terres de Lutèce.

Et ce fut main dans la main qu'Even et Eponine émergèrent de la Seine sous le regard soulagé de Lucius. L'heureux couple couvrit le vieil homme de remerciements et le gratifia de leur éternelle reconnaissance pour les avoir sauvés et délivrés. Les mariés se laissèrent même aller à quelques effusions de joie en criant leur bonheur dans les rues de Lutèce. La ville entière fut bientôt alertée du drame qui venait de se jouer. Seulement voilà, Auria déchanta subitement lorsqu'elle comprit que le sceptre n'était qu'une pâle imitation. Fulminant comme jamais que l'on se fût ainsi moquée d'elle, elle n'en était pas moins très rusée. L'œil mauvais et l'esprit vengeur, elle attrapa la fiole qu'Even lui avait rapportée. La potion pour les poissons ! Elle avait réussi à endormir la méfiance du magicien par cette fourberie mais c'était dans son unique intérêt qu'elle comptait utiliser le breuvage. Après s'en être délectée, elle ondoya vers la surface du fleuve et dans un déferlement d'eau, elle bondit hors de son territoire, respirant pour la première fois l'air des Lutéciens. Les pieds nus et la longue chevelure fouettant le pavé, elle avança au hasard des allées désertes et endormies, déterminée à terrasser Lucius pour se saisir enfin du sceptre avant de ravager tout Lutèce. Et elle comptait bien par la même occasion se venger du couple de bateliers. Mais n'étant point habituée à marcher ainsi sur la terre ferme, elle foula prudemment le sol en traquant la moindre trace du mage et des jeunes mariés. Finalement son impatience eut bien vite raison d'elle et la poussa à jeter sa colère sur tout ce qu'elle voyait. De sa bouche grande ouverte, elle cracha de puissantes gerbes d'eau, faisant exploser les chariots et voler en éclats les portes des maisons sur son passage. La ville toute entière se réveilla en sursaut, la panique générale s'empara des Lutéciens. Lorsqu'Auria se présenta enfin devant l'entrée de la demeure du vieux magicien, ce dernier n'en fut point surpris. Et au grand étonnement de la déesse, il n'usa pas de son sceptre pour la repousser. Il se contenta de lorgner la lune qui déclinait. Certes, la belle était rusée mais Lucius l'était tout autant. C'est alors que la nymphe sentit ses forces l'abandonner, ou plutôt ses poumons se rétrécir. Bientôt elle ne parvint plus à respirer que par saccades. Les mains à la gorge, elle haletait péniblement. Malédiction ! La potion n'agissait plus ! Lucius l'avait une nouvelle fois bernée ! Elle eut beau avaler le reste du flacon, ce fut en vain. Elle suffoquait toujours, proche de l'agonie. Pour cause, les effets du breuvage se dissipaient après quelques heures. Et seule la première gorgée avait les pouvoirs escomptés.

- Hâte-toi de plonger dans la Seine, sinon tu vas disparaître ici parmi les hommes ! lâcha Lucius, en tendant son sceptre dans la direction du fleuve.

S'avouant vaincue, la nymphe n'eut d'autre choix que de se traîner péniblement vers les berges de la Seine. Et dans un ultime effort, elle se jeta dans le fleuve pour rejoindre son royaume.

Au lever du jour, Even et Eponine furent médusés de voir ressurgir du fond des eaux la Casella, à l'endroit où elle avait coulé la veille. Surprise d'autant plus grande que la coque du bateau brillait comme un sou neuf et que la cale contenait un coffre rempli d'or. Rapidement les heureux épousés à présent fortunés, n'en reprirent pas moins leurs cabotages avec leurs fidèles Titus et Brutus, faveur de Lucius pour qu'ils continuent de mener à bien leur embarcation. Et plus jamais on ne se railla d'eux. Certains se confondirent même en vives excuses pour avoir causé l'accident de la Casella. Les moqueries d'alors cédèrent le pas au respect et à l'admiration. Bien vite les Lutéciens prirent l'habitude de saluer le couple d'un « Bonjour les amoureux de la Seine ! » lorsqu'ils passaient sur le fleuve. Et quelques mois plus tard, les éclats de rire des jeunes mariés s'embellirent de joyeux cris et doux babillements d'enfants à bord du bateau. Quant aux terribles courroux et représailles de la nymphe Auria, il n'en fut plus question. Étrangement, elle semblait devenue sage et bienveillante à l'égard des hommes. Et bien qu'il y eût quelques débordements de la Seine par la suite, ils ne furent point de son fait. Bizarre me direz-vous ? Pas tant que cela ! Car dans sa grande mansuétude, Lucius avait ajouté dans l'élixir qu'Auria avait absorbé, une plante herbacée alors méconnue des Gaulois, mais qui démontrait déjà combien l'adage suivant disait vrai…

« La carotte rend fort aimable ! »

Aux Soieries de
D. Marchal 2012

Cabotine de Monceau

Pigouille Gobin-Vaillant

Autrefois, entre l'avenue des Champs-Élysées et le parc Monceau, dans le VIIIe arrondissement de Paris, grouillait une rue où les interpellations des commerçants faisaient ricochet. On l'appelait la rue des « Le ». Et pour cause !

Lorsqu'en début de matinée, le primeur Monsieur Leblond dévoilait ses cageots de fruits devant son épicerie, il hélait avec sa bonhomie coutumière les autres commerçants qui ouvraient leur boutique. Ainsi, sa voix de baryton interpellait celle du boucher Monsieur Lesec qui rétorquait en s'adressant à Monsieur Leroux le quincailler, qui lui-même transmettait à Monsieur Legras le cordonnier qui ne se gênait pas pour taquiner le boulanger, Monsieur Lecuit. Seul, Monsieur Lebrun, tailleur de son état, gardait un peu ses distances. Ces apostrophes qui ressemblaient fort à des familiarités ne lui plaisaient guère. Cependant, il leur adressait toujours poliment son traditionnel « Bien le bonjour, messieurs ! » avant de disparaître dans son magasin. Le temps avait utilisé sa plus belle gomme pour effacer une partie de l'enseigne, mais en fronçant les yeux, on pouvait encore y lire « Aux soieries de ces dames ».

Son magasin, c'était son antre, sa caverne aux tissus, l'endroit où ses ciseaux découpaient artistiquement des courbes et des lignes droites en suivant les pointillés. Le tout assemblé donnait naissance à des robes en mousseline voluptueuses, des caracos ajustés en soie lavée et des jupes longues à n'en plus finir. Toujours tiré à quatre épingles dans ses complets Camel, Jean Lebrun était d'une patience d'ange. Nul ici, et seulement ici, ne l'avait entendu hausser le ton. Affable, toujours prêt à rendre service, pointilleux, précis, il adorait conseiller ses clientes qui s'en référaient à son bon goût. Délicat, avenant, il savait mettre en valeur un cou un peu trop long en l'entourant d'une soie sauvage, ou bien il déposait sur un buste terne un tissage chamarré, rendant ainsi le sourire à nombre de ces dames. « Vous êtes un grand homme, M. Lebrun. » assuraient-elles en quittant la boutique.

Grand, façon de parler. La nature s'était un peu trompée dans ses proportions à tel point que Jean Lebrun était contraint de se hisser sur la pointe des pieds lorsqu'il voulait mesurer ses clientes à partir de l'épaule. L'équilibre était précaire et pour éviter de s'étouffer le nez coincé dans leur poitrine, ses pieds s'agrippaient de toutes leurs forces dans ses chaussures. Mais, cela, nul ne le voyait. Ses doigts faits comme des petits boudins serraient très fort le mètre alors que quelques gouttes de sueur perlaient sur son front. Son ventre proéminent le gênait pour s'accroupir afin de déterminer la bonne longueur, et pour se relever, ses mollets grassouillets ne l'aidaient nullement. Vite, très vite, il s'épongeait, en accusant les vieux murs épais de sa boutique de retenir autant la chaleur. Les clientes souriaient et se gardaient bien de faire un commentaire. Le talent de M. Lebrun et ses compétences avaient fait le tour de la capitale et ces dames rivalisaient entre elles plutôt que de se détourner de lui. Il en était conscient et ceci rattrapait avantageusement sa petite corpulence. Bien sûr qu'il aurait préféré avoir de longs doigts fins glissant sur les tissus ! Bien sûr qu'il aurait souhaité pouvoir jeter une étole sur les épaules de ces dames d'un geste souple et naturel sans être obligé de sautiller ! Mais la nature en avait décidé autrement. Certes, son embonpoint ne lui avait pas été imposé dès la naissance. M. Lebrun avait coutume de répéter qu'il n'avait aucun défaut, juste un péché mignon : la gourmandise. Ainsi, pratiquement tous les après-midis entre 16 heures et 17 heures, il confiait sa boutique à Armandine son employée, prétextant une course à faire en ville. Celle-ci, nullement dupe, se gaussait de sa voix haut perchée :

- Doit avoir une horloge dans l'estomac, c't homme-là.

Pourtant, Jean Lebrun n'était pas sans avoir constaté que le carillon de sa boutique se faisait plus discret depuis quelque temps. C'était fort ennuyeux. La soie serait-elle boudée au profit d'autres tissus ? Il devrait s'en enquérir auprès de son fournisseur sans trop tarder. Mais dans l'immédiat, ce souci n'allait pas lui couper l'appétit. C'est pourquoi, sans déroger à ses habitudes, avant de quitter le magasin, Jean Lebrun transmit quelques consignes à son employée afin qu'elle palliât au mieux son absence :

- Armandine, je dois m'absenter. Oh, je n'en ai pas

pour longtemps, tout au plus une petite heure. Mais au cas où Mme de Saint viendrait, vous lui remettrez son paquet rose que j'ai glissé sous le comptoir à droite près du tiroir. C'est sa robe en soie brocard. À manipuler avec une grande douceur, n'est-ce pas Armandine ? Vous lui remettrez également la pochette en bourrette de soie dorée que j'ai confectionnée pour accompagner sa tenue. Je me hâte maintenant. Je vous remercie et n'oubliez pas : la soie, avec précaution !

Jean Lebrun n'avait plus de temps à perdre. Une petite faim lui taquinait l'estomac. À petits pas pressés, il se dirigeait vers la pâtisserie au coin de la rue. Et là, devant la vitrine aux couleurs et saveurs sucrées, ses yeux brillaient avec l'avidité d'un gamin devant les cadeaux de Noël. Ce jour-là, il hésita entre une part de fraisier et une part de forêt noire. Son attirance pour le chocolat l'emporta et la vendeuse, avec un sourire complice, lui glissa la forêt noire dans un petit paquet cartonné ficelé avec un bolduc couleur cacao. Pour cette délicatesse, Jean Lebrun la gratifia d'un large sourire avant de quitter la pâtisserie, tenant précieusement son fragile paquet par la boucle afin de ne pas l'endommager.

La saveur imposait le respect au même titre que les soies qu'il cousait et pour éviter de faire offense à ses papilles en se jetant goulûment sur son gâteau, là, sur le trottoir, Jean Lebrun s'extirpa de la vie parisienne sans quitter le VIIIe arrondissement. Il trouva refuge au parc Monceau à quelques centaines de mètres de sa boutique. Dès qu'il pénétra par l'avenue de Courcelles dans ce jardin entouré de magnifiques grilles ouvragées noires et dorées, il oublia les tissus, les clientes, les commandes en cours, tout. Il oublia tout ! Même sa patience légendaire le quitta. Il s'offrit un tête à tête avec son péché mignon. Pour ne pas être dérangé, il se chercha une place à l'écart du mouvement. Un banc près d'une statue ou sous un arbre lui conviendrait. Il évita le petit pont, la cascade et les vestiges des colonnades car il savait ces lieux fréquentés par les familles et il n'avait nullement envie de subir les piaillements des enfants. C'était épidermique chez lui. Tous ces mômes et leurs mères qui ne valaient guère mieux en leur criant dessus lui hérissaient le poil. Par ailleurs, il voulait éviter de s'exposer à la vue des hôtels particuliers qui entourent le parc. Il recherchait avant tout la quiétude. C'est pourquoi il choisit de s'installer à l'ombre de l'immense érable de cent trente ans. Ce vieil arbre allait lui offrir la tranquillité salutaire. De la pochette de sa veste, il sortit un mouchoir bien blanc qu'il déplia cérémonieusement et qu'il accrocha à une boutonnière en guise de bavoir. Puis il desserra le nœud du paquet jusqu'à ce que le lien glisse et il prit délicatement le gâteau pour le humer les yeux fermés. Moment de recueillement : Jean Lebrun ne percevait plus ni les oiseaux, ni les voix des promeneurs au loin au bout de l'allée, pas même le vent qui taquinait les feuilles. Rien. Il s'extirpait du monde.

- Ça sent bon ? questionna une petite voix aigüe.

Jean Lebrun sursauta, tourna la tête à gauche puis à droite, se détourna, mais ne vit personne.

Bizarre. C'était certainement un trouble dû à

l'hypoglycémie. Tout comme ce petit étourdissement qui le gagnait. Soucieux de ne pas s'exposer plus longtemps à d'autres malaises, Jean Lebrun commença à lécher le gâteau avec avidité. Sa longue langue, si longue, autre erreur d'appréciation de dame nature, cueillit généreusement la crème fouettée et le chocolat qui s'enlaçaient, s'entrelaçaient comme deux rubans de soie ondulant sous le vent. Le visage de Jean Lebrun exprimait la satisfaction de ses papilles. Cette volupté, cette saveur, ce bien-être qui le gagnaient le firent soupirer d'aise. Le ravissement fut à son comble lorsqu'une minuscule feuille de chocolat se glissa subrepticement sous une incisive pour un craquement libérateur de l'amertume du cacao.

- Moi, j'aime pas le chocolat, commenta la même petite voix pointue.

Cette fois-ci, Jean Lebrun faillit s'étouffer. Il toussa, toussa à n'en plus finir, crachotant bien malgré lui quelques petits morceaux de la si délicieuse forêt noire. Ah non ! C'en était trop ! Qui osait l'interrompre sans cesse ? Il s'apprêtait à répliquer après avoir rangé ce qui lui restait de gâteau dans un coin de la bouche.

- Non ! Tais-toi ! On ne parle pas la bouche pleine.

Jean Lebrun, abasourdi, avala sa bouchée et leva les yeux. Il en était certain, la voix provenait de l'arbre.

- Ne perds pas ton temps à me chercher, je suis effectivement dans l'érable, mais j'ai adopté la même tenue que lui, alors tu peux pas me voir !

- Comment ça, la même tenue que l'arbre ? demanda le tailleur intrigué.

- C'est pourtant facile à comprendre : j'ai une robe en feuilles d'érable ! Tu me verras si je m'installe à tes côtés. Si je décide d'aller dans le platane d'Orient plus loin là-bas, je serai vêtue de feuilles de platane. Au fait, tu sais que c'est le plus vieil arbre de Paris ? Tu t'en fiches, je vois bien. Allez, vas-y mange, sinon les mouches vont se régaler à ta place, rit la petite voix coquine.

Sans plus se faire prier, Jean Lebrun poursuivit sa dégustation, mais le cœur n'y était plus. Il se savait observé et puis cette histoire de robe en feuilles l'interpellait. Alors qu'il s'apprêtait à lécher encore une fois sa pâtisserie, des paillettes d'or se posèrent dessus.

- Mais qu'est-ce ? s'étonna-t-il.

- C'est pas plus joli comme ça ? Doré et chocolat, c'est harmonieux, non ?

- D'où vient cette poussière dorée ? gronda Jean Lebrun.

- D'un des portails qui orne l'entrée du parc. J'adore en gratter les dorures. J'en ai plein sous les ongles. C'est pour toi ! Cadeau.

- Mais c'est dégoûtant ! hurla Jean Lebrun.

- Ah ! Mais ne crie pas comme ça ! T'as une drôle de façon de me remercier ! postillonna la gamine.

- Tu craches sur mon gâteau maintenant ! Ça suffit ! s'énerva Jean Lebrun avec un geste d'impatience qui projeta quelques particules de chocolat sur sa belle veste Camel. Et d'abord, qui es-tu pour oser t'adresser à moi sur ce ton ? Qui es-tu sale gamine ? D'où viens-tu ? l'admonesta-t-il en tendant le cou vers l'érable pour essayer de distinguer au moins une silhouette.

- Je te dis que tu ne me verras pas ! Ne perds pas ton temps à me chercher, saperlipopette ! Je te répondrai si tu me le demandes gentiment. Sinon, je pars tout de suite rendre visite à la statue de Monsieur de Maupassant, là-bas un peu plus loin.

- Parce que lui, tu l'appelles Monsieur ?

- Évidemment, aucune comparaison avec toi. Après, je m'attarde auprès de M. Chopin qui me joue une valse. Je sais pas la danser, mais j'adore l'écouter jouer. Ça c'est un grand homme. Lui.

- Petite malotrue.

- Pffff ! Ici, dans le parc, on m'appelle Cabotine.

- Qui « on » ?

- Ben, les oiseaux quand ils viennent se poser sur mon bras, l'eau de la petite cascade quand je vais m'y rafraîchir, la rocaille quand je m'y cache pour bavarder avec les insectes, les fleurs, les feuilles, les statues, tous ici ! Quelle question !

Jean Lebrun demeura pensif. Cette gamine, au demeurant excessivement effrontée, venait de lui donner une idée.

- Dis-moi Cabotine, si j'ai bien compris, tu changes de tenue à chaque fois que tu changes de décor. Tu grimpes dans le hêtre pourpre, tu deviens pourpre, tu vas dans le tulipier de Virginie, tu…

- Bon, tu vas pas tous les énumérer ! l'interrompit-elle brutalement. Je suis une cabotine caméléon. C'est tout. On va pas en faire un plat !

- Non, certes, mais ça me donne une idée, s'adoucit Jean Lebrun. Tu sais que je suis tailleur, je crée des vêtements, je…

- J'suis pas complètement idiote, je sais en quoi consiste ton travail. Où veux-tu en venir ?

- Eh bien, pour diversifier ma collection, je pourrais m'inspirer de tes robes. Travailler les feuilles, les assembler pour un effet relief, donner une couleur nature aux tenues de ces dames, accrocher quelques fleurs sur un chemisier serait du plus bel effet, par exemple. Je te propose quelque chose. Viens dans mon magasin, c'est à deux pas d'ici et …

- Pas question ! le coupa une nouvelle fois Cabotine. Moi, je quitte jamais le parc Monceau. Ici, je suis libre, libre comme l'air que je respire, libre comme ce petit souffle de printemps qui décoiffe les fleurs et parfume l'allée, libre de discuter avec les étoiles qui veillent sur le parc, libre d'aller où je veux, libre, libre en plein Paris, tu entends ? Le parc, c'est mon chez moi. Et puis qu'est-ce que j'irais faire dans ton magasin ?

- Je comprends, oui, je comprends, mais ce serait des visites de courte durée, insista le tailleur. Tu pourrais me guider pour créer de nouveaux modèles à partir de tes robes. Tu me montrerais comment il faut les enfiler sans les endommager, par exemple.

- Non mais ça va pas ! Tu veux que je me déshabille devant toi ? se fâcha Cabotine.

- Que nenni ! Absolument pas ! Je n'ai jamais dit une chose pareille, voyons ! Non ! Ah, je me suis mal exprimé, je suis désolé, s'excusa Jean Lebrun. Mais notre rencontre m'a permis de comprendre pourquoi mes clientes boudent un peu ma boutique depuis quelque temps. Ces dames ont besoin de nouveautés et, avec ta complicité, je pourrais inventer des tenues inédites qui les séduiraient, j'en suis convaincu. Qu'en penses-tu ?

- Non. Ça m'intéresse pas.

- Je t'en prie, réfléchis, je suis prêt à te rémunérer pour ta contribution, proposa le tailleur.

- M'en fiche de ta rémunération. Moi je vis de l'air du temps. Bon allez, je te laisse, je vais faire un petit tour du côté de la pyramide.

- Cabotine ! Je t'en prie ! la supplia Jean Lebrun. Je t'offrirai des boutons en perles de verre pour tes robes si tu veux.

- Non et non, encore une fois non. Je file !

- Cabotine ? implora Jean Lebrun. Cabotine ? Où es-tu ? Tu pourrais tellement m'aider à sauver mon magasin, renifla le tailleur.

Plus de réponse. La gamine caméléon s'en était allée. Jean Lebrun baissa la tête, l'air contrit. Dans le paquet posé sur le banc, le reste du gâteau se lamentait en dégoulinant. Peu lui importait. La faim avait fait place à la tristesse. Pourquoi le soleil avait-il placé cette petite sur son chemin si c'était pour faire pleurer ses yeux ?

Pendant ce temps, Cabotine, qui n'avait pas bougé d'une feuille, observait ce petit monsieur rondouillard qui semblait un peu hautain au début et qui maintenant ressemblait à un enfant à qui on aurait ôté son jouet. Elle le trouvait presque attendrissant ainsi avec quelques petites taches de chocolat sur sa veste et un peu de crème autour du nez. Il semblait si triste, si malheureux. Ses épaules s'étaient affaissées. Il avait perdu son maintien. Il en fallait peu tout de même pour qu'un adulte s'effondrât, sourit-elle en pensée. Cabotine n'était pas mécontente de la petite leçon qu'elle venait de donner au tailleur. C'est vrai, quoi, cette façon qu'il avait de snober les gens, ça l'agaçait. Elle l'avait repéré depuis un petit moment et elle s'était promis de le punir. Voilà qui était fait. Cabotine n'avait plus le cœur à laisser un voile de tristesse sur le visage de Jean Lebrun, en conséquence, elle recueillit quelques petites poussières dorées sous un de ses ongles afin de les disperser sur le pantalon du tailleur. Il ne pouvait pas les rater, puisqu'il avait toujours les yeux baissés. De ce fait, dès qu'une ou deux particules se furent posées, Jean Lebrun leva la tête d'un coup, d'un seul :

- Cabotine ? Tu es revenue ? espéra-t-il, guilleret.

- Oui, c'est ça, je suis de retour. Le doré te va à ravir petit monsieur rondouillard.

Les sourcils de Jean Lebrun se levèrent à peine en entendant la gamine caméléon l'interpeller ainsi. Après tout, elle n'avait pas tout à fait tort, la petite.

- Tu sais, j'ai réfléchi, expliqua-t-il. Je comprends ton attirance pour ce jardin où tu peux côtoyer les musiciens, les écrivains, les arbres exotiques, les vieilles pierres et que sais-je encore. Tu as raison de ne pas vouloir t'en éloigner. Et si c'était moi qui me déplaçais pour recueillir tes conseils ? On pourrait s'isoler dans la rotonde et ainsi tu me guiderais pour les collections à venir. Qu'en penses-tu ?

- Je pense que j'ai des idées plein les ongles, des idées plein les cheveux en herbe sèche, des idées plein les yeux et que ça m'amuserait drôlement de te voir les réaliser en vêtements. On commence quand, dis ? demanda Cabotine, de la tendresse plein la voix.

Jean Lebrun eut juste le temps d'essuyer furtivement une petite larme avant de se lever et sauter de joie sous l'œil ébahi des promeneurs.

Aux Soieries de
D. Marchal 2012

D. Marchal 2013

Les Secrets de l'Opéra

Delphine Marchal

Depuis fort longtemps, l'aristocratie et la bourgeoisie parisienne aimaient se retrouver dans les théâtres de la capitale pour écouter l'art lyrique. À la fin du XVIIIème siècle, on se prit d'affection pour la salle Louvois où l'on venait nombreux. Mais en 1820 elle devint le décor sanguinaire d'un attentat qui fut fatal au Duc de Berry. S'ensuivit alors la fermeture et la démolition du bâtiment. On déplaça donc la troupe vers un autre lieu. Malheureusement le sort s'acharnant, l'endroit fut également le siège d'un second attentat, visant cette fois à éliminer Napoléon III et son épouse l'Impératrice Eugénie. Par chance ils en réchappèrent. Alors au lendemain du drame, l'empereur décida la construction d'un nouvel édifice afin de remplacer celui de la rue Le Peletier. Un concours fut organisé à l'issue duquel Charles Garnier, jeune architecte méconnu, se distingua et se vit attribuer la réalisation du projet. C'est ainsi qu'en 1858 débutèrent les travaux de l'Opéra de Paris (plus connu aujourd'hui sous le nom d'Opéra Garnier), dédié à la danse et à la musique. Cette académie deviendra bien vite le lieu d'apparat de la haute société parisienne.

Comme à l'accoutumée, Pépito sentit son cœur se réchauffer lorsque résonnèrent les premières notes de musique. Elles vibrèrent jusque sous ses pattes replètes et lui chatouillèrent sa panse bien rebondie. Ronronnant de plaisir, il esquissa un large sourire où l'on devinait une interminable rangée de quenottes aiguisées à faire pâlir de jalousie plus d'un ogre ! Ces moments de divertissement il les attendait chaque fois avec impatience et jamais il ne s'en lassait. Seulement, lorsque minuit sonnait et que le silence de la nuit s'imposait, Pépito se sentait bien seul et malheureux. Certes ses journées étaient rythmées par l'écho de bon nombre de clameurs mais trop peu à son goût. Tantôt il percevait les cris et rires des petites danseuses, tantôt les voix perçantes des divas et sopranos qui répétaient. Ce qu'il préférait, c'était lorsque l'orchestre s'animait en soirée, lui qui jusqu'ici faisait fi de toutes symphonies. Il faut dire qu'à l'édification de l'opéra, sa vie avait été subitement chamboulée. Depuis, il en était fort marri. N'avait-on pas idée de bâtir pareil monument au-dessus de marécages ! Puis voilà que pour assainir le terrain on condamna certains accès ici-bas. Et afin de contenir la pression des eaux on échafauda un lac souterrain, emprisonnant par accident notre crocodile de Pépito. Car lorsque les carrelles de béton furent coulées au plus profond des sous-sols, l'animal avait pris l'habitude de vadrouiller dans les dédales des environs. À présent il se maudissait d'avoir délaissé ses congénères qu'il jugeait un brin ennuyeux et de s'être carapaté hors de la ménagerie du

Jardin des plantes. Depuis, il se trouvait confiné dans l'obscurité humide avec pour seule compagnie une horde de rats qui allaient et venaient à travers les fissures des murs. Autant dire que les distractions se faisaient rares. Quel châtiment ! Heureusement, Gaspar, un mulot avec lequel Pépito s'était lié d'amitié, lui racontait parfois des anecdotes sur la vie bouillonnante à l'opéra. Chapardeur par excellence, ce dernier adorait fureter du côté des larges vestibules somptueusement décorés et des luxueuses salles du théâtre. Il en revenait toujours le baluchon débordant de bibelots en tout genre ou de victuailles pour Pépito. Mais cela demeurait une bien maigre consolation pour le pauvre captif qui se morfondait, privé de la lumière du jour et de ses amis de la ménagerie. Seule la musique émanant du dessus apaisait un peu son lourd chagrin. Sinon, il n'avait d'autre choix que de tourner en rond et barboter au milieu de la nappe d'eau, croquant ici et là sur son passage quelques poissons appétissants. Il faut reconnaître que les carassins fort nombreux étaient nourris comme des bienheureux par les machinistes du théâtre. À chaque descente de l'un des techniciens par la lourde trappe, Pépito se tapissait au plus profond du lac craignant d'être découvert. Il se méfiait beaucoup d'eux car Gaspar avait dit bien du mal à leur sujet, en narrant ses dangereux périples là-haut parmi les hommes. À l'opéra, on hurlait de terreur dès que le rongeur montrait le bout de son museau moustachu. Ces rats-là, tout velus et sans tutu ni grâce, n'étaient point du goût de ces messieurs-dames ! Il va sans dire que des coups de talons et de balais dans l'arrière-train,

Gaspar s'en prenait par milliers ! C'était son lot quotidien. Plus d'une fois il avait manqué de peu de passer de vie à trépas. Pépito tremblait de peur à l'idée d'être victime de pareille violence, lui qui jusqu'ici n'avait connu que le confort douillet de la ménagerie.

Et pendant ce temps, loin de se douter qu'un gros reptile se lamentait sous leurs pieds, les cochers soupiraient face à la cohue de fiacres qui se déversaient devant l'opéra. Les visiteurs se pressaient autour du grand escalier et des balcons, toujours plus abondants à venir assister aux représentations. Les artistes s'affairaient en coulisses et dans les loges, les petites ballerines sautillaient avec légèreté sur le plancher tandis que les cantatrices élevaient la voix au son des violons. Et la noblesse parisienne s'extasiait devant tant de luxe et de grandeur. On ne se lassait pas de contempler les mosaïques, les sculptures et les hauts plafonds ornés de peintures ; d'admirer les tapisseries des Gobelins ou encore le gigantesque lustre de cristal et de bronze. Et surtout on aimait se montrer au cœur de pareille magnificence. Tout cet étalage de splendeur, Madeline s'en souciait peu. Bien sûr elle était comblée de tournoyer sur l'immense scène auréolée de mille et un éclairages, caressant de ses chaussons le magnifique parquet lustré. Elle se sentait alors Reine de Saba. Talentueuse et acharnée, elle aspirait à un avenir prometteur. Danser était le plus important à ses yeux, elle convoitait le prestigieux titre « danseuse étoile » Ainsi, lorsque les lourdes portes se refermaient et que l'opéra s'endormait pour quelques heures, Madeline demeurait seule. Grâce à la complicité du gardien, Monsieur Lucien, (surnommé affectueusement Monsieur Lulu), elle avait coutume de s'exercer la nuit dans le silence le plus total. Une quiétude qu'elle appréciait vivement. Cependant depuis un moment déjà, elle se sentait parfois troublée par l'écho de curieux gémissements. Elle en fit d'abord peu de cas, croyant à un vilain tour de son imagination. Mais les plaintes toujours plus sourdes, s'intensifièrent au fil des mois. Le sol se mit à vibrer sous l'effet des grondements répétés jusqu'à faire frissonner la jeune fille d'effroi. Elle s'en ouvrit auprès de Monsieur Lulu. Mais le vieil homme peu alerte et pratiquement sourd, n'avait rien remarqué de particulier. Seulement voilà, bientôt on entendit distinctement les geignements également en journée, ce qui ne manqua point de susciter méfiance et perplexité dans tout l'opéra. Madeline en fut alors soulagée : elle n'avait pas divagué. On supputa d'abord quelque mauvaise plaisanterie de la part d'un machiniste un peu zélé. Puis on mit ces bruits sur le compte d'une insonorisation un tantinet défaillante ou de poêles à charbon un peu trop ronflants. Dans tout Paris les commérages allaient bon train, jusqu'à ce que la question qui brûlait bien des lèvres soit posée : se pouvait-il que le théâtre abritât un esprit malfaisant ? La rumeur enfla et se propagea rapidement. Un fantôme à l'opéra ! Les uns s'en offusquèrent, d'autres s'en amusèrent ouvertement tandis que certains en frémissaient de terreur. Par chance la fréquentation du théâtre n'en fut pas affectée, au contraire, car si on se cachait bien de le montrer, spiritisme et nécromancie fascinaient maint et maint gens.

Ainsi par la suite, nombreux furent ceux qui franchirent le seuil de l'académie dans l'espoir de distinguer les râles du revenant ou mieux encore d'entrevoir sa silhouette filant à travers les cloisons. Et tandis que les visiteurs déambulaient à l'affût du moindre son suspect, ici-bas Pépito se morfondait chaque jour davantage. De grosses larmes coulaient sur les joues cuirassées de notre crocodile. Déversant sa peine dans le lac, il sanglotait. Rien ne semblait pouvoir consoler le malheureux. Gaspar s'en inquiétait, d'autant plus que le niveau du lac et celui des canaux alentour avaient considérablement augmenté ces derniers temps. Il était fort à craindre que ce flot de pleurs incessants ne provoque une véritable catastrophe ! N'allait-il pas finir par submerger les sous-sols de la capitale et occasionner une inondation de la ville ! D'autant plus que cette subite augmentation des eaux ne manqua pas également d'alerter les machinistes lors de leurs dernières descentes. Mais Pépito n'en avait cure.

À la nuit tombée Madeline, fantôme ou pas, continuait sans relâche d'user ses pointes entre arabesques et entrechats. Ces gémissements, elle avait fini par s'y habituer. Elle s'en émouvait même. Et bien vite il lui parut évident que quelqu'un de bien vivant souffrait entre ces murs. C'était là, la seule explication ! Qui était donc ce triste personnage qui se dissimulait aux yeux de tous ? Rapidement sa curiosité la poussa à inspecter les lieux. L'œil aux aguets, avec la plus grande attention, elle sillonna et examina les moindres recoins. Des coulisses aux vestibules et couloirs, en passant par la salle de spectacle et le grand foyer, de la scène à sa cage, du *foyer de la danse*[11] aux loges et galeries, sans oublier les combles. Et pourtant… Nenni ! En vain ! Hormis un rat bien dodu qui détala toutes griffes dehors, elle ne trouva point âme qui vive. Sa déception fut grande. Avait-elle vraiment cherché partout ? C'est alors qu'elle se souvint de l'existence d'un passage menant à un lac dans les tréfonds de l'opéra. Lorsqu'elle découvrit enfin l'imposante trappe de bois, son mécontentement redoubla. Une serrure armée d'un énorme cadenas condamnait l'accès. Impossible d'aller plus bas ! Mais loin de se décourager, Madeline comptait bien descendre d'une manière ou d'une autre. Monsieur Lulu possédait forcément la clef. Il suffisait de la lui subtiliser en catimini, sans éveiller de soupçons.

Gaspar quant à lui, était fort aise de son nouveau butin. Certes la petite danseuse avait failli faire capoter toute l'affaire. Mais sa vélocité l'avait encore une fois sauvé ! Notre roi de la rapine était d'humeur badine car son larcin allait forcément réconforter Pépito. Ne serait-ce qu'un peu ! Et en effet, ce dernier cessa toute plainte – au moins pour un temps ! – lorsque Gaspar alluma les bougeoirs dérobés. Que c'était fort agréable pareille lumière ! Subitement Pépito y voyait bien plus clair, lui qui jusque-là devait se contenter des faibles rayons qui filtraient au travers de la

---

[11] Le Foyer de la danse était réservé aux beaux messieurs qui venaient rendre visite aux danseuses. C'était l'univers par exemple du peintre Degas.

trappe et par les petites brèches des parois. L'endroit se révéla tout à coup moins sinistre et beaucoup plus accueillant.

Et les jours suivants, de chandeliers et de bougies il n'en resta plus un dans tout l'opéra ! Sitôt remplacés, ils étaient derechef chapardés ! On se gratta la tête pour connaître l'auteur de tels forfaits et débusquer le criminel. D'autant plus que bon nombre d'objets avaient mystérieusement disparu dernièrement. Certains suspectèrent le fantôme d'en être à l'origine. Mais l'affaire ne fut point résolue. Gaspar ne se soucia guère d'avoir provoqué une telle agitation. Seule la mine réjouie de son ami Pépito lui importait. Et c'est les yeux pétillants que nos deux compères sursautèrent à l'unisson quand la trappe grinça et se souleva. Mazette !

- Ce n'est pourtant ni le jour et encore moins l'heure de gaver les poissons ! s'exclamèrent-ils en chœur.

Les flammes des candélabres furent soufflées et s'éteignirent dès que l'ouverture de bois se rabattit. Des pas résonnèrent alors dans l'obscurité. Puis plus rien.

- Quelle étourdie ! maugréa Madeline. Dans la précipitation et l'excitation du moment, la jeune fille avait oublié d'apporter de quoi s'éclairer. Les mains plaquées contre le béton froid et humide, elle avançait à tâtons, ne distinguant que peu de chose autour d'elle. Il lui avait pourtant semblé percevoir de la lumière à son arrivée. Elle sentait le bassin d'eau tout proche et craignait d'y plonger accidentellement. Optant pour la sagesse et non la témérité, elle rebroussa chemin en se promettant de revenir le lendemain bien mieux équipée. Quelle déconvenue ! Elle qui s'était félicitée d'avoir réussi à « emprunter » la clef avec tant de facilité ! Suspendue au mur près du trousseau, Madeline l'avait tout de suite reconnue à son imposante taille et sa forme peu commune. Quant à détourner l'attention de Monsieur Lulu, cela avait été pure formalité. À contrecœur, elle remit discrètement la clef à sa place tout en saluant le vieux gardien d'un timide « Bonne nuit Monsieur Lulu ! ». Elle n'avait qu'une hâte, retourner dans ces bas-fonds… et ôter le voile mystérieux qui y régnait.

Soulagés, Pépito et Gaspar émergèrent de l'eau. Tout danger était à présent écarté. Mais pour combien de temps ? Dans un gargouillis de jurons incompréhensibles, Gaspar pestait. Il était surtout troublé et fort contrarié par cette intrusion. Il avait reconnu la jeune danseuse, c'était celle qu'il avait coutume de croiser la nuit. Et elle n'avait certainement pas surgi ici dans le but de nourrir les poissons ! Ce qui n'était point pour rassurer notre rongeur inquiet. Mais loin d'être à court de solutions, cet éternel fripon se faisait déjà une joie à l'idée d'espionner Madeline et de tout mettre en œuvre pour la détourner de ces lieux. Pépito tout aussi soucieux, était quant à lui peu enclin à raisonner mais beaucoup plus à… verser de grosses larmes, de crocodile évidemment ! « Quel pleurnichard ! » soupira Gaspar. Hors de question de continuer à baigner dans ce déluge de sanglots sans quoi tout Paris le serait bientôt aussi, rumina-t-il pour lui-même. Et dans un regain d'espoir

Gaspar ralluma les bougies. Elles réchauffèrent bien vite les joues humides de Pépito et séchèrent ses larmes. « Le plus heureux des crocos, ce sera bientôt toi Pépito ! Foi de Gaspar ! » assura le pillard de chandelles à son ami qui esquissa alors un début de sourire, chose qu'il n'avait plus fait depuis longtemps.

Le jour suivant, Gaspar ne quitta pas des yeux Madeline, traquant ses moindres faits et gestes. Ce qui ne l'empêcha point de marauder ici et là, les tentations étaient bien trop grandes pour ne pas y succomber ! La nuit venue, il avait amassé dans sa cachette une jolie récolte. Mais il n'eut guère le loisir de s'en réjouir car l'écho de grincements le mit en alerte. Les oreilles dressées, il se rua vers la trappe que Madeline s'échinait à soulever. Tel un guerrier à l'assaut de son ennemi il bondit devant elle, les griffes bien en vue, en couinant à s'en égosiller la voix. La jeune fille fort surprise, crut défaillir face à cette attaque soudaine. Dans l'affolement, elle lâcha la lampe à huile qui chuta dix mètres plus bas, avant que l'ouverture de bois qu'elle peinait à soulever ne retombât dans un bruit assourdissant. Déjà Madeline filait à toutes jambes à travers les couloirs. Gaspar sur ses talons la pourchassait, fendant l'air de ses griffes à défaut d'atteindre les fines chevilles de la danseuse trop rapide. Lorsque Madeline se retrouva hors de l'opéra, le rongeur s'en retourna le souffle court mais la moustache frétillante. C'est alors qu'il aperçut la clef gisant sur le sol près de la trappe. Quelle aubaine ! Au prix de moult tentatives, il parvint à fermer le cadenas et emporta la clef dans son repaire. Mais au fond du corridor il stoppa net sa course, attiré par l'éclat d'un pendentif ambré sur le plancher. La chaîne était brisée. Il l'empoigna pour le fourrer dans son énorme ballot prêt à éclater et fonça rejoindre Pépito, chargé comme un mulet mais gai comme pinson !

Le lendemain, Madeline ne vint pas. À l'opéra on s'en étonna car la danseuse était connue pour son assiduité et son indéfectible amour de la danse. Les prunelles sombres et le visage livide, la jeune fille ne quitta pas son lit, non qu'elle souffrît d'une quelconque maladie mais parce qu'elle redoutait qu'on n'eût découvert le délit qu'elle avait commis ou pis encore qu'on ne suspecte Monsieur Lulu. Avoir volé la clef lui vaudrait probablement son bannissement du théâtre. Elle voyait déjà tous ses espoirs de devenir danseuse étoile s'envoler. Pour qui ? Pour quoi ? Avoir eu la mauvaise idée de jouer les limiers ! Avoir manqué de chance à cause d'un gros rat poilu et fort hargneux ! Dans un profond soupir, elle enfouit sa tête sous l'édredon. « La curiosité est un vilain défaut, Madi ! » Ces mots résonnaient à ses tympans, maintenant qu'elle prenait pleinement conscience de leur justesse. Ces mêmes mots qu'elle avait entendus bien des fois quand son grand-père la houspillait gentiment. Pour se consoler, elle porta la main à son cœur cherchant du bout des doigts son médaillon porte-bonheur. Elle ne le trouva pas. Se pouvait-il que… Malheur ! D'un bond, elle sauta hors de son lit et se précipita en direction de l'opéra. Son collier était forcément là-bas !

Sans clef, les machinistes furent bien embêtés lorsqu'il fallut repaître les poissons. Monsieur Lulu, que l'on questionna rudement ne sut répondre que par des haussements d'épaule répétés quant à sa disparition. Heureusement le pauvre homme, fort respecté, ne fut pas incriminé. Il était plus évident qu'il s'agissait encore d'un larcin. Un bien drôle de chapardage, reconnut-on. Le directeur intima à quelques gros bras de fracturer le cadenas de la trappe. À grands renforts de tenaille et de maillet, il fut alors broyé pour être illico remplacé. Par la suite, la nouvelle clef ne fut point suspendue près du trousseau dans la loge de Monsieur Lulu et le trousseau également déplacé dans un endroit jugé plus sûr.

Quelques mètres plus bas, les lieux baignaient dans une chaude lumière. Confort bien agréable que toutes ces bougies. Et cette lampe à huile comme subitement tombée du ciel, Pépito la gardait jalousement. Sans compter les belles et bonnes choses que Gaspar avait rapportées dans son baluchon. Il avait même fait plusieurs allers et retours pour tout transporter. Pépito en chantonna quelques arias d'allégresse. Loin d'être un ténor à la voix d'or, il braillait plus qu'il ne fredonnait mais peu lui importait ! Gaspar lui, (bien que ravi de voir son ami si guilleret) ne l'entendait pas de cette oreille. Ces couinements infernaux de cochon qu'on égorge lui hérissaient les poils et la moustache !

- Tais-toi donc ! On risque de nous repérer là-haut !

grimaça le rongeur en se bouchant les esgourdes de ses pattes. Tu vas finir par faire plus de vacarme qu'avant. C'est pas croyable ! Tiens, écoute plutôt, reprit-il en exhibant devant Pépito le médaillon trouvé la veille. D'un coup de griffe Gaspar l'ouvrit, c'est alors qu'une douce mélodie s'égrena, d'abord lentement avant que les notes flûtées ne s'accélèrent et s'envolent. Le pendentif semblait osciller devant le crocodile, comme doué d'une vie propre. Jamais il n'avait vu pareil objet chanter ! Quel curieux collier ! s'exclama-t-il, les yeux écarquillés et brillants. Gaspar s'était fait la même réflexion lorsqu'il l'avait ouvert la première fois. Et pourtant des bijoux il en avait chipé plus d'un. Il était fin connaisseur en la matière mais jamais il n'avait touché semblable orfèvrerie. D'autant plus qu'au centre du médaillon s'animait une danseuse tout de doré vêtue. Elle tournait autour du cadran comme l'aiguille d'une horloge. À l'intérieur du rabat de la médaille était encastré le portrait gravé d'un homme à la barbe bien fournie et aux sourcils épais.

S'engouffrant dans le théâtre telle une furie, Madeline hors d'haleine et la mine défaite, fit une entrée fracassante. Aux saluts des autres artistes, elle répondit à peine, trop absorbée à scruter le plancher. Beaucoup se joignirent à elle lorsqu'on l'interrogea sur ses recherches. Mais personne ne trouva le moindre collier. Au bout de plusieurs heures de fouilles minutieuses, les contributions se raréfièrent jusqu'à ce que chacun finisse par rentrer chez soi, laissant seule Madeline au cœur de la nuit. « C'est probablement l'œuvre du voleur qui sévit ici ! » lâchèrent certains en partant. « Ou peut-être bien celui du fantôme » murmurèrent d'autres. Autant dire que ces propos anéantirent le peu d'espoir que Madeline gardait encore. Elle fondit en larmes sous les yeux impuissants de Monsieur Lulu. Il tenta bien de la consoler mais rien n'y fit. Jusque-là son médaillon ne l'avait jamais quittée et lui avait toujours porté chance. Elle aimait sentir son léger poids contre son thorax. Il la rassurait. Il la protégeait. De cela elle en était sûre. Cependant trop particulier qu'il était, elle ne l'avait jamais ouvert devant quiconque hors de la maison, le protégeant ainsi de tous regards envieux ou indiscrets. Un bijou d'autant plus précieux qu'il était unique. Madeline se souvenait parfaitement du jour où son grand-père le lui avait offert pour son septième anniversaire. Elle avait été immédiatement émerveillée et envoûtée. Théodore, le grand-père de Madeline, exerçait alors le métier d'horloger. Dans toute la profession, on admirait la qualité et la finesse de ses pièces ouvragées, on s'émerveillait devant la précision de ses mécanismes, on appréciait ses compétences indéniables quant aux réparations. Le soir dans son arrière-boutique, l'homme s'essayait secrètement aux inventions, travaillant des heures durant à la création et la fabrication de nouveaux objets. C'est ainsi qu'il façonna le médaillon. Par un ingénieux mécanisme, une petite danseuse recouverte de feuilles d'or et sertie de perles pivotait au rythme de la comptine préférée de Madeline. Celle-là même que Théodore avait apprise et fredonnée maintes fois à sa petite-fille bien aimée. Fascinée par les pirouettes et par la ballerine finement ciselée, c'est à cette époque que Madeline se prit de passion pour la danse. Le pendentif – que le vieil homme avait murmuré à la fillette être magique – fut le dernier souvenir que Madeline conserva de Théodore car il mourut peu de temps après lui en avoir fait cadeau. Dans l'opercule du médaillon, la jeune fille avait alors glissé un portrait de son aïeul, si cher à son cœur. C'est pourquoi Madeline était inconsolable.

Les yeux rougis, elle erra comme un spectre dans les couloirs toute la nuit en espérant voir miraculeusement réapparaître le bijou. En vain. Au petit matin, les pupilles hagardes elle se résolut enfin à quitter les lieux. La tête basse et les épaules voûtées elle traversa le hall d'un pas lourd de fatigue et de désarroi, sans un regard pour Monsieur Lulu. Ce fut seulement une fois parvenue sous le ciel gris et menaçant qu'elle se retourna lentement vers le bâtiment. Le poing fermé contre sa poitrine, elle se fit alors la promesse de retrouver son médaillon sans quoi elle n'enfilerait plus jamais ni tutu ni chaussons.

C'était la première fois depuis qu'il était reclus dans ces souterrains que Pépito s'endormit comme un bienheureux, en écoutant et en admirant le pendentif. Aucun cauchemar ne vint l'assaillir. Mieux encore ! De doux rêves l'avaient bercé et de gros ronflements il avait poussés ! (Au grand dam de Gaspar qui ne put fermer l'œil). On ne l'y reprendra plus à camper ici, loin de la quiétude du grenier d'à côté et de sa moelleuse couchette de paille. Les nuits suivantes se succédèrent dans la même tiédeur ouatée pour Pépito. Le même songe l'envahissait : il se voyait à la ménagerie, alangui près du bassin. Repu après un repas gargantuesque, il observait lascivement les visiteurs. De l'autre côté des traverses de la cage, une petite fille sautillait gaiement en tenant la main d'un homme âgé. Ces deux-là, il les connaissait bien et les aimait tout autant. Pas une semaine ne s'écoulait sans qu'ils ne viennent saluer Pépito. D'humeur toujours joyeuse, l'homme et l'enfant fredonnaient souvent une chanson en s'émerveillant devant les animaux et notamment devant Pépito. Ce qui ne manquait pas de remplir de fierté le petit crocodile. C'est alors qu'il se souvint… Ce rêve n'était pas qu'un mirage, c'était bien plus que cela ! Cette scène, il l'avait vécue bien des fois il y a fort longtemps, lorsqu'il était grand comme trois petits pieds. Et cet air qu'ils chantonnaient lui était tout aussi familier. À présent il en était certain ! N'était-ce pas celui du médaillon ? Et à bien y réfléchir, le visage du vieil homme d'antan ressemblait étrangement à celui du bijou. Il n'en fallut pas davantage pour que Pépito fût submergé par l'émotion, pensant à feue sa maman. De grosses larmes roulaient sur ses joues, l'une s'écrasa lentement sur la danseuse du collier qui trottinait au rythme des notes de musique. Alors la ballerine stoppa net sa danse et la mélodie cessa aussi.

- Quel gros pleurnichard de crocodile je fais ! bougonna Pépito, fort contrit d'avoir probablement endommagé le mécanisme du pendentif malgré lui. D'un coup de patte il le referma. Heureusement la musique s'égrena de plus belle lorsqu'il le rouvrit. Mais il n'eut pas le temps de s'en féliciter qu'un petit être volant lui chatouillait le nez. Il crut d'abord qu'il s'agissait d'un papillon fort taquin. Supposition certes incongrue en ces lieux…

- Aurais-tu quelque gros chagrin pour m'avoir arrosée de la sorte ? susurra la créature. Pépito tout penaud, en bafouilla un chapelet de mots confus.

- Il n'est guère dans mes habitudes de m'envoler ainsi. Je dois bien avouer que j'étrenne ces ailes pour la première fois ! reprit-elle en s'extasiant et virevoltant autour du crocodile.

- Mais rien n'est dû au hasard… Tes larmes ont transformé l'ange gardien que je suis en fée. En quoi puis-je t'être utile ? Pépito resta d'abord bouche bée devant les propos de la fée. Et il ne put retenir un hoquet de surprise lorsqu'il remarqua la disparition de la danseuse à l'intérieur du bijou. Se ressaisissant, il sauta alors sur l'occasion pour exprimer son désir de retourner chez lui au Jardin des Plantes.

- Pourrais-tu me libérer de ces murs ? demanda-t-il du bout des lèvres sans trop y croire.

- Bien sûr ! Ce médaillon a le pouvoir de remonter le temps. Pour cela, il suffit que je reprenne ma place sur le cadran pour tournoyer en sens inverse. Alors le tour sera joué ! s'exclama-t-elle. Mais dans un soupir d'ajouter :

- Cependant, il faut me promettre de restituer ce collier à sa propriétaire. Il s'agit d'une jeune fille répondant au prénom de Madeline. Elle est danseuse à l'opéra. Il est très important que je continue à veiller sur elle, conformément au souhait de son aïeul. Je compte sur ton filou d'ami Gaspar pour t'y aider.

Sur ces derniers mots et conseils, elle posa gracieusement ses pieds dorés sur l'aiguille vide, au centre du médaillon et pria Pépito de le refermer. Lorsqu'il le rouvrit, après quelques instants d'hésitation, la musique retentit de nouveau mais d'une drôle de manière. Il eut à peine le temps d'apercevoir la petite danseuse que tout se mit à tourbillonner autour de lui. Le cœur battant et les paupières closes, il lutta alors pour ne point céder à la nausée. Heureusement, bien vite la tornade laissa place à une sensation de calme et de chaleur. Quand il se hasarda à ouvrir un œil, Pépito comprit mieux ce sentiment soudain de bien-être. Il était à enfin revenu parmi les siens. Il en éructa de plaisir ! Loin d'être aussi ravi, Gaspar ne comprit point par quelle mauvaise magie il avait subitement atterri dans cette fosse grouillante de reptiles. Lui qui la minute d'avant rapinait la moustache satisfaite dans l'enceinte de l'opéra, se retrouvait à la merci d'une meute de prédateurs mastodontes aux dents acérées comme des épées.

- Nom d'un fromage moisi ! baragouina-t-il, n'osant à peine bouger d'un poil de crainte d'être croqué sur le champ. Heureusement, les crocodiles n'accordèrent même pas une œillade au rongeur qui en fut fort soulagé. Et Pépito se fit une joie de lui expliquer en détail les derniers événements. D'abord incrédule, Gaspar dut admettre que le crocodile n'affabulait point, sans quoi il serait toujours à marauder dans l'opéra ! Et finalement il se réjouit d'être revenu des mois en arrière. Un fantôme errant dans l'opéra ? Personne n'en avait eu vent. Une subite montée des eaux du lac ? La question aurait amusé plus d'un machiniste. Car il va sans dire que de tels incidents n'étaient point survenus pour le commun des mortels. Cela fit bien les affaires de Gaspar qui un sourire jusqu'aux oreilles, se félicita d'avoir eu la patte grappilleuse en repérant et ramassant le médaillon perdu. Mais le rongeur se figea vite et son sang ne fit qu'un tour lorsqu'une promeneuse s'arrêta devant le bassin aux crocodiles pour observer Pépito avec insistance. Le crocodile aussi l'avait reconnue même si elle avait bien grandi. Cela faisait des années qu'elle n'était plus venue. Alors n'écoutant que son courage, Gaspar fila déposer le collier aux pieds de la jeune fille. Et hop ! Ni vu ni connu… une pression sur le lacet de chaussure suffit à attirer l'attention de Madeline vers le sol. Gaspar détala aussitôt et déjà la jeune fille tenait le bijou contre son cœur en suivant d'un œil étonné Gaspar qui s'enfuyait en galopant comme un dément.

- Il ne manquerait plus que j'égare mon médaillon, marmonna-t-elle pour elle-même, à moitié affolée.

Et dans un soupir de soulagement, elle remercia le rat – qui venait de filer entre ses jambes – de lui avoir évité une telle catastrophe. Puis un sourire en coin et l'air amusé, elle se promit qu'elle ne chasserait plus jamais à coups de talon, le mulot qui avait coutume de semer la zizanie dans l'opéra. Et elle éclata de rire en songeant qu'un petit rat en repoussant un autre, de toute façon cela ne se faisait pas ! La mine satisfaite, Gaspar et Pépito regardèrent s'éloigner Madeline, elle sautillait allègrement et offrait un visage radieux.

Et ensuite, me direz-vous ? Et bien la vie se fit plus sereine ou presque... Pépito nagea à nouveau dans le bonheur parmi les siens. Il ne s'aventura plus hors du Jardin des Plantes et plus jamais il ne versa de grosses larmes de crocodile. Gaspar avait définitivement élu domicile dans les combles de l'opéra. Il cessa néanmoins de vadrouiller dans les tréfonds du bâtiment, n'y trouvant plus aucun intérêt. Il était bien plus agréable de chaparder aux étages et ô combien alléchant de se régaler aux quatre coins du théâtre tantôt avec de moelleux morceaux de fromage, tantôt avec des croûtons de pain et des graines, petites attentions que Madeline ne manquait pas de semer discrètement pour Gaspar depuis la promesse qu'elle s'était faite à la ménagerie. Le rongeur et la danseuse étaient même devenus secrètement complices. Lorsqu'ils se croisaient, ils se saluaient d'une caresse sur le dos et d'une léchouille au creux de la main. Quant à Madeline, il n'était pas rare de la voir déambuler du côté du bassin aux crocodiles du Jardin des Plantes, tout comme un certain Gaspar, en fredonnant quelque comptine l'œil brillant, d'autant plus brillant, que la jeune fille était à présent auréolée du titre de danseuse étoile.

Cependant, une drôle de rumeur circula bientôt à l'opéra. Puis elle finit par se répandre comme un feu de paille dans la capitale et bien au-delà. Les lieux étaient le théâtre de petits mais curieux pillages depuis longtemps déjà. La faute à un certain Gaspar, subodoriez-vous ! Mais inquiétude et suspicion s'amplifièrent lorsque certains techniciens découvrirent par hasard nombre d'objets incongrus gisants dans les sous-sols de l'édifice. On ne recensa pas moins d'une centaine de chandeliers et candélabres à moitié consumés. Or de bougies, Gaspar n'en avait point dérobé depuis que Pépito avait regagné son foyer. Phénomène plus étrange encore, on perçut de plus en plus souvent de curieux échos de voix entre les murs. Rapidement, dans tout Paris il se murmura que l'opéra était hanté…

Ce qui ne manqua point de susciter chez Madeline le désir de percer le mystère…

Ce qui ne manqua point chez Gaspar d'éveiller mille interrogations et provoquer bien des soupirs…

Et le petit rongeur de grogner : « Par la moustache d'un matou enragé ! Ça ne va tout de même pas recommencer ! »

Alors si d'aventure il vous venait l'envie de déambuler du côté de l'opéra Garnier, ne soyez point surpris par quelques gémissements sibyllins…

Et veillez à garder vos sacs bien fermés !

Le triomphe de Napoléon

Olivier Mazé

« Génie ! Je suis un Génie ! » s'écria Napoléon, filant dans la nuit en cachant quelque chose sous son manteau.

Quelques minutes auparavant, il avait regardé un épisode de « Bip Bip et le Coyote ». Tout cela lui avait donné une brillante idée ! Il pouvait le faire !

Il sortit un amas de cordes et commença son « travail ». Il n'eut pas longtemps à attendre avant de voir le résultat : encore raté ! Il remballa le matériel et repartit comme il était venu, les mains « vides » ou presque.

Il repensait à présent à ce que ses parents, Monsieur et Madame Charpentier lui avaient dit à propos de son prénom : « Nous avons décidé de t'appeler Napoléon, mon fils, car tu feras de grandes choses ! »

Eh bien, ils s'étaient trompés sur toute la ligne ! Qu'est-ce qu'il avait fait depuis les vingt-cinq dernières années ? Il avait eu son bac, grâce notamment à un 20 en histoire. Sur quel thème ? Je vous le donne en mille : Napoléon, grand bâtisseur. Il avait tout appris sur cet homme dont il portait le nom, ce qui lui avait valu des remarques méprisantes de certains camarades. Et il n'était vraiment pas fier de porter ce prénom. Ses parents lui avaient laissé un trop lourd fardeau. Alors il n'avait qu'une solution : réussir à voler l'un des plus grands chefs-d'œuvre de Paris !

Il avait déjà eu beaucoup d'idées, toutes plus originales les unes que les autres. Mais aucune n'avait abouti. Une fois de plus, il rentrait chez lui la tête basse, en songeant déjà à ce qu'il ferait le lendemain.

À peine levé, il se planta devant l'ordinateur et lança une recherche sur internet : « Disparition monument David Copperfield ». L'idée lui était venue après une conversation sur Volalatire.com. Lupin_93, à qui il avait exposé ses plans, l'avait charrié en lui rappelant les illusions mémorables du magicien. Mais après tout... pourquoi pas ? Il tomba sur un film de la disparition de la Statue de la Liberté. Voici ce qui semblait la plus fantastique des idées ! Il n'avait plus qu'à réaliser le même exploit. Et alors, peut-être serait-il reconnu à sa juste valeur.

Trouver le gigantesque voile pour couvrir le monument fut le plus compliqué. Cinquante mètres de haut, c'est titanesque ! Mais rien ne pouvait arrêter Napoléon ! Des soldes inopinées dans un magasin de tissus l'aidèrent à fabriquer cet accessoire indispensable. C'était certain : il allait réussir !

À la nuit tombée, il prit le métro comme à son habitude et, cheminant sur la grande avenue, se répéta combien il pouvait avoir des idées de génie ! Parvenu au pied du monument, il sortit un rouleau de voile. Napoléon le lança de toutes ses forces au-dessus de lui, espérant recouvrir l'édifice. En vain.

Après plusieurs tentatives et une belle bosse sur le crâne, le jeune Charpentier se rendit à l'évidence : il n'y parviendrait pas comme cela. Et certainement pas de nuit où l'on n'y voit goutte.

Il repartit d'un bon pas, l'air plus déterminé que jamais, son précieux accessoire sous le bras : demain serait le grand jour !

Il était neuf heures quand Napoléon émergea de son sommeil. Après un copieux petit déjeuner, il dressa, non sans excitation, la liste du nécessaire pour arriver à ses fins : de solides grappins avec leur lanceur, un baudrier d'escalade et surtout l'énorme rouleau de tissu. Sur la route, il comptait acheter un livre de tours de magie en tout genre afin de faire au moins aussi bien que David Copperfield.

Il s'encouragea une dernière fois avant de quitter son appartement et prit son chemin quotidien, harnaché de son matériel. Il allait en mettre plein les yeux aux touristes et aux Parisiens ! Tout était déjà prévu : lorsqu'il se serait hissé au sommet, il attendrait la nuit avant de faire disparaître ce grand chef-d'œuvre d'un simple tour de magie.

Aux pieds du « colosse », il dut s'avouer que de jour, il paraissait vraiment haut ! Mais il s'était interdit de renoncer cette fois-ci. Les manches retroussées, le regard plissé par le soleil mais rempli de détermination, il visa avec le lanceur et tira. Le premier jet fut le bon et le grappin mordit quand il ramena la corde vers lui. Il commença son ascension sans se soucier des regards autour. Après cinq mètres, il commit l'erreur de regarder en bas. Il avait le vertige, comment aurait-il pu le savoir... Il se sentait incapable de poursuivre l'ascension. Ce fut uniquement après avoir reposé le pied au sol qu'il prit conscience de ce qui l'entourait : la foule, les voix, sans négliger les sirènes de police qui résonnaient toutes proches.

« La prochaine fois, payez le billet d'entrée », lui lança l'agent de police avec un regard compatissant, après qu'il lui eut expliqué vouloir admirer le paysage du haut du bâtiment. Napoléon suivit le doigt du policier et remarqua alors une foule de touristes japonais perchés au sommet, ils le mitraillaient de flashes. Il se sentit très stupide de n'avoir pas su qu'il suffisait de prendre un ticket pour se retrouver là-haut. Napoléon remballa ses petites affaires, aidé des agents hilares, et poussa un long soupir.

Il ne perdit cependant pas de temps à se blâmer de ce nouveau « raté ». Alors qu'il ressassait cette mésaventure, il survint un événement imprévu. Il ne vit pas l'homme accroupi sur les pavés et le bouscula sans faire attention. Aussitôt Napoléon s'en excusa mais ce qu'il remarqua à cet instant fut comme un déclic. Il savait ce qu'il avait à faire désormais. Si seulement, il avait eu cet éclair de génie plus tôt !

Le soir venu, il s'en fut, armé de précieux outils, en direction du monument.

Bientôt, les rares passants en cette heure tardive crurent entendre un son métallique, comme celui que font deux objets que l'on entrechoque, ils ne savaient d'où cela provenait. L'homme qu'il avait heurté la veille changeait un pavé usé dans l'une des rues de la capitale, avec deux outils élémentaires : un marteau et un burin. Aussi, à présent, Napoléon s'obstinait à faire de même afin d'extraire un morceau de pierre au « Titan ». Quand il y parvint, il poussa un soupir ravi et rangea bien vite ses affaires.

« Génie ! Je suis un Génie ! » s'écria Napoléon filant dans la nuit en cachant un éclat de sculpture sous son manteau.

Chaque nuit dès lors, profitant des quelques minutes d'absence du garde républicain, il revient pour s'emparer d'un morceau de l'Arc de Triomphe.

Il a bon espoir d'y parvenir : s'il ne s'est pas trompé dans ses calculs, l'Arc sera à lui dans 12 768 034 jours seulement.

OLYMPIA
MUSIC-HALL
EDITH
PIAF
D. Marchal 2012

L'Olympia

Pierrette Gobin-Vaillant

Il était une fois un soir d'automne qui ressemblait fort à une soirée d'hiver. Le ciel s'était vêtu de nuages foncés, très foncés, d'un gris anthracite qui tirait parfois sur le noir. Ils libéraient des trombes d'eau tant et si bien que la pluie chantait à tue-tête sur les toits tout en astiquant les trottoirs qu'elle rendait brillants comme des miroirs. Malgré le ciel chagrin, les rues n'étaient pas désertes ; à Paris, les rues ne sont jamais seules. Des piétons, sortis dans la journée, marchaient tête baissée à petits pas pressés, le cou rentré dans les épaules. La pèlerine lourde d'humidité, ils se hâtaient de rentrer chez eux. D'autres, en redingote et robe de gala, le parapluie à la main, descendaient d'une automobile pour se rendre au théâtre ou au cabaret, le sourire aux lèvres, déjà fort enjoués de la soirée prometteuse qui les attendait. Un épicier, désolé de voir le ciel s'effondrer en pleurs, baissait le rideau de fer plus tôt que de coutume. Certainement que les clients se feraient rares ce soir, alors à quoi bon persister.

Et puis, là-haut, au premier étage d'un vieil immeuble délavé, derrière la lucarne sans rideau de leur chambre, deux petites filles, le menton dans les mains et les coudes appuyés sur le rebord de la fenêtre, regardaient l'averse tomber. Elles ne semblaient avoir d'yeux que pour ces rubans que la pluie s'amusait à tresser. Elles ne disaient mot. Non pas que l'ondée exerçât une fascination sur elles. Non pas qu'elles fussent muettes. Elles échafaudaient un plan. Car ce soir, dans le petit appartement familial, le silence s'était invité à table. Les causeries habituelles du dîner avaient cédé la place au bruit des cuillères dans les assiettes. La bouilloire, en fin de repas, avait tant et tant sifflé pour rappeler que c'était l'heure de la tisane, qu'elle s'en était lassée et avait fini par se taire, déçue qu'on l'oublie. Le papa, aussitôt la dernière cuillerée avalée, avait un peu éloigné sa chaise pour lire son journal. Ou faire semblant. Il tournait les pages trop vite pour avoir le temps d'y poser un œil. Et la maman s'était empressée de laver les quatre assiettes pour s'asseoir au bout de la table et feindre d'être accaparée par un brin de couture. Mais son aiguille transperçait le tissu toujours au même endroit dans un va et vient lancinant, sans qu'elle y prenne garde.

La veillée était à peine entamée que déjà, elle demandait à ses filles d'aller se coucher avant d'ajouter sur un ton faussement détaché :

- Au fait, Fanchon, Faustine, j'ai oublié de vous dire. Je ne pourrai plus vous emmener avec moi à l'Olympia. Ils n'ont plus besoin de moi. Ils ont trouvé quelqu'un d'autre pour repasser les tenues des artistes et fleurir les loges. Vous savez, cette jeune dame un peu grande qu'on a déjà croisée dans les coulisses.

Fanchon avait voulu protester, bientôt suivie par la

petite voix de Faustine. Toutes deux s'indignaient de ce choix sans bien en comprendre les conséquences.

- C'est la nièce du régisseur en chef, avait expliqué leur maman. Mais ne vous mettez pas dans cet état, je trouverai sans doute vite un autre travail.

- Mais nous on aimait bien aller à l'Olympia ! La salle est tellement belle ! avait rétorqué Fanchon. Elle a pas le droit. Et puis, elle est moche, bien trop grande et trop maigre. En plus, elle a toujours du noir sous les ongles. C'est dégoûtant !

- Oui, on aimait bien voir les chanteurs et les lumières, avait surenchéri Faustine, la moue boudeuse. Alors, ça veut dire qu'on pourra plus s'asseoir dans les fauteuils rouges ? C'est pas juste. T'as raison Fanchon, elle est pas belle cette dame. Même qu'elle doit avoir de grands pieds, et puis son nez est trop long aussi.

Leur maman avait mis un terme à la conversation par un baiser sonore sur leurs petites joues avant de leur intimer l'ordre d'aller se coucher.

Seulement, voilà, le sommeil se faisait attendre. Les fillettes se tournaient et se retournaient dans leur lit, jusqu'au moment où elles décidèrent d'aller regarder la pluie qui frappait à la vitre avec insistance.

- Faustine ? T'as vu la tristesse de maman ce soir ? a questionné Fanchon.

- Oui, j'ai vu. Et papa ? T'as vu qu'il tenait son journal à l'envers ? Il s'en est même pas rendu compte.

Les deux sœurs s'interrompirent pour entendre des bribes de la conversation quelque peu animée dans la pièce d'à côté. Leur mère relatait à son mari pour la énième fois qu'elle avait été congédiée faute de ne pas avoir préparé avec tout le soin requis, la robe noire de la chanteuse qui se produisait sur scène actuellement. Pourtant, elle était certaine de l'avoir suspendue dans la loge près du paravent, après un repassage soigneux et un amidonnage du col. Aucun pli ne subsistait, elle pouvait le jurer. Quelqu'un était intervenu et l'avait ôtée. On voulait l'évincer. Depuis quelque temps déjà…

Leur mère s'était interrompue, la voix au bord des larmes.

Les fillettes échangèrent un long regard, puis lorsque leurs yeux eurent fini de se parler, elles s'étreignirent. Leur décision était prise. Elles ouvrirent en grand la lucarne de leur chambre, s'agrippèrent à une liane de pluie qui les déposa sur le trottoir. Puis, Fanchon étala dans la rigole une des feuilles de platane qui jonchait le sol. La plus grande qui soit. Les deux fillettes s'assirent, plièrent les genoux et, pour ne pas glisser, bloquèrent leurs petits pieds sur les nervures. Fanchon enserra de ses bras la taille de sa sœur. Elles voguèrent ainsi en direction du parc Monceau. Le plan qui avait germé dans leur tête requérait le concours de leurs amies. Pour commencer, elles devaient expliquer la situation à Cabotine, la petite fille caméléon. À cette heure tardive, le parc était fermé, mais Faustine imita la chouette et bientôt, leur copine vêtue de jolies feuilles brillantes, descendit d'un laurier palme. Elles échangèrent quelques mots et demandèrent à Cabotine de les rejoindre rue des Capucines dans le 9e arrondissement, devant la façade de l'Olympia.

Puis, toujours sur la feuille de platane, elles atteignirent le musée d'Orsay où elles attirèrent l'attention de la petite danseuse qui se grandissait sur les pointes pour mieux voir couler la Seine. Force gestes à l'appui, les deux sœurs lui firent comprendre qu'elle devait les rejoindre très vite. Ainsi, quelques entrechats plus tard, la petite danseuse rejoignit Faustine et Fanchon et les trois gamines profitèrent d'une accalmie pour courir vers l'Olympia, bientôt rejointes par Cabotine.

Avant d'entraîner leurs amies par la porte de service, Fanchon et Faustine les laissèrent contempler la façade du music-hall. Elle scintillait du nom de l'artiste inscrit en grandes lettres rouges.

- Un nom d'oiseau ! s'amusa Cabotine, comme ceux du parc Monceau.

Les petites, bouche bée, levaient la tête et, les yeux écarquillés, ne perdaient pas une miette de cette enseigne qui se reflétait sur le trottoir humide. Même l'espièglerie de la petite danseuse avait cédé la place à la curiosité. Comment ce music-hall coincé, presque étouffé entre deux immeubles, si peu large ma foi, pouvait-il respirer et permettre à des artistes de se produire sur scène au point de faire vibrer les murs et les sièges ? La gamine en tutu se prit à rêver qu'elle aussi danserait un jour ici et que son nom s'inscrirait en lettres tellement grandes, qu'elles avaleraient toute la façade. Fanchon, impatiente, la tira par la manche, l'entraînant à suivre les autres. Les quatre fillettes se faufilèrent par la porte sur le côté alors que les ouvreuses commençaient à placer les spectateurs.

L'agitation régnait dans les coulisses. Les machinistes en salopettes grises se dépêchaient de préparer leurs machines. Les éclairagistes juchés sur les hautes échelles réglaient les lumières, inclinaient un projecteur à droite et en ajustaient un autre afin qu'il mette en valeur la silhouette si menue de l'artiste. Près de la scène, le technicien du son, l'oreille collée à un haut-parleur, s'assurait que la voix de la chanteuse serait diffusée dans toute la salle, jusqu'aux balcons. Enfin, les musiciens se hâtaient de regagner leurs loges pour enfiler leur costume. Pendant que tout ce petit monde s'affairait, s'agitait, se démenait dans tous les sens en s'interpellant, en riant ou en râlant, les petites filles franchirent allègrement tous les interdits pour pénétrer enfin dans la loge de l'artiste. Habituées des lieux, Fanchon et Faustine savaient qu'elles disposaient de quinze minutes avant l'arrivée de la chanteuse. Pendant que la petite danseuse faisait le guet en esquissant le plus naturellement du monde quelques pas dans le couloir, Fanchon s'empara de la robe noire posée sur un fauteuil. Puis, le regard malicieux, elle l'enfila de telle sorte que son petit pied s'agrippa dans la doublure qui se déchira. Faustine en profita pour tirer très fort sur les boutons qui pendouillèrent aussitôt. Cabotine s'intéressa au bouquet de roses posé sur la petite table en verre. Elle s'en empara pour rythmer une salsa imaginaire si bien que presque tous les pétales se détachèrent des fleurs. Puis elle vida le flacon de parfum dans le vase. Le bouquet faisait maintenant bien triste mine. Le temps pressait, alors pour terminer, les gamines s'intéressèrent à la palette de maquillage placée juste devant le miroir. Faustine gratta de ses petits doigts les ombres à paupières dispersant des traces de poudre sur la robe noire. Cabotine s'empressa de les remplacer par la poudre dorée qu'elle racla sous ses ongles et qu'elle mélangea avec un peu de terre. Les fillettes ne s'attardèrent pas davantage ; la petite danseuse vint les prévenir qu'il fallait déguerpir et vite. La chanteuse était au bout du couloir. Avant de partir, Fanchon prit soin d'abîmer le peignoir blanc de l'artiste en tirant sur quelques bouclettes en éponge. Puis les petites filles s'éloignèrent en gloussant.

Il était temps, quelques pas séparaient la chanteuse de sa loge. Quand elle en ouvrit la porte, elle resta tout d'abord figée, surprise par l'odeur.

- Mais ça pue ici ! C'est entêtant ! Que s'est-il passé ?

Puis, en pénétrant plus avant, elle alla de surprise en surprise. Sa colère se répandit dans toutes les coulisses, faisant frémir le directeur de l'Olympia. Pourvu que sa chanteuse ne s'abîmât pas la voix ! Mais quel était donc l'objet de son courroux ? Quand il en fut informé, il tenta de calmer la dame, mais rien n'y fit : ni les gestes pour l'apaiser, ni les promesses de cachets conséquents. Rien ! À bout d'arguments, il l'implora :

- Ma grande, mon immense artiste, dis-moi ce qui te ferait plaisir, ce qui te procurerait apaisement et je te l'offrirai immédiatement.

La réponse de la dame fut brève et percutante :

- Mais bougre d'imbécile, tu n'as donc pas compris ? Congédie-moi sur le champ cette incapable qui me sert d'habilleuse et va-t'en quérir la précédente qui était si soigneuse et dévouée. Ouste, dépêche-toi ! Je ne ferai pas mon entrée sur scène avant qu'elle ne soit à mes côtés.

Et la chanteuse de continuer à grommeler :

- J'avais déjà constaté le manque d'efficacité et de soin de cette personne, mais là, elle dépasse les bornes. Et puis, c'est une mielleuse au goût de fiel. Une usurpatrice. Une minable. Une...

La porte se referma bruyamment avalant les dernières invectives de l'artiste.

Les quatre gamines pouffèrent de rire. Fanchon et Faustine sautillaient de joie à la perspective de voir leur maman revenir travailler à l'Olympia. La petite danseuse, excitée d'être dans une salle de spectacle, ne put se contenir plus longtemps. Elle courut jusqu'à la scène qu'elle traversa en pas chassés sous les applaudissements des spectateurs. Puis, elle la retraversa dans l'autre sens pour venir rejoindre Cabotine, enroulée dans le grand rideau rouge, qui contemplait les trois niveaux de la salle se remplissant peu à peu.

L'espace de quelques instants, Faustine et Fanchon retournèrent près de la loge de l'artiste. En entendant la voix de leur maman qui aidait la chanteuse à enfiler une nouvelle robe noire, les deux sœurs laissèrent quelques toutes petites larmes de bonheur s'échapper. Leurs yeux se parlèrent, se sourirent et elles s'enlacèrent, submergées de joie.

Bientôt, le tour de chant de la vedette à la robe noire allait débuter. Les quatre gamines quittèrent l'Olympia qu'elles entendirent crépiter sous un tonnerre d'applaudissements.

À l'entracte, la dame en noir se précipita dans sa loge, et embrassa l'habilleuse en murmurant :

– Vous êtes une fée !

La maman des petites filles en fut tout émue et ses yeux s'humidifièrent en songeant à ses fillettes qui seraient si heureuses de revoir bientôt les coulisses de l'Olympia.

D. Marchal 2012

Sanson et le Roy

(La Vengeance du roi des pigeons)

Paul Herbreteau

Dans la famille Sanson, je voudrais le fils !

Ses bas de chausse baignaient dans la vaste pièce d'eau du Jardin des Tuileries. L'homme qui s'affairait à prodiguer quelque nourriture aux innombrables pigeons était habillé d'une chemise de toile batiste, et portait haut des cheveux grisonnants et de généreux favoris. Il ne le vit pas arriver sur ses arrières. De l'Allée de Diane, il avait surgi d'un bosquet rougeoyant qu'un automne resplendissant achevait d'envelopper de son manteau. D'un vol altier et assuré, du pourpre vif de ses yeux injectés, il jaugeait le vieillard à l'ouvrage. Dans une myriade d'ailes affairées dans l'art de l'esquive et de l'évitement il daigna s'inviter au festin… L'effervescence de ce singulier manège se dissipa comme par enchantement ; et d'un regard assuré il condescendit à se poser sur le sommet de la fontaine. Ouverte et charnelle comme en offrande aux regards parfois concupiscents, elle trônait magistrale au milieu du bassin.

Un spécialiste aviaire, en un improbable passage, serait resté sidéré par l'étrange apparition : *« Grand Dieu ! Un pigeon à bec rouge, un « patagioenas flavirostris » ! Le pigeon du* Roi *! Le roi* *des pigeons !* »

La base de son bec, ses pattes, et dans une moindre mesure son plumage, étaient d'un rouge sang délavé, de ce rouge sang séché qui s'est figé de par le temps écoulé.

Le vieil homme resta de marbre et sans lever la tête qu'il inclinait dans une étrange raideur, il continua de lancer à l'avenant quelques poignées de ce pain rassis qu'il prenait avec parcimonie dans un sac de chanvre frappé d'un blason fleurdelisé.

« Te voilà enfin ! Mes pas me ramènent ici chaque mois d'octobre que Dieu fait, au 6ème jour. Je suis là ce soir pour la 222ème fois … Je me sens si las ! Me pardonneras-tu jamais ? »

§§§

Le désœuvrement d'un Roi de France, happé dans la tourmente révolutionnaire en ce 6 octobre 1789, avait porté l'exaspération à son pinacle. Le matin même, les émeutiers avaient exigé le départ des Bourbon de Versailles pour les Tuileries où il serait plus facile d'exercer sur eux la surveillance du « bon » peuple tout acquis à la cause des récents événements.

Le Roi avait peine à contenir sa rage et son impuissance. Ses pas rapides et saccadés résonnaient sur le parquet de la galerie du Palais. Elle surplombait un écrin de verdure que formait le jardin éponyme… Le soleil, semblable à celui de son ancêtre Louis, 14ème du nom, était sur le déclin ; et d'une large fenêtre ouverte, la rumeur de la ville qui enflait et se désenflait, lui parvenait par intermittence…

Le Roi s'arrêta un instant et se dirigea vers l'étroit balcon qui s'offrait à sa vue. Perdu dans ses noires pensées, il sursauta quand il le vit arriver.

Le pigeon, trompé sans doute par le miroir qui réfléchissait les images de ses évolutions extérieures, s'engouffra dans la pièce et vint se fracasser contre lui. L'espace d'un instant, le regard du monarque déchu rencontra celui de l'oiseau défait.

Eux seuls furent les témoins de ce qu'ils y puisèrent et purent y lire. L'échange fut bref et d'une intensité insoupçonnée. L'oiseau semblait plaider pour sa vie, le Roi pour sa survie. L'un se morfondait dans une cage dorée, l'autre n'aspirait qu'à en sortir d'un simple coup d'aile…

Le volatile, au plumage d'un blanc immaculé, s'apprêtait déjà à reprendre son envol vers une liberté bientôt retrouvée, quand l'homme, dans une explosion de colère insoupçonnée, s'empressa de refermer les deux battants de la fenêtre. Puis sans plus de cérémonie, il quitta les lieux par une porte dérobée.

Une chape de plomb venait de se poser sur la tête du souverain. De son lit à baldaquin, il entendait les craquements du vieux palais s'égrener dans la nuit, résonant comme des secondes qui le rapprochaient de sa perte. Curieusement, il ne se souciait guère des turpitudes de sa fin de règne à venir, mais ses pensées le ramenaient inéluctablement à l'oiseau qu'il venait de condamner dans un courroux de mauvaise justice, courroux qu'il ne s'expliquait guère.

L'illustre personnage n'y tint plus et, d'un pas décidé, se dirigea vers la galerie qu'il avait si précipitamment quittée quelques heures auparavant.

Près du miroir brisé et maculé de sang, comme une baudruche dégonflée, pareil à un pantin désarticulé, gisait l'objet de son précédent courroux.

Il ne restait rien de cette superbe passée, si ce n'était un amas de plumes qui jonchaient le sol et dont l'insolente blancheur éblouissait la nuit tombée, tout comme le faible éclairage que dispensait encore le suif des quelques rares candélabres qu'on avait rechargés à la hâte. Un courant d'air qui n'avait lieu d'être s'invita dans les plumes. Et sous les yeux incrédules du monarque, se dessina comme un couperet qui s'avança avec majesté vers une autre qui n'en possédait plus que le nom…

Le Roi recula vers la fenêtre, celle-là même qu'il avait refermée si précipitamment, et une force inconnue l'obligea à poser son regard sur ses carreaux.

Malgré la nuit tombée, il n'eut point à écarquiller les yeux pour « LE » distinguer : « IL » trônait bien campé sur le garde-fou (qui n'avait jamais aussi bien porté son nom) du balcon.

La base de son bec, ses pattes, et dans une mesure moindre son plumage, étaient d'un rouge sang, de ce sang mêlé qui n'en finit pas de sécher malgré le temps écoulé.

Ce qu'ils échangèrent n'eut rien d'une œillade. L'un se savait perdu, l'autre, le « Roi » des pigeons, prit son envol en vainqueur…

Dans un dernier roucoulement vengeur où Louis Capet crut entendre : *« Ton tour viendra ! VIENDRA ! Viendraaaaa ! »*,

§§§

Louis s'était rapidement désintéressé de l'incident mémorable qui avait ponctué sa première nuit dans le Palais des Tuileries. Le monde, son monde, était en effervescence dans une ébullition incontrôlée où le meilleur et le pire se côtoyaient, étroitement mêlés. L'instinct de survie dont tout homme est heureusement doté lui faisait murmurer des : *« Mais fais quelque chose ! Prends ton destin en main avant qu'il ne te soit pris ! Dissocie le dindon de la farce comme les petits pois d'un pigeon ! Ah oui… ce mystérieux pigeon, qu'est-il diantre devenu ? Bah ! j'ai bien d'autres soucis en tête ! Où en est notre projet récurrent d'évasion ? Mais que fait donc Axel de Fersen ? Notre Suédois de Comte ferait mieux de précipiter les effets de notre plan… Il a l'oreille attentive de la Souveraine ; je devrais lui en toucher mot... »*

Le cours des événements s'était soudainement accéléré aux alentours du 20 juin 1791.

Le Roi et la Souveraine avaient sacrifié une dernière fois au rituel du coucher selon le cérémonial que commandait l'étiquette en usage. Comme à son habitude, le gardien des lieux, le Marquis de La Fayette était venu faire la visite de courtoisie habituelle…

Le Roi, désormais Mr Durand, déguisé en valet et devenu par la grâce de son nouveau passeport intendant de la baronne de Korff, piaffait d'impatience dans une voiture de ville, qu'on appelait « citadine » et qui stationnait près des Tuileries, rue de l'Échelle. La Reine aurait déjà dû le rejoindre depuis plus d'une heure. Leur plan d'évasion était organisé à la minute près. Il sortit la tête de la voiture comme le bourdon de l'un des nombreux beffrois de Paris égrenait les douze coups de minuit.

« C'est étrange ! se prit-il à penser. *Les pigeons sont de sortie ce soir... »*

En effet, il les apercevait en vols serrés, ils tourbillonnaient, virevoltaient en une sarabande qui se voulait à la fois lente, noble mais aussi et paradoxalement effrénée. Le Roi fut immédiatement frappé par l'inhabituel silence qui les accompagnait : aucun roucoulement, aucun des claquements qui précèdent un changement brutal de cap dans lesquels les oiseaux excellent… Si ce n'était cet autre volatile en leur centre qui jabotait à tout rompre et dont les yeux d'un rouge étincelant semblaient fixer le monarque.

Le Roi tendit une oreille attentive…

Il rentra précipitamment la tête. Ses cheveux se dressèrent. Il avait cru entendre :

« Ton tour viendra ! VIENDRA ! Viendraaaaa ! »…

L'émoi l'habitait encore quand une forme agitée se faufila enfin en direction de la voiture. Elle s'y engouffra. La ci-devant citoyenne : Mme Rochet (gouvernante des enfants de Mme de Korff) alias Marie-Antoinette de France, venait de rejoindre le petit groupe des fuyards.

- Vous voilà enfin Madame ! Nous n'y croyions plus ! Cela fait des lustres que nous aurions dû quitter les lieux ! Mais que vous est-il arrivé que diable ?

- Si vous saviez Monsieur ! Je dois l'infortune de m'être fourvoyée à un vol de pigeons qui n'a cessé de me poursuivre de ses assiduités depuis mon départ précipité du palais. Mais le plus étrange, c'est que leur harcèlement n'avait d'égal que le silence avec lequel ils se déplaçaient. »

La voiture s'ébranla comme à regret ; les ressorts de la suspension à lames ne cessèrent de se plaindre et de gémir sur les pavés disjoints : anticipation d'un destin qu'une fatalité venait de sceller…

Quelques minutes plus tard, ils empruntaient une berline flambant neuve et des plus confortables. Elle les attendait avec impatience, eu égard aux hennissements de ses six fiers destriers que maîtrisaient avec peine un nombre égal de postillons. Elle était de couleur verte ; le train et les roues habillés d'un jaune citron.

§§§

Jean-Baptiste Drouet, maître de poste de Sainte-Menehould, à quelques cinquante lieues à peine à l'est de Paris, n'aurait jamais dû cette nuit-là se trouver sur la route du Roi de France en fuite. Il aurait dû dormir du sommeil des justes après une journée harassante ; si ce n'avait été l'explosion d'un carreau de la fenêtre de la pièce qui lui servait de chambre et qui l'avait réveillé en sursaut…

Un volatile au plumage d'un blanc immaculé achevait d'agoniser sur le plancher. Sur le rebord extérieur, Drouet crut entendre le bruit feutré si caractéristique d'un claquement d'ailes qui arrache à la pesanteur le corps qui les porte. D'un bond, il fut près de la fenêtre et tira sur la poignée de l'espagnolette. Il n'eut que le temps d'entrapercevoir un pigeon à bec rouge, aux yeux rougis d'une haine inextinguible, il se posait sur le toit d'une riche berline. Sous une nuit de pleine lune, il n'eut aucune peine à en discerner l'éclat : elle était de couleur verte, le train et les roues habillés d'un jaune citron. Cette dernière acheva de traverser en trombe le village, au mépris du sommeil de ses habitants comme si elle craignait d'être rattrapée par le mouvement inéluctable d'une histoire en devenir…

Jean-Baptiste Drouet se souvint alors du passage de l'estafette dépêchée par le Marquis de La Fayette depuis Paris, et annonçant la fuite des Bourbon et les caractéristiques de leur voiture. Il avait eu tôt fait d'enfourcher le meilleur cheval du relais de poste et de se lancer en direction de Varennes à la poursuite des fuyards.

Perdu dans ses pensées, il aurait sans doute manqué la berline si son cheval n'avait brusquement bifurqué vers une autre route à l'entrée de la ville, effrayé par un vol aussi soudain qu'inattendu de ramiers…

En partie dissimulée de la lumière blafarde de la lune, sous la ramure de quelques arbres de haute tige, la berline semblait s'être fourvoyée et paraissait embourbée jusqu'au moyeu… Les tractions répétées des six chevaux qui la tiraient ne faisaient qu'empirer la situation…

Jean-Baptiste Drouet se serait sans doute autorisé un sourire de victoire si ce n'était l'étrange volatile bien en vue sur le toit de la voiture et dont le regard rouge de ses yeux injectés semblait savourer son ultime avantage…

§§§

Sur la Place de la Révolution, rebaptisée depuis « Concorde », en ce 21 janvier 1793, Charles-Henri Sanson s'affairait aux préparatifs d'une nouvelle exécution. Il était issu d'une longue lignée de bourreaux officiels où le père transférait la charge à son fils tout en se passant des services du Saint Esprit. Il avait personnellement veillé à ce que la machine du bon docteur Guillotin soit parfaitement affûtée. Le couperet avait fait l'objet de ses soins les plus attentifs. Ce n'était pas tous les jours que l'on se devait de raccourcir une tête couronnée dont l'effigie ornait encore les sols d'argent, sols qu'il recevrait un peu plus tard pour rétribution de sa besogne.

« Louis Capet, le tyran ! », ainsi que le surnommaient dorénavant ceux qui jadis l'avaient vénéré, était arrivé vers les 10 heures sous les huées et quolibets de la foule… Il était vêtu de bas de chausse que recouvraient en partie une longue chemise de toile batiste…

La foule s'était tue. Elle ne voulait pas perdre une miette de l'exécution du monarque déchu…

Il voulut s'exprimer mais un roulement de tambour couvrit sa voix, cependant dans ses mémoires, Charles-Henri Sanson se souvint avoir entendu :

« Viendras-tu une fois ultime me défier
Dans les prémices de ma mort annoncée ?...
Me pardonneras-tu quand ma tête aura roulé
D'une sublime chute dans le panier d'osier ?... »

Au moment où l'on entendit le couperet siffler à 10 heures 22, venu de nulle part, un vol de pigeons d'un blanc immaculé vint s'éparpiller parmi la populace…

Dans un dernier sursaut, le condamné baissa les yeux et il « LE » vit sur le rebord du panier d'osier.

Dans cette ultime parade qui n'avait rien de nuptiale, les yeux injectés de pourpre vif, le roi des pigeons savourait son ultime victoire…

D. Marchal 2012

D. Marchal 2013

Fleurs d'étoiles au cœur de la Sainte Chapelle

Juliette Chaux-Mazé

Il fait bien froid ce jour-là sur Paris. L'hiver a décidé de montrer sa force et le gel, la neige et le vent du Nord glacent le moindre recoin des rues. Même le roi dans son palais grelotte.

Sa mère est morte moins d'un mois plus tôt : la reine Blanche, si juste et si pieuse, s'en est allée. Le cœur du roi se serre, le cœur du roi a froid. Il n'a envie de rien et la nuit glaciale au-dehors le glace au-dedans.

Son épouse et ses enfants sont dans leurs appartements : ils se préparent pour la messe de minuit, qui sera célébrée dans quelques instants.

Car en ce soir sombre de 1252, c'est la Noël.

Le roi est très pieux. Il rajuste sa tunique brodée d'or et se lève en soupirant. Il va prendre place dans la chapelle haute, auprès de sa famille déjà en prière.

Les chandelles que les serviteurs ont allumées dans la soirée illuminent de reflets changeants les fins piliers qui se perdent dans l'obscurité du plafond, noir comme la nuit. Dans cette lumière timide, le bleu royal qui paraît si vif au soleil prend des allures de néant. Les vitraux, du haut de leurs quinze mètres, observent la nef dorée d'un regard creux, brillant de-ci de-là d'un éclair rouge ou bleu.

Dans la Sainte Chapelle, les murs absents laissent entrer le froid plus vivement encore et la légèreté de l'architecture semble bien fragile au-dessus de leurs têtes.

En-dessous, juste en-dessous, d'autres gens prient, dans la chapelle basse. Elle est plus sombre, mais à la lueur des bougies, on remarque les dorures fines et les teintes vives des peintures ; elle est plus basse, mais serrés les uns contre les autres dans leur ferveur, les croyants n'ont pas froid ; elle est plus massive, mais avec ses piliers solides et nombreux, on se sent en sécurité. Elle supporte tout le poids de l'édifice et le roi, ce soir, supporte tout le poids de la mélancolie.

Il écoute le prêtre d'une oreille distraite, ses pensées perdues dans les entrelacs des colonnes. Mécaniquement, il se signe et se lève, la messe terminée. Il frotte ses mains l'une contre l'autre pour les réchauffer. Son plus jeune fils y glisse la sienne, violacée : « Père, dit-il, j'ai froid. »

Le roi regarde son fils : ses beaux cheveux blonds tombent en boucles sur ses épaules couvertes de velours bleu. Les manches de son pourpoint sont épaisses et chaudes. De la fourrure réchauffe son cou si blanc. Ses chausses sont en grosse laine et ses sandales en cuir brodé. Et pourtant, le petit grelotte.

Le roi serre fort la main de son fils et il pense à sa mère : elle aimait s'occuper des enfants. Elle pensait, en sage politique, qu'ils étaient un bien précieux car ils représentaient l'avenir du royaume, pauvres ou riches, manants ou princes. Elle avait même fait créer un orphelinat pour accueillir les enfants des chevaliers tombés en croisade. Mais la reine Blanche de Castille est morte. Et en cette nuit de Noël, même les enfants de roi ont froid.

Alors le roi pense aux enfants qui ne sont pas princes, aux enfants qui n'ont eu qu'une soupe claire à dîner, et à ceux peut-être, qui n'ont qu'un toit de paille pour les protéger de ce vent violent.

Alors le roi pense aux petits gueux de Paris, à ceux qui se faufilent entre les étals du marché, à ceux qui dorment sous les bancs des églises, à ceux qui n'ont pas de maison, pas de pain, pas de famille.

Alors le roi lâche la main de son fils et se dirige vers le Palais qui jouxte la Chapelle. Les gardes le saluent quand il passe devant eux. Il s'arrête devant son lieutenant, un brave homme père de quatre enfants. Le roi sait ce qu'il a à faire, alors il dit :

« Envoyez vos hommes par les rues de la ville. Ramenez ici tous les petits enfants que vous verrez, tous les petits mendiants que vous trouverez. Soyez gentils, soyez doux, ils auront peur de vos armes et de vos voix rudes, mais amenez-les au chaud, amenez-les ici. Tous, sans exception, tous ceux que vous pourrez trouver. »

Et dans la nuit glaciale, sous le regard étonné des étoiles si luisantes dans le ciel gelé, la garnison, au pas de course, fouille les ruelles et les recoins, les bords de Seine et les églises. Bras dessus, bras dessous, on voit revenir les grands gaillards avec les petits miséreux trouvés au hasard de la nuit. Ils sont un peu surpris d'entrer dans la Chapelle du palais de la Cité. Elle est belle, ils croient rêver !

Pour leur faire honneur, le roi a fait mettre des centaines de chandelles sur les chandeliers, si bien que, dans la Chapelle Basse, on se croirait en plein midi. L'or des voûtes renvoie des reflets solaires, tandis que les piliers rougeoyants semblent les flammes d'un bon feu de bois. Les enfants vêtus de haillons avancent, émerveillés, entre les colonnes, montent les marches basses et touchent les peintures bleu roi du bout de leurs doigts froids.

Lorsqu'enfin, après être passés par les couloirs luxueux du Palais, ils arrivent dans la Chapelle Haute, ils laissent échapper un cri de joie. C'est une forêt d'or et de lumière qui s'élève au-dessus de leurs cheveux crasseux. À perte de vue jusqu'au ciel bleu vif qui les surplombe, vitraux et colonnes fines révèlent tous leurs somptueux détails aux visiteurs inattendus.

Et comme pour parachever le tableau enchanteur, un son de viole virevolte dans les airs. Un musicien, assis sur un petit tabouret, chante tel un oiseau rieur. Les enfants, bouche bée, sourient, s'assoient pour mieux profiter du spectacle. Tous serrés les uns contre les autres, dans la chaude lumière de la Chapelle, ils n'ont plus froid.

Quand une succulente odeur de pain chaud vient leur chatouiller les narines, c'est l'explosion de joie. Les dames de compagnie distribuent à chaque petit ventre affamé un michon tout frais, à la croûte tiède et croquante. Les quenottes croquent, les joues rosissent, les yeux pétillent.

Ce n'est que joie et chants !

Et, en point d’orgue de cette nuit magique, quand le musicien fait un tour de passe-passe, les petits manants laissent éclater leurs rires sous les voûtes précieuses. Et chaque rire, chaque note enfantine monte tout là-haut, vers le plafond si monotone. Et à chaque endroit bleu qu'un éclat joyeux touche, une petite étoile apparaît, toute dorée comme le bonheur dans les petits cœurs rassasiés.

Le roi, caché derrière la porte, a tout vu.
Saint Louis sourit ; il n'a plus froid.

Le vent souffle toujours au-dehors, mais ici, il fait bon. Le roi regarde les centaines de petites étoiles sur le plafond qui ressemble au ciel d'une nuit d'été. Il descend dans la Chapelle Basse et admire là aussi le prodige. Alors, lui aussi rit comme il n'avait pas ri depuis longtemps, depuis qu'il était petit enfant. Il est heureux, son cœur est léger et gonflé de joie.

Alors qu'il repart, il plisse les yeux pour mieux voir : sur la voûte basse, il distingue mieux les myriades dorées. Parsemées sur le fond sombre, elles semblent des étoiles, mais puisque par la grâce d'un roi saint, les petits gueux de Paris ont fêté dignement l'arrivée du petit roi de Jérusalem, ces scintillements sur la voûte divine, ce sont des fleurs de lys.

MARIE-ANTOINETTE
D. Marchal

La petite bouquiniste de l'Ile Saint-Louis

Marie-France Thiery-Bertaud

Elle peste de ne pas être en compagnie de ses copines. Elle ronchonne contre son père qui l'oblige à rester avec lui sur ces bords de Seine tristes à mourir. Elle boude parce qu'elle en marre de ces touristes ou vieux messieurs casse-pieds toujours prompts à la déranger pour demander le livre rare qu'elle va être obligée de dénicher parmi tous ces bouquins usagés. Et justement elle ne les supporte plus ces livres anciens dont l'odeur poussiéreuse et les papiers jaunis lui donnent la nausée.

Alors elle bougonne toute seule et envoie promener un client anglais en quête d'un livre sur la Révolution française.

- Miss, auriez-vous *please* un ouvrage sur les derniers jours de Marie-Antoinette à la prison du Temple ?

« Non, elle n'a pas », balance-t-elle d'un ton agressif au pauvre touriste qui s'éloigne en maugréant après ces jeunes écervelées aux tenues bien trop excentriques à son goût. Elle a adopté ce matin son look gothique, celui qui énerve son père, et c'est justement parce que ça l'énerve qu'elle a fait ce choix. Une pure provocation. Collants troués à maints endroits, bottines en cuir, tutu de dentelle transparent et bustier qui lui enserre la taille, pour les vêtements. Côté maquillage, un trait épais de khôl lui souligne les yeux, tout comme ses lèvres. Son père déteste ce total look en noir :

- Mais ma pauvre fille, tu as vu ta tenue ? Tu vas faire fuir les clients.

Elle jubile. Qu'ils fuient… Eh ! bien, ça l'arrange.

Décidément, son père il ne comprend vraiment rien, et c'est normal, les vieux ils ne comprennent jamais rien. C'est ce qu'elle se dit en tapotant nerveusement sur les touches de son téléphone portable : G la N, jSpR ktu va bi1, j'tapLdkej'pe,[12] Elise. Un clic, go, c'est parti pour Charlotte, sa meilleure amie qui, elle au moins, la comprend. Elle soupire et s'assoit en tailleur sur le fauteuil de cuir installé par son père dans un coin de sa petite boutique. Elle sait pertinemment que ça va le mettre en colère, mais elle s'en fiche pas mal. Elle imagine ses copines qui doivent être en ce moment-même dans un cinéma des Champs-Élysées, et elle rage. Ses pensées vagabondent, s'égarent d'un monde à l'autre, celui de ses petites amies, plein de vie, de fête, d'exubérance et celui de son père, un univers tellement démodé, coincé et poussiéreux avec ces vieux livres dont elle connaît tout juste les titres et les résumés. Petit à petit, le sommeil la gagne…

---

[12] J'ai la haine, j'espère que tu vas bien, je t'appelle dès que je peux

- Mdr ! mais c'est quoi ce déguisement, vous allez à une teuf là ou je rêve ?

- Mademoiselle, je n'ai absolument rien compris à vos propos totalement décousus. Je vous prierai de bien vouloir adopter un langage plus châtié, vous ignorez sans doute à qui vous parlez.

- Euh ! Oui, mais vous allez me le dire, et pas la peine d'employer des grands mots, lol.

La jeune femme qui fait face à Elise est vêtue d'une longue robe noire, ce qui accentue son extrême minceur. Un châle de laine blanche recouvre ses épaules, son port de tête est altier mais dans ses yeux fatigués on devine beaucoup de fragilité et surtout une grande lassitude.

Dans la pénombre de la pièce, Elise distingue un lit recouvert d'une toile grossière, et sur ce lit un enfant est allongé et semble dormir. Dans un autre coin de la pièce, deux autres femmes lui tournent le dos et prient, agenouillées à même le sol. Elise se frotte les yeux :

- C'est pas possible, je rêve là. C'est quoi ce binz ?

- Hélas ! non, vous ne rêvez pas. Et ne me dites pas que vous n'êtes pas au courant. Que tout ce peuple, qui grouille là dehors, n'est pas au courant.

- Au courant de quoi ?

La jeune femme tourne la tête et continue à parler sans se préoccuper d'Elise, comme dans un monologue :

- Je suis tellement fatiguée. Mon Dieu, comme elles me manquent, mes allées fleuries des jardins de Versailles. Comme j'aimerais pouvoir me reposer sous les charmilles, avec mon petit Louis à mes côté, humer le parfum délicat des roses.

Elle fixe un instant Elise :

- Vous connaissez Monsieur de Beaumarchais, Mademoiselle ?

Et sans laisser à Elise le temps de répondre, elle poursuit, le visage soudain animé :

- Ah ! Tiens, je me revois avec mes amies lors de la représentation du Barbier de Séville à l'Orangerie. Vous savez, je suis même montée sur scène pour jouer le rôle de Rosine...

Elle se perd dans ses pensées, demeure songeuse pendant quelques minutes. Elise, elle, se demande bien comment elle a pu tomber dans un trou pareil et n'a qu'une envie, se sauver, fuir cet endroit qui craint encore plus que la boutique de son père, se dit-elle en son for intérieur. La jeune femme revient enfin à elle, du regard elle fait le tour de la pièce. Puis elle fixe intensément Elise, son regard s'est durci, ses lèvres émaciées soupirent :

- Je suis, comme ils disent, Marie-Antoinette de Lorraine d'Autriche, veuve de Louis Capet, ci-devant roi des Français et vous voyez ici – ce disant, elle montre l'enfant endormi – mon jeune fils, Louis-Charles.

Elise manque d'en tomber à la renverse :

- Lol ! C'est vrai ? Vous ne me racontez pas de bobard ? Alors ce n'était pas un déguisement ? Ça, c'est trop fort, mes copines ne vont pas me croire. Il faut absolument que je leur twitte votre photo, elles vont la kiffer grave.

- Laulle ? Touitte ? Fauteau ? Quiffé ? Mais qu'est-ce donc que ce langage, aurais-je été enfermée si longtemps dans cette sinistre prison que j'en ai perdu tout sens de la réalité avec mon bon peuple ?

L'enfant gémit et tousse dans son sommeil. La jeune femme s'en approche et lui caresse tendrement les cheveux, ce qui semble l'apaiser.

- Depuis combien de temps sommes-nous ici ? Je ne saurais dire, mais j'ai bien peur que nous n'en sortions pas vivants.

- Mais vous perdez la tête… Oups ! Quelle gourde je fais ! Il a raison papa, je suis la reine des gaffeuses. Excusez-moi, vous n'avez rien entendu. Je voulais juste dire que ce n'était pas possible, vous ne pouvez pas rester enfermée ainsi, il y a sûrement un moyen de vous sortir de là, même si dans les livres d'histoire ils disent que… Ah ! purée, je suis trop grave ! Ils disent que des bêtises dans les livres d'histoire, c'est sûr. Je vais aller chercher mon père, et lui il va vous sortir de là, y'a intérêt, moi je vous le dis. Et il va vous ramener à Versailles. Parce que vous savez, mon père il n'a pas peur. Bon, c'est vrai que des fois il me gonfle vraiment grave, mais dans le fond il est plutôt cool.

La jeune femme sourit pour la première fois, l'envolée verbale d'Elise l'a émue plus qu'elle ne veut le laisser paraître. Ses yeux sont embués et elle se retourne pour cacher sa gêne. Elise en profite pour empoigner son téléphone portable dans le fond de sa poche et elle compose le numéro de son père :

- Papa, il faut que tu viennes, tout de suite, dépêche-toi.

- Elise, arrête de crier, tu veux, calme-toi.

- Mais tu m'écoutes quand je te parle ? Je te dis qu'il faut que tu viennes tout de suite à la prison du Temple. Il y a Marie-Antoinette qui est enfermée, et puis il y a Louis, il dort mais il est malade, et puis il y a deux autres dames, et puis… et puis….

- Elise, Elise, tu te calmes et tu te réveilles.

Elise sursaute et ouvre les yeux d'un coup. Elle se lève brusquement et regarde autour d'elle. Il n'y a personne d'autre que son père qui l'observe avec des yeux amusés :

- Tu viens de faire un cauchemar, ma chérie, j'en ai bien peur.

Elise soupire tristement. Alors ce n'était qu'un rêve ? Son téléphone portable se met à sonner, elle répond machinalement :

- Coucou, c'est Charlotte, alors tu viens nous rejoindre ? Nous sommes sur le boulevard Saint-Michel.

- Non, je n'ai pas le temps, il faut que je retrouve Marie-Antoinette, je veux savoir ce qu'est devenu Louis-Charles, il faut que j'aille à la prison du Temple.

Elle lui raccroche au nez, sans attendre de réponse. Elle se retourne alors vers son père, enfouit son visage dans son cou et dans un souffle lui glisse :

- Je t'aime, mon papounet chéri, et je ne t'abandonnerai jamais. Ah ! au fait, il faut que tu me trouves un exemplaire du Barbier de Séville. Mais si, tu sais bien, le Barbier de Monsieur de Beaumarchais.

Son père la regarde, interloqué, mais il n’a pas le temps de réagir. Déjà elle s’est levée et se met à courir sur le quai en criant :

- Monsieur l’Anglais, Monsieur l’Anglais, revenez, revenez, je me suis trompée, je l’ai, votre livre.

D. Marchal 2013

La colline aux âmes

Delphine Marchal

Tout commença sur l'une des sept collines que comptait Paris, le Mont-aux-Vignes. Les Jésuites, à l'époque propriétaires du domaine, en avaient fait un lieu de repos et de convalescence. C'est ainsi que le plus illustre de ses occupants, François d'Aix De La Chaise dit « le Père Lachaise » et confesseur du roi de France Louis XIV, y résida jusqu'à sa mort en 1709. Par la suite, la compagnie de Jésus se vit contrainte de céder le terrain en raison de grosses dettes. L'endroit fut alors laissé à l'abandon pendant de nombreuses années, jusqu'à ce que le préfet de la Seine en devienne le nouvel acquéreur.

À cette époque, Paris commençait sérieusement à manquer de lieux de sépultures. Aux quatre coins de la capitale, on se hâta de construire. Il y eut le cimetière Montmartre au nord, le cimetière de Montparnasse au sud puis celui de Passy à l'ouest. Le préfet de Paris octroya alors dix-sept hectares de la propriété du Mont-aux-Vignes pour y établir le cimetière du Père Lachaise à l'est de la ville. Le 21 mai 1804, il ouvrit officiellement ses portes. Mais nombre d'habitants alentour refusaient tout enterrement sur ces hauteurs, dans un quartier réputé populaire et pauvre de surcroît. Le cimetière du Père Lachaise n'avait donc point les faveurs des Parisiens, ce qui n'empêcha pas Philomène de batailler ferme pour obtenir la place de gardienne des lieux. On rechigna tout d'abord vivement à la lui donner, arguant qu'une telle fonction n'était aucunement l'affaire d'une vieille femme. Mais devant l'absence totale de candidat au poste, le préfet n'eut d'autre choix que d'accepter. Philomène investit donc rapidement la petite bâtisse à l'entrée du cimetière, ô combien soulagée et apaisée d'être ainsi toute proche de feu son Anatole. Pour cause, son époux reposait ici depuis peu et Philomène entendait bien obtenir de sa part un quelconque signe, ou mieux, qu'il se laisse aller à quelques apparitions. Mais de cela, elle se garda bien de parler. Pour qu'on se gausse d'elle en tempêtant qu'elle avait le ciboulot tout chamboulé ! Que nenni ! Il en allait de sa fierté, que diable ! C'était tout ce qui lui restait. La vieille dame était seulement de ceux et celles qui croyaient aux esprits. Déjà enfant, elle aimait déambuler avec sa grand-mère parmi les stèles et pierres tombales. Alors il n'était pas rare, le soir venu, qu'elle croise feux follets et revenants. Il faut dire que Philomène avait la faculté de discerner ces derniers même lorsque leur ombre fantomatique n'était point perceptible pour la plupart des gens. Malheureusement, elle fut bien vite déçue de constater que son défunt Anatole demeurait aussi silencieux qu'invisible. Ce n'était pourtant pas faute d'avoir invoqué son esprit de bien des manières ! Et chaque jour, à la nuit tombée, elle s'asseyait des heures durant sur une chaise de paille, devant sa tombe pour lui parler. Monologue qui se terminait tantôt la mine boudeuse et vexée, tantôt le regard triste et humide. Mais le plus souvent, c'est le visage rouge et exaspéré qu'elle rentrait chez elle, énervée et rouspétant après les fantômes de Charlotte et Lisette, de malicieuses jumelles qui ne rataient jamais une occasion de l'importuner. Ah ! Si seulement Anatole avait pu la harceler et se manifester pareillement, elle s'en serait fait une joie ! Il lui manquait tant.

En s'installant ici, elle n'avait point imaginé devoir veiller sur les spectres de deux chipies, véritables reines des bêtises et dont l'amusement favori consistait à se jouer des visiteurs en journée et à déplacer les gerbes de fleurs au crépuscule. Autant dire une vraie pagaille que Philomène, coriace, tentait de contenir, les narines fumantes et l'œil aux aguets. Elle avait fort à faire entre les visiteurs effrayés de voir les chrysanthèmes s'agiter inexplicablement, et ceux mécontents de constater que les stèles de leurs proches se trouvaient dépouillées de leurs agréments floraux. Bien que d'apparence frêle, la gardienne courait en tous sens afin de contenter les uns et les autres. Par tous les saints, c'est deux pestes n'allaient tout de même pas faire la loi sur son domaine ! D'ailleurs, elle ne fut pas étonnée d'apprendre que les petites s'étaient noyées par accident dans la Seine. Déjà vivantes, elles n'en faisaient qu'à leur tête. Elles avaient bravé l'interdit de glisser sur le fleuve gelé qui avait alors cédé. Depuis, Charlotte et Lisette n'avaient de cesse de se croire égarées loin de leur maison, profitant de l'occasion pour faire mille âneries. Cependant, Philomène entendait bien continuer de régner en maître sur les lieux comme l'exigeait sa tâche. Heureusement, le cimetière était alors peu fréquenté et tout aussi pauvre en sépultures, ce qui lui évitait quelques fatigues. Néanmoins, les lieux ne manquaient pas d'animation pour autant. Car une fois les grilles closes, à la faveur de la lune, ses occupants se plaisaient à errer entre les larges allées accidentées, bordées d'arbres et de plantes aux essences diverses ou encore à fendre l'air au-dessus des jardins à l'anglaise.

À la mairie de Paris, on voyait les choses autrement car les mois s'écoulaient mais le fossoyeur n'avait creusé que peu de nouvelles tombes. Pour redorer l'image du cimetière, on organisa donc le transfert des dépouilles de célèbres personnalités. Il n'en fallut pas plus pour que le nombre de caveaux augmente soudainement, et la besogne de Philomène également. C'est ainsi que, souvent, la nuit venue, elle aperçut la silhouette de l'illustre Molière déclamant quelques tirades face à un chêne, ou bien encore celle du légendaire Jean de La Fontaine déambuler la plume à la main. La première fois, elle fut tellement intimidée qu'elle n'osa point les saluer. Puis les jours s'écoulant et la gêne dissipée, leurs rencontres se teintèrent de sourires amicaux. Au grand jamais, elle n'aurait pensé un jour côtoyer de tels hommes ou tout du moins de fréquenter et bavarder avec leurs vénérés fantômes. Tandis que plus d'un aurait pris ses jambes à son cou devant pareilles manifestations spectrales, Philomène se trouvait finalement bien chanceuse ! D'autant plus qu'elle venait de faire la connaissance d'un nouvel arrivant, fort charmant au demeurant, qui était loin de la laisser indifférente. Dès qu'elle avait aperçu ses lignes chatoyantes se dessiner au-dessus de son mausolée, elle s'était irrésistiblement sentie attirée par son aura. Il faut dire que Michel avait toujours été homme à plaire. Et Philomène en eut bien vite le cœur tourneboulé et les pommettes rouges de désir ! Saperlipopette ! La voilà, elle, fidèle épouse se tenant en pâmoison devant un ectoplasme, à faire la coquette et la coquine, battant des cils comme une jeune demoiselle ! Ce n'était guère dans ses habitudes. « Et Anatole alors ? » lui soufflait sa raison. Bien entendu, Philomène n'avait point oublié son tendre mari qu'elle aimait tant, même si la compagnie de Michel lui retournait quelque peu la tête. Il lui était difficile de résister au charisme et à l'éloquence de l'homme. De sa voix de baryton, Michel était grand conteur. Et ses longs cheveux ondulants d'un blanc éclatant, ramenés en arrière sur sa nuque, faisaient ressortir un regard bleu mutin qui invitait aux sourires, tandis que sa bouche à peine visible se dissimulait derrière une moustache guillerette et un collier de barbe impeccablement mis. De taille modeste, l'homme était néanmoins larges d'épaules et bien bâti. Il en imposait d'autant que sa vie de Maître peintre et son talent lui avaient assuré une belle renommée avant qu'il ne s'éteigne, à l'âge fort respectable de quatre-vingt-trois ans. C'est alors que l'idée d'allier l'utile à l'agréable fit son petit bonhomme de chemin dans l'esprit de Philomène. Finalement, pourquoi se priver de parader devant le séduisant Michel ! Peut-être s'attirerait-elle ainsi les foudres de son bougre d'Anatole, homme qui avait toujours été un tantinet trop jaloux ! Les jours suivants, elle se pomponna donc avec soin et remisa au placard ses sombres robes de veuve pour les remplacer par des toilettes bien plus gaies. Ses joues creuses parurent subitement plus pleines, son teint beaucoup moins blafard, ses yeux plus brillants et ses rides estompées. Philomène rayonnait et tout le monde s'en félicita, les habituels visiteurs aussi bien que les fantômes des lieux. L'esprit et la chaleur de Michel agissaient comme un baume apaisant en l'absence d'Anatole. Le peintre avait même fini par esquisser les contours du visage de sa soupirante. Le portrait de Philomène vibrait de touches orangées, rouges et violettes. Le cœur de la gardienne vibra tout autant lorsqu'elle se vit ainsi colorée. Philomène s'extasia. Quant à Charlotte et Lisette, à qui rien n'échappait, elles s'empressèrent de claironner au-dessus des tombeaux que Philomène était amoureuse ! Ce qui, pour une fois, fut loin de déplaire à la vieille femme. Elle espérait ainsi que les oreilles d'Anatole entendraient la nouvelle. Jean de La Fontaine et Molière, que cette improbable idylle naissante amusait, ne furent pas en reste ! Inspirés comme jamais, l'un se hâta de dédier une fable aux tourtereaux tandis que l'autre s'empressa de leur consacrer une pièce de théâtre.

Ce printemps-là, Philomène retrouva pour un temps l'insouciance et la fougue de ses vingt ans. L'œil pétillant, elle papillonna et badina avec le beau Michel. On la voyait trottiner allègrement entre les allées fleuries et sucrées, une ritournelle aux lèvres, se joignant en chœur aux pépiements des oiseaux. Même les terribles jumelles en restèrent coites… La voix fluette de la vieille dame ne braillait plus dans les aigus afin de les sermonner. Pour la première fois, on l'entendit glousser et hoqueter de rire face aux sempiternelles bêtises des fillettes. Mais ce petit rayon de soleil s'assombrit lorsque douceur et bourgeons laissèrent place aux premières chaleurs de l'été. Été qui s'étira jusqu'aux premiers jours d'octobre sous une chape de plomb suffocante. Les visiteurs se firent d'abord moins nombreux, puis finirent par déserter complètement les lieux. La canicule eut même raison des plus fidèles. Elle eut aussi raison de Philomène qui, en quelques semaines, perdit de sa superbe. À présent, elle courbait l'échine, desséchée, comme les fleurs assoiffées qu'elle arrosait tant bien que mal à tour de bras. Qu'il paraissait loin le temps où elle paradait comme une donzelle, la patte fringante et la mine réjouie ! Le souffle court et vide de tout entrain, elle crachait maintenant des mucosités ici et là sans oublier quelques grossièretés au passage, elle traînait des pieds sur les graviers en clopinant cahin-caha, le front plissé perlant de sueur. Il lui fallut bientôt s'aider d'une canne pour se déplacer. Jusqu'au jour où l'on cessa d'entendre le crissement des cailloux sous ses pas. C'était un de ces « matins chagrins » comme aimaient à les appeler Charlotte et Lisette. Celui que l'automne choisit pour se montrer subitement et avec fracas. Dès l'aube, un vent glacial hurla et surprit tout Paris, balayant d'une pichenette la chaleur et le soleil des mois précédents. Le ciel faisait grise mine et de gros grains fendaient l'air avant d'exploser furieusement sur le sol. Une odeur d'humus moite s'élevait de la terre tandis que les eaux torrentielles noyaient le cimetière du Père Lachaise. En quelques heures, les rafales déshabillèrent entièrement les arbres. Elles chassèrent et brisèrent nombre de pots, de fleurs et de plaques funéraires sur les stèles. En d'autres temps, Philomène aurait été bien en peine et catastrophée devant pareil événement. Elle aurait probablement grogné et gesticulé en tous sens, une main sur le front et l'autre sur les reins en lançant des « Oh mon Dieu ! » et des « C'est-y pas possible ! » à tout va. Puis elle aurait mouliné des bras en vain, le visage empourpré et les mains plaquées contre la fenêtre aux rideaux bleus.

Mais aujourd'hui, dans la loge de la gardienne, plus rien n'avait d'importance. Derrière les voilages bleus, point de cri ni de bruit, juste le tictac régulier de l'horloge dans une maison froide et sans vie. Pourtant si l'on tendait bien l'oreille, on percevait derrière la porte fermée au fond du couloir, quelques râles d'une vieille femme qui se mourait, des murmures à peine audibles que seule une ouïe fine pouvait deviner : « Anatole… Mon Anatole… »

Si Philomène avait en apparence soupiré d'aise devant les sourires de Michel, son cœur n'avait de place que pour son Anatole. Maintenant, elle attendait la grande faucheuse avec impatience, l'impatience d'une femme qui allait retrouver son homme après une longue séparation…

Et même au crépuscule de sa vie, notre Philomène parvint à marmonner un chapelet de jurons bien choisis sur la fainéantise apparente du Tout Puissant à la rappeler à lui. C'est ainsi que La Fontaine la découvrit. Devant l'inquiétude générale, il avait été mandaté à l'unanimité lorsque la gardienne avait déserté ses fonctions. Il transgressait ainsi l'interdit suprême : celui de « Ne pas entrer » chez Philomène. « Si j'en vois un traverser les murs de ma maison, ça va barder comme jamais ! ». Bien entendu personne n'aurait voulu s'attirer les foudres d'une Philomène fulminante. Jusqu'ici, tous avaient respecté son intimité. Mais face à cette absence inhabituelle, chacun subodorait que quelque chose de grave se produisait. Il va sans dire qu'on faisait les cent pas au seuil de son logis. La lune ronde scintillait déjà depuis plusieurs heures et minuit venait de sonner lorsque La Fontaine réapparut. Devant l'assemblée silencieuse, il resta muet, le regard humide. Puis il s'écarta doucement. Alors les visages s'illuminèrent et les sourires s'épanouirent. Ils entendirent aussitôt la voix si familière.

- Saperlipopette ! Me v'là qui vole comme une corneille et qui brille comme une loupiote ! J'en suis toute chamboulée ! s'exclamait Philomène.

- Encore plus chamboulé de te retrouver ! lui répondit-on dans son dos.

Philomène aurait reconnue entre mille ce timbre rauque si cher à son cœur, Anatole ! Mais elle ne parvint à bredouiller qu'une ribambelle de « Diable ! » et de « Fichtre ! » pour toute réponse. Vous vous doutez bien que l'effet de surprise passé, elle fondit vers l'homme comme une étincelle. Leurs âmes s'entrelacèrent intensément avant de s'embraser. On ne discernait plus Philomène d'Anatole, nimbés d'une lumière dorée. Juste entendait-on l'écho de leur rire. Ils formèrent bientôt un joyeux feu follet suspendu dans l'air. La flamme bleutée dansa longuement au-dessus du caveau des deux amants. Et dans un soupir de sérénité, la lueur vacilla et se dissipa. Les amoureux avaient disparu sous les regards bienveillants. Le cimetière tout entier salua leur envol par un silence inhabituel. Même corbeaux et chauves-souris se turent tandis que les étoiles semblaient scintiller plus qu'à l'accoutumée.

L'histoire ne dit pas pour quelle raison Anatole ne s'était point manifesté plus tôt. « Probablement ne voyait-il guère l'utilité d'errer ici et préférait-il la quiétude des Cieux », diraient certains. Toujours est-il que depuis cette nuit-là, on ne recroisa ni l'ombre de Philomène ni la silhouette d'Anatole dans les allées. Les habitants du Père Lachaise savaient qu'ils s'étaient envolés à jamais.

Bien vite, la vie reprit son cours au cimetière du Père Lachaise, avec son lot d'arrivants et de visiteurs. Les jumelles Charlotte et Lisette se montraient toujours aussi facétieuses. Quant au nouveau gardien, il accomplissait ses fonctions sans ronchonner ! « Certes, il est loin d'égaler Philomène pour prendre soin des sépultures », susurrait-on derrière les portes du cimetière. Mais tous s'accordaient à dire qu'il était fort aimable. Nombre de gardiens se succédèrent après le départ de Philomène. Et nombre d'occupants, célèbres ou anonymes, reposent depuis lors sous les dalles de pierre. Qui aurait pensé que le cimetière du Père Lachaise, si peu populaire à ses débuts, serait aujourd'hui aussi visité et prisé ? Une colline devenue riche tout autant par ses illustres hôtes que par la naissance de légendes et récits enchanteurs.

Alors si d'aventure vous franchissiez ses grilles pour déambuler au gré des allées, il se peut qu'une fois la nuit venue, une lueur bleutée éblouisse vos yeux, cette même flammèche qui danse parfois au-dessus d'une stèle laissée à l'abandon depuis bien longtemps. N'en soyez pas étonné ou apeuré ! Et souriez face à l'amour de deux êtres, un amour qui brille au-delà du temps sur ces hauteurs du Mont-aux-Vignes, terre de croyances et de magie.

Le miroir du château de Courson

Olivier Mazé

Lorsqu'on lui a proposé d'effectuer quelques travaux de restauration à l'intérieur du Château de Courson, Alice a immédiatement accepté.

« Passer un peu de temps dans ce si somptueux château, sera un pur moment de bonheur », s'était-elle dit. Certainement parce qu'on lui avait vanté notamment le « salon de galerie ». Lorsque la voiture franchit le portail d'entrée du domaine, les magnifiques jardins la laissèrent sans voix. La matinée n'était pas encore très avancée et la buée qui embrumait les vitres n'empêcha pas la jeune femme de profiter du spectacle.

Après une visite rapide en compagnie du propriétaire des lieux, elle fit halte devant la porte entrouverte d'une pièce de l'aile droite toute proche de la célèbre bibliothèque de *Dupleix de Bacquencourt*. Il s'agissait de la chambre à rénover.

Afin qu'elle puisse opérer ses travaux sans gêne, tous les meubles avaient été retirés, à l'exception d'un secrétaire, de miroirs et tableaux.

De son œil attentif, elle eut tôt fait de relever les altérations dues à l'usure et aux manipulations des visiteurs. Un élément l'avait intrigué en entrant : la présence d'un

miroir sur l'un des murs. Alice aurait juré avoir vu exactement le même miroir dans la bibliothèque au-dessus du foyer de cheminée. « Certainement le maître de l'époque en avait-il commandé deux identiques », songea-t-elle. Puis elle se lança dans son expertise avec grande concentration. Alors qu'elle tâtait les défauts le long du cadre du miroir, elle le déplaça par inadvertance et un petit morceau de papier chuta jusqu'à ses pieds. Il avait un aspect parcheminé. Alice soupira.
Elle ne se faisait guère d'illusions : c'était sans doute un certificat d'achat ou quelque note chiffrée sans originalité. Elle ramassa le document et après avoir ouvert le feuillet, parcourut les lignes manuscrites :

« Afin d'oublier toute note d'amertume entre nous, auriez-vous, Madame, l'extrême bonté de m'accompagner au bal du Roy ? ».

Cependant, tout ce qui aurait pu éclairer la restauratrice sur l'identité de l'auteur ou de la destinataire était illisible. Ce message n'avait rien d'une vulgaire note, c'était une invitation au bal. Quoi de plus romantique ? Alice se prit à rêver jusqu'à ce qu'une horloge sonnât quelque part dans le château. Elle regarda sa montre et étouffa un juron en voyant qu'il était déjà midi. Sans perdre un instant, elle finit son travail et jeta d'ultimes observations sur son carnet. Elle lança un dernier coup d'œil au miroir en ramenant une mèche rebelle sur son oreille puis quitta la chambre. Alors qu'elle parcourait la bibliothèque, elle ne put résister à la curiosité de se contempler dans le miroir jumeau.

Elle fut immédiatement bouleversée. Ce n'est pas son reflet qu'elle aperçut ! C'était l'image même de la pièce dans laquelle elle avait travaillé toute la matinée. Mais celle-ci était meublée et semblait rayonnante, la peinture des boiseries brillait comme si elle était encore fraîche. Il ne lui fallut pas longtemps pour comprendre que ce décor saisissant était celui d'une autre époque. Le miroir se troubla le temps d'un souffle puis refléta Alice de retour dans la bibliothèque.

Elle qui avait toujours rêvé de se retrouver plongée en un autre temps, voilà qu'elle avait pu vivre quelques instants ce fantasme d'adolescente. Après avoir attendu quelques minutes, pleine d'espoir, elle renonça : l'image de la chambre avait disparu. Peut-être, quand elle reviendrait travailler demain, aurait-elle cette chance.

L'après-midi était déjà bien entamée, alors qu'elle avait regagné le château. Devait-elle croire en sa chance ou la forcer ? Elle se balançait d'une jambe sur l'autre, hésitante, à côté du miroir de la bibliothèque. Au bout d'un moment, elle finit par se dire qu'il lui fallait prendre l'air avant toute chose. Ses travaux devraient prendre plusieurs semaines au vu de l'état de certaines tentures de la chambre, elle pouvait donc s'accorder un peu de repos. À peine sortie du château, elle se mit en tête de se promener dans le joli parc. À l'approche d'un grand étang, elle s'accorda une première pause et resta interdite par les images qu'elle observa à sa surface. Le château se découpait avec majesté, mais ce n'était pas exactement le même, des parties manquaient, d'autres étaient identiques : c'était le château de jadis.

Toujours fascinée par l'étang, elle ne manqua pas de voir des chevaux apparaître au petit trot pour faire leur halte devant les portes du manoir. Ils étaient au nombre de trois. Le premier d'entre eux était d'un noir ébène, le second blanc et l'autre d'un bai commun. Tous ces détails se précisaient alors que les cavaliers descendaient de selle. Ils semblèrent se diriger vers l'eau. Celui qui montait le cheval noir se mouvait avec une grâce typiquement féminine. Les deux autres avaient une démarche plus lourde. C'est sur le premier individu qu'Alice se concentra. La dame portait une magnifique robe blanche et était drapée d'une cape de velours rouge, un torque argenté était suspendu à son cou, une capuche empêchait de deviner son visage. L'homme qui la suivait était coiffé d'une perruque blanche. Il revêtait un costume bleu roi. C'était un noble, à l'instar de la dame. Le troisième devait être un serviteur, il restait en arrière et tenait sa monture ainsi que le cheval blanc par la bride. Son complet vert légèrement délavé et sa posture mal à l'aise firent même sourire la restauratrice. Seuls les hommes avaient le visage découvert. Si au moins la dame retirait un instant sa capuche… Alice se pencha un peu plus sur le bord de l'étang et vit enfin un visage se dessiner, des cheveux châtain clair comme elle… Elle avait visiblement le même âge qu'elle. Sa beauté laissa Alice pantoise. De ses yeux émergeait une grande tristesse. L'homme au costume bleu lui prit la main, il parlait, il semblait pressant. La jeune noble paraissait touchée. Mais elle le repoussa malgré tout et quelques perles de ses larmes vinrent tomber dans l'eau. Les remous qu'elles laissèrent brouillaient légèrement le tableau, toutefois Alice put apercevoir la jeune femme saisir ses jupons et partir en courant vers le château.

Ce qui suivit fut encore plus étrange : malgré le grand soleil au-dessus d'elle, Alice vit l'étang s'obscurcir et se changer un court instant en une mare de sang… un sang d'un rouge d'airain. Puis la vision s'estompa et elle fut, en l'espace d'un silence, de retour dans le monde d'aujourd'hui. Le château était celui qu'elle connaissait et le parc fleuri tout autour avait repris son apparence. Ce lieu était vraiment plein d'enchantements et de mystères. Cette fois, elle en était certaine, elle n'avait pas rêvé tout cela.

Pendant quelque temps, elle ne fut plus confrontée à la moindre image du passé mais elle s'était d'ores et déjà lancée dans des recherches approfondies pour essayer de découvrir l'identité de la jeune noble. Elle se rendit compte rapidement que l'étang n'existait pas à l'époque prérévolutionnaire, c'était donc impossible que la jeune femme se soit penchée sur ce lac. Il y avait une histoire sombre à éclaircir. Pourquoi Alice avait-elle vu toute cette scène ? Était-ce une sorte de message laissé à son attention ? Si oui, un message de qui ? De cette jeune femme sans doute morte depuis plus de deux cents ans ? Elle devait concentrer son attention sur les miroirs, là se trouvait la clé de toute cette histoire…

Près d'une dizaine de jours s'étaient écoulés et alors que la restauration suivait parfaitement son cours, un nouvel événement anormal se produisit.

Comme à son habitude, Alice tourna la grande clé qui ouvrait la chambre en travaux. Aussitôt la porte ouverte, elle découvrit que le lieu avait été visité pendant la nuit. En effet, tous les tiroirs du secrétaire étaient. Le verre d'eau qu'Alice utilisait pour diluer ses couleurs gisait sur le sol, brisé en mille morceaux. Le cambrioleur qui était passé ici avait créé un vrai remue-ménage. Le miroir n'avait quant à lui pas bougé.

Sans perdre une seconde, elle dévala les escaliers et rejoignit le propriétaire. À l'annonce de la nouvelle, celui-ci certifia qu'il était impossible que quiconque ait pénétré dans la pièce. Il avait lui-même vérifié la veille au soir que toutes les salles et fenêtres du château étaient closes. Il déclara à Alice qu'elle avait dû rêver mais lui proposa de la raccompagner à l'étage. La porte toujours entrouverte, ils purent constater tous les deux que le secrétaire était bel et bien fermé. Il n'y avait pas le moindre morceau de verre au sol.

Alice, par crainte d'agacer le propriétaire en racontant que le verre avait disparu, préféra reconnaître qu'elle avait dû se fourvoyer. L'homme quitta la pièce non sans avoir félicité la restauratrice pour les travaux qu'elle avait réalisés jusqu'ici.

Elle commençait vraiment à penser que l'endroit n'avait plus rien d'enchanteur... Elle se tournait vers le miroir pour se recoiffer quand elle la vit. La dame de l'étang était là. Un port altier, un sourire avenant, les yeux pétillants, elle était épanouie. Un bustier décolleté d'un doux rose pastel rehaussait sa poitrine, achevant de parfaire sa beauté.

Son léger maquillage donnait à ses traits encore plus de finesse. Toute la peine qu'Alice avait perçue dans le reflet de l'étang s'était évaporée. Ce bonheur retrouvé ne manqua pas d'intriguer Alice quand elle remarqua quelque chose de curieux. La jeune femme de l'autre côté du miroir la fixait sans la voir mais le plus étrange était qu'elle faisait un geste lent et répété avec la main droite comme si elle se brossait les cheveux, mais ses doigts ne tenaient ni brosse ni peigne. Qu'est-ce que cela pouvait bien signifier ? La dame lui offrait là une nouvelle énigme…

Alice se demandait ce qui avait pu arriver à cette jeune femme qui vraisemblablement se préparait pour un bal organisé par le Roi de l'époque, Louis XVI, à moins que ce nom de « Bal du Roy » ne fût qu'une appellation. Bref ! L'important désormais était d'éclaircir cette histoire de brosse à cheveux. Les jours qui suivirent, Alice n'eut aucune vision, ni sur la surface de l'étang, ni sur aucun des deux miroirs. Néanmoins, elle commençait sérieusement à se demander si cette jeune femme ne cherchait pas à l'empêcher de mener à terme la restauration.

Jusqu'à présent, ses recherches l'avaient amenée à penser que la dame était une invitée au château à l'époque où celui-ci était la propriété de Guillaume Joseph Dupleix de Bacquencourt. La période de la Révolution lui semblait en effet le mieux correspondre aux éléments qu'elle avait pu découvrir dans ses visions. Les détails qui lui avaient permis d'aboutir à cette conclusion, elle les tenait principalement de lunettes maritimes et surtout d'une maquette de corvette. Le propriétaire lui avait expliqué que toute cette collection lui venait de Dupleix de Bacquencourt.

Un soir, parce qu'elle avait travaillé tardivement, il faisait presque nuit lorsqu'elle longea le bord du lac afin de rejoindre sa voiture. Elle crut entendre une série de cris sauvages en provenance du château puis elle vit comme une colonne de feu qui courait sur le lac. Cela n'avait rien d'un reflet cette fois. On aurait dit une horde avançant sur l'étang aussi bien qu'elle l'eût fait sur la terre. Au début, Alice ne perçut que les torches scintillantes qui luisaient d'un feu rougeoyant. Le martèlement de sabots et la course en avant d'une nuée d'hommes et de femmes ne tardèrent pas. Ils semblaient épuisés mais une incroyable volonté les guidait droit devant eux. Alice les distinguait parfaitement, le visage sale et crasseux, les vêtements déchirés, coiffés de chapeaux défraîchis. Ils criaient, ils lançaient des injures et poursuivaient sans ralentir leur route sur l'étang. Pointés vers le haut comme un défi aux cieux, les fourches, mousquets, épées à demi brisées et autres outils qui semblaient de dérisoires armes de guerre se comptaient par dizaines. Comment était-il possible qu'une telle assemblée d'hommes et femmes fût animée par une si grande colère et avançât ainsi, apparemment déterminée à tout détruire ? La jeune femme n'en croyait pas ses yeux. Des éclaireurs la dépassèrent sans la voir, d'autres la traversèrent. Elle ne sentit rien et il lui parut alors évident que c'était encore une vision du passé. Bien que très perturbée, elle voulait savoir où ils allaient. Nul besoin d'être historien pour deviner ce qui se passait au château de Courson. Elle se tourna vers ses portes, de nombreuses torches et flèches volaient déjà en direction des ouvertures. Les occupants répondirent de leur mieux à cette soudaine attaque. Mais il y avait trop peu de défenseurs et si certains révolutionnaires s'écroulèrent au sol, leur groupe était si important qu'il n'eut aucune peine à fracasser les portes du grand manoir. Alice vivait un rêve aussi affreux qu'incroyable, elle s'élança à leurs côtés comme une ombre. Rien ne semblait en mesure de stopper le flot de sang qui coulait sous leurs pieds. Elle remarqua une petite troupe qui filait en direction de l'aile de la bibliothèque. Elle les suivit. Ils ne tardèrent pas à déboucher dans la chambre de la « dame ». Alice distingua ses yeux horrifiés et entendit le hoquet de terreur qui s'échappa de sa bouche juste avant qu'elle ne s'effondre sous les coups de poignard répétés d'un paysan déchaîné. Un objet tomba de sa chaise. C'était une brosse à cheveux ! Les révolutionnaires se bousculaient déjà dans les autres pièces, ravageant tout sur leur passage. Une larme coula sur le visage de la jeune femme alors qu'elle expirait.

Alice tomba sur les genoux, se tenant les côtes. Elle souffrait, tétanisée d'effroi par l'assaut macabre auquel elle venait d'assister.

Tout était clair désormais. Elle avait entendu l'appel au secours de la dame. Elle émergea de cette empathie les yeux embués et fixa le miroir avec résolution. Elle murmura : « Vous aurez votre bal, ma Dame, même si ce doit être dans l'autre monde, je vous le promets, vous l'aurez… »

La vision terrible disparut alors comme elle était apparue et Alice vit le reflet de la femme renaitre dans le miroir. Elle souriait et ses lèvres esquissaient le plus noble des mots : **« Merci ».**

Le lendemain, alors qu'Alice tâtait les défauts le long du cadre du miroir, elle le déplaça par inadvertance et un petit morceau de papier chuta jusqu'à ses pieds. Elle le ramassa.

Il était vierge de toute écriture.

Elle oublia le papier pour se remettre au travail.

Lorsqu'elle eut terminé, elle quitta la chambre et traversa la bibliothèque. Elle ne pouvait résister au désir de se contempler dans le miroir jumeau. Une impression étrange l'envahit mais tout ce qu'elle aperçut, ce fut son reflet, les cheveux défaits.

Elle fouilla aussitôt dans son sac, cherchant de quoi se recoiffer. Elle ne retrouva pas sa brosse à cheveux et se prit à sourire.

D. Marchal 2013

Le boucher de la Villette

Marie-France Thiery-Bertaud

Il s'est affranchi depuis bien longtemps de tout état d'âme. Le regard déterminé, les gestes nets et précis, c'est un tueur. Il dépouille, dépèce, découpe avec opiniâtreté, étripe avec allégresse, un sourire carnassier au coin de ses lèvres surmontées de fières bacchantes. Ses mains amples et charnues accomplissent tranquillement leur rite, le sang s'immisce dans les veines du billot de bois, ruisselle sur le sol déjà maculé de rouge et noir, gicle sur son tablier. Une odeur âcre et pestilentielle imprègne le bâtiment baignant dans une clarté crépusculaire. La barbaque est écartelée, les morceaux de bidoche soigneusement triés.

Petite, gracile, elle virevolte telle la danseuse de Degas. Des effluves de jasmin, roses, pivoines flottent délicatement dans les airs, l'entourent d'un précieux halo. Autour d'elle, tout n'est que profusion et luxuriance de couleurs enchanteresses, sublimées par le soleil radieux qui filtre à travers la verrière d'acier. Les ocres orangés côtoient les verts tendres, les blancs nacrés effleurent les roses délicats et surannés. Elle tourne autour des vases débordants de fleurs, prend ici un lys immaculé, là une rose-thé aux pétales finement ourlés de blanc, le parme des pois de senteur se mélange harmonieusement au vert anis des hortensias. C'est une magicienne : entre ses mains, le bouquet s'arrondit avec grâce et dévoile des courbes affriolantes.

C'est aux aurores qu'il démarre sa journée de travail. Il fait partie de la corporation des bouchers de la Villette, la monstrueuse cité du sang et il en est fier. Avant de pénétrer dans l'antre des chevillards, il s'accorde une petite halte au bistrot voisin. Il a ses habitudes, et le patron ne s'offusque plus quand, après s'être accoudé au comptoir, il lui balance de son habituel ton bougon, sans même lever le nez de son journal : « latronpesse, un p'tit lambem ! »[13]. C'est le jargon des bouchers, le loucherbem, usité essentiellement à la Villette. Le patron lui sert sans broncher son p'tit blanc. Il n'est pas loquace, ce serait même plutôt un taiseux, il vaut mieux ne pas le déranger quand il est plongé dans les nouvelles fraîches de son canard.

Elle ouvre son magasin aux premières heures, juste à temps pour recevoir les livreurs qui lui apportent les plus belles variétés de fleurs, sélectionnées par elle-même au marché aux Halles. Une fois les roses parsemées soigneusement dans leurs écrins, prêtes à dévoiler leurs charmes, elle prend un peu de temps pour s'offrir une pause au petit troquet du coin. Elle affectionne la fine lueur qui baigne la cité à cette heure matinale. Il n'y a pas encore d'effervescence, les volets sur les façades des immeubles austères sont clos, de fins rais de lumière s'échappent de

[13] : Patron, un p'tit blanc, dans le langage loucherbem des bouchers

certaines échoppes, seuls quelques chats efflanqués rôdent encore sur les pavés. Elle s'assoit à une table, ôte son délicieux petit bibi et ses gants, et demande d'une voix douce au patron qui s'approche :

- Un café-crème, s'il vous plaît.

Elle n'a accordé que très peu d'attention à cet homme. Elle sait juste qu'il est là tous les matins, comme elle. Elle a remarqué son allure imposante et sa stature de molosse, perçu son ton bourru quand il commande son blanc ou son café et s'est amusée de son drôle de langage.

Il ne lui a jamais prêté le moindre regard, il ne regarde jamais personne d'ailleurs. Il entre dans le bar le nez penché sur ses godillots, il commande sans lever un œil de son canard, repart sans le moindre regard pour quiconque. Et c'est le même rituel tous les matins.

Elle est arrivée au bistrot un peu plus tard que de coutume, son livreur ayant été retardé par la neige tombée à gros flocons au cours de la nuit. L'air était piquant, elle avait hâte de retrouver la douce chaleur du bar. Elle a poussé la porte d'une main ferme. Lui est sorti au même moment. Elle s'est retrouvée le nez enfoui dans une espèce de veste de cuir épais, une forte odeur de musc lui chatouillait les narines. Elle s'est reculée prestement, a entendu un juron et levé en même temps des yeux apeurés vers le molosse planté devant elle, tout cela en l'espace de quelques secondes.

Pour la première fois il l'a regardée, pour la première fois il l'a vraiment vue : il a commencé à la houspiller, puis s'est tu brusquement, en plein milieu d'une phrase, cherchant ses mots, soudain tout intimidé. Lui le gros costaud, le gros dur s'est senti rougir. Il l'observait d'un ton gauche, triturant maladroitement sa casquette et a fini par bredouiller un :

- Lademoisem[14], je suis désolé… je vous prie de m'excuser.

Son embarras soudain l'a attendrie, elle lui a décoché un délicieux sourire qui a accentué encore plus son trouble.

Il est parti à son travail en courant, manquant de glisser sur la neige fraîche, elle est allée tranquillement ouvrir son magasin, mais son calme n'était qu'apparence, ses yeux, son cœur souriaient, et c'est l'âme pleine d'insouciance qu'elle a vaqué à ses occupations durant toute la journée.

Dès le lendemain matin, ils se retrouvaient au bistrot. Le patron n'a pas cillé quand il a vu le gros rustaud s'asseoir à la table de la jolie demoiselle. Il n'a pas bronché quand il lui a commandé son p'tit lambem habituel et un café-crème pour la jeune fille. Et ce manège a duré des jours, des semaines, des mois… et ils ne se sont plus quittés.

Si vous passez près de la Villette, vous ne pourrez pas la louper. C'est une jolie bâtisse ceinte en deux vitrines entourées de boiseries anciennes : d'un côté elle

---

[14] Mademoiselle

affiche des couleurs rouge vermillon, de l'autre ce sont de délicates teintes roses qui la décorent. Au-dessus, une seule enseigne avec de jolies lettres noires peintes à la main : Chez Violette et Riton.

Riton, c'est le boucher, un gros dur au cœur sensible, comme l'assure avec tendresse sa chère Violette. Et Violette, c'est ma petite fleur, mon petit bouquet de printemps comme le clame avec passion celui qui est désormais devenu son mari. Quand vous entrez chez Riton, dans une belle envolée lyrique, il va vous vanter ses côtes de bœuf, bavettes ou filets, les plus tendres de Paris à l'entendre, et avant de partir il vous offrira une rose de chez Violette, dont le magasin communique par une petite porte centrale. Le ventre de Violette s'est arrondi ces derniers mois, et les légers coups de pieds furtifs du bébé laissent présager la naissance prochaine d'un petit dur au cœur tendre, comme son Riton chéri.

Ils n'ont jamais voulu déroger à leurs habitudes ; chaque matin, main dans la main, ils vont prendre leur café au bistrot voisin, et chaque matin le patron leur sert avec le sourire un p'tit lambem et un café-crème.

D. Marchal

La dame blanche et le hobereau

Christophe Prat

Il était une fois un oiseau fantastique dont le plumage scintillait de mille gemmes. Ses prunelles brûlaient comme des rubis. Le soleil lui-même souffrait de cette rivalité. Ses rayons s'étiolaient lorsqu'ils venaient à se réfléchir sur les ailes magiques. Nul ne savait d'où ce phœnix de lumière avait surgi.

Suivant les conseils du Grand Veneur[15] nouvellement désigné, le Roy de France offrit une récompense pour la capture de cet être magique.

À quelques lieues au Nord de Versailles vivait un métayer dont l'un des fils possédait un talent. Cela était fort heureux car le labeur du métayer n'aurait point suffi à nourrir sa famille. Tout jeune, le petit Estienne avait fréquenté la fauconnerie du Roy à Montainville. Initié à la chasse de haut vol et à la chasse de bas vol, apprivoisant jeunes tiercelets[16] et désairant[17] les niais[18] de toutes races, le

[15] Maître des chasses et des fauconneries royales.

[16] Tiercelet : mâles chez les rapaces, qui sont habituellement 1/3 plus petits que les femelles.

[17] Désairer : voler les petits dans l'aire.

[18] Niais : petits des rapaces.

garçon était devenu maître oiseleur et oiselier avant même d'avoir appris la sagesse.

Estienne avait aussi abattu[19] Chevêches, Autours, Pèlerins, Effraies et Grands Ducs.

De ces équipées naquit une tendresse profonde envers les oiseaux. Son amour pour eux et sa connaissance du gibier lui permettaient ainsi de rapporter chaque jour un peu de viande à la maisonnée. Bien que cela fût proscrit, le jeune Estienne braconnait sur les terres royales. Dès la tombée de la nuit, il parcourait bois et clairières avec arcs et flèches ou bien avec l'un des éperviers qu'il avait affaités[20].

C'est ainsi que le gueux prit une nuit le bel oiseau de lumière pour cible. Si sa flèche ne réussit point à le tuer, elle le frôla de si près que l'animal perdit une plume.

Quel ne fut l'étonnement du chasseur lorsqu'il la ramassa : elle était tissée d'or et d'argent et sertie de pierres précieuses. Le manant songea à ses frères et sœurs et à d'autres qui ne mangeaient pas toujours à leur faim, il songea à son père qui se tuait depuis des lustres à labourer de mauvais sols, il songea à sa mère qui pleurait sur le sort des malheureux.

Le visage dès lors empli de joie, il s'empressa vers le village. Aussitôt arrivé, il cogna et cogna à la porte du sieur Troisors, orfèvre de son état.

- Qui donc vient troubler mon sommeil ? s'écria celui-

---

[19] Abattre : Signifie prendre dans ses mains, pour observer, soigner ou bien apprêter un rapace.

[20] Affaiter : élever pour la chasse.

ci, ouvrant à demi un volet sous les colombages.

- Messire, messire, s'excitait le garçon en contrebas, j'ai là un objet de valeur à vous céder.

Et il présenta la plume. Ébloui par les gemmes, l'orfèvre chaussa pantoufles et se rua hors de sa chambre. Oubliant d'ôter son bonnet, il descendit quatre à quatre l'escalier puis renversa chaises et tabourets. Ouvrant la porte à la volée, il se précipita sur le braconnier.

- Je te donne dix deniers pour ce précieux, proposa-t-il en tendant sa main avide.

Bien que peu intéressé aux affaires d'argent, Estienne ne fut pas dupe. Il estimait que cette plume pourrait lui rapporter beaucoup plus, et même assez pour que sa famille et plusieurs mendiants soient à l'abri pour longtemps et plus.

- En ce cas, messire, murmura-t-il, je ne m'en séparerai point en ce jour.

Ce disant, Estienne recula d'un pas.

- Dix mille deniers ! Je te donne dix mille deniers ! s'exclama alors l'orfèvre, souriant autant qu'il sût le simuler.

Estienne fronça les sourcils. Troisors renchérit :

- Cinq sacs de dix-sept pièces d'or, je les ai sous mon lit, je vais les chercher !

- Non ! se reprit-il aussitôt. Prends d'abord ce que tu veux dans mon échoppe. Tout ce que tu peux emporter est à toi, je te le donne et tu auras l'or en sus.

Le garçon fut effrayé par tant de passion.

- Vous perdez raison, messire, dit-il en reculant derechef. Les objets ne valent point tant. Certes, c'est là chose noble et magique, mais bien moins que la vie de cet oiseau que je voulus abattre pour le ventre des miens. Bien moins encore que la simple nourriture que dame nature nous donne pour survivre.

Craignant à ces mots que le fils du métayer refusât de céder la plume, l'orfèvre se jeta sur lui. Il la lui arracha des mains puis se releva en hurlant :

- Tu auras ta récompense. Attends ici, je tiendrai parole.

Il ne mentait point. Il courut dans sa demeure et le jeune garçon le vit bientôt jeter cinq sacs par la fenêtre de sa chambre. Chacun contenait dix-sept pièces d'or.

Si le garçon se réjouissait pour les siens, il n'était guère satisfait pour autant. Les pensées torturées, regrettant d'avoir mutilé inutilement le bel oiseau, Estienne cheminait tristement vers la sortie de Versailles. Il fut soudain interpellé par un mendiant.

- Holà mon brave ! s'exclama celui-ci en surgissant d'un porche sombre. La nourriture se fait rare ces jours-ci et l'on ne reçoit plus rien du château depuis que le Grand Veneur et son méchant bouffon y séjournent. N'as-tu pas un quignon pour un pauvre hère ? Et peut-être un lampion pour guider mes pas ?

- Non point, mon ami, répondit Estienne. Mais le boulanger pétrit à cette heure. Va donc sonner à cette porte. (il désignait une bâtisse dont une lucarne faiblement éclairée confirmait que l'artisan travaillait). Donne-lui une pièce d'or et tu recevras plus qu'un croûton en retour ! Quant à la lumière, tu en auras autant et plus que tu veux avec ceci.

Quittant alors le mendiant, il lui abandonna l'un des cinq sacs et en éprouva une belle joie.

Une lieue plus loin, notre Estienne traversa une clairière au beau milieu de laquelle piétinait une horde de jeunes cerfs. Les nobles créatures entouraient leur princesse. L'un de ses sabots était fendu, la biche s'étant blessée dans un mauvais piège.

Malgré l'arc et les flèches qui auraient dû l'effrayer, un faon s'approcha du braconnier et s'inclina respectueusement.

- Mon seigneur, dit-il, plus notre sœur ne court les bois. Demain viendront les meutes du Grand Veneur. Ses pièges l'ont rendue infirme et maintenant ses chiens féroces dévoreront sa chair. Aidez-nous, mon seigneur. Si ce n'est par amour, faites-le par pitié.

Le cœur d'Estienne fut sensible à l'angoisse du faon. Le garçon examina la patte de velours puis expliqua :

- Mes amis, n'ayez crainte, je vais retourner au village et soigner votre princesse.

Ceci dit, il porta doucement l'animal sur ses épaules. Arrivant chez le maréchal-ferrant, il avisa enclume et marteau puis il raviva le feu. Ensuite, il fouilla la forge en quête de fers dignes de supporter les pieds du noble animal. Faute de trouver métal assez précieux, il fit fondre dix-sept pièces contenues dans l'un de ses sacs.

Plus tard, les faons et les cerfs s'émerveillèrent de la noblesse de leur petite sœur. Ses fines pattes foulaient l'herbe tendre avec aisance et ses sabots ferrés d'or projetaient des étincelles de soleil.

Le jeune Estienne avait parcouru au moins une lieue depuis qu'il avait ramené la biche auprès des siens. Il s'enfonçait petit à petit au cœur de la forêt et s'étonnait du peu de lueurs qui dansaient dans les feuillages alentour. Autrefois, les arbres scintillaient de mille lucioles. Alors que le fauconnier contournait un chêne multi centenaire, ses mains butèrent contre un immense rocher graniteux. Il tâtonnait lorsqu'il entendit un bruissement étrange. Curieux de nature, il tendit l'oreille. Le froufroutement provenait du sommet du rocher.

- Comment …lons-nous faire ? chuchotait une voix toute faible.

- …ouffon nous a volé … lumière ! bredouillait une autre.

- … gens sont méchants… murmurait une autre encore.

- Partons, fuyons cet horrible Veneur, soufflait une autre voix.

Estienne toussota. Le brouhaha à peine audible disparut. Estienne toussota de nouveau puis demanda :

- Qui êtes-vous ? Qui a volé votre lumière ?

Le silence perdura.

- Je me prénomme Estienne et ne vous veux aucun mal. N'ayez crainte.

Le chuintement reprit durant quelques secondes. Le garçon ne saisit pas plus ce qui fut exprimé qu'il ne distingua les discrets orateurs. Et pourtant, il faisait d'énormes efforts pour percer la pénombre de ses yeux gris.

- Maître Estienne, êtes-vous un homme ? Euh, un homme du Roy ? Ou peut-être un chasseur envoyé par le bouffon ?

- Dieu m'en garde, s'esclaffa le garçon. Je n'ai d'autre maître que l'amour des miens.

- Êtes-vous gentil ? Ou maltraitez-vous les animaux comme les sbires du Grand Veneur ?

Le jeune garçon réfléchit longuement avant de s'expliquer.

- Je mentirais en disant que je suis gentil... Pour nourrir mes frères et sœurs, je tue parfois des lapins ou des lièvres. Ou bien des pigeons et des grenouilles.

Un « oh » de frayeur s'éleva du rocher, - à moins que cela fut un « ah » de dégoût -, puis une toute toute petite voix pleura :

- Les lucioles aussi, vous les mangez ?

Si Estienne eut envie de rire, il s'en retint. Son visage devint triste.

- Vous êtes le peuple des lucioles et vous avez perdu votre lumière, supposa-t-il. Les bois sont bien tristes maintenant…

Il n'y eut aucun mot. Estienne resta prostré quelques instants puis un sourire de joie éclaira sa bouche.

- Je vais vous les redonner, vos lueurs, promit-il.

Et il empoigna l'un des sacs de pièces d'or pour le vider au pied du chêne. Durant plus d'une heure, le fauconnier frotta et usa les pièces sur le granit du rocher. Le monticule de poussière dorée atteignait trois pouces lorsqu'Estienne en attrapa une poignée pour la jeter en haut du rocher en s'exclamant :

- Voilà, mes petits insectes. Parez-vous de ces robes !

Un bruissement furtif s'éleva du sommet de la pierre. Puis une myriade d'éclairs s'éparpilla alentour. Les lucioles se baignaient dans le souffle lumineux.

La nuée se rassembla ensuite devant Estienne, dessinant dans l'air un immense chevalier à l'armure d'or. Le spectre s'inclina devant le jeune garçon.

- Merci, votre âme est belle et grande, messire, murmura la petite voix pleurnicharde. Point ne manquerons-nous de rapporter la beauté de votre cœur à notre amie, la dame de la forêt. En vérité, vous êtes plus noble que les nobles… vous êtes un hobereau véritable !

- Un hobequoi ? La dame de la forêt ? demanda Estienne. Qui est-ce ?

Pas plus qu'auparavant il n'obtint de réponse. Et le fantôme s'évanouit dans les feuillages alentour.

Songeant qu'il avait déjà offert trois sacs d'or, le jeune homme se prit à sourire. « Quel mauvais père je serais… un bien piètre économe…», pensait-il lorsqu'un timbre bourru grommela :

- Estienne, ne regrette point ! L'or est un poison !

Le garçon sursauta. Levant les yeux vers le ciel d'où semblait provenir cette grosse voix, il demanda :

- Qui êtes-vous ?

- Oh Ah Oh Ah Oh, qui suis-je ? répliqua la voix caverneuse en riant. Je suis la mémoire de ces bois, Oh Ah

Oh Ah Oh Ah. Je suis le sage qui a vu les glands devenir pousses et arbustes. Oh Ah Oh Ah Oh, je suis le compagnon de cet enfant rocher que tu viens de caresser.

Estienne avait deviné d'où provenait la voix.

- Messire chêne ? questionna-t-il en observant la cime.

- Oui, cet arbre et tant d'autres dans la forêt. Tous sont mes rejetons. On m'appelle Vieille-Branche depuis fort longtemps.

- Pourquoi racontez-vous que l'or est un poison ? Il me permettrait d'acheter de la…

- Il est ce poison qui me tue. Depuis qu'un soldat a caché de l'or entre mes racines, un mulot ne cesse de fouiner par ici. Il dilapide la source de ma vie. Il me tranche orteils et talon, il m'entaille jarrets et cuisses. Vidé de ma sève, demain je m'effondrerai et Vieille-Branche deviendra l'objet de légendes chantées par les troubadours.

- Allons donc, seigneur de la forêt ! s'enflamma Estienne. Il le trouvera, son or, ce méchant mulot. Tenez, je vais l'enfouir moi-même ici.

Estienne se mit aussitôt à creuser un trou dans la terre meuble, y enterra un sac et recouvrit le sol de feuilles et branchettes.

Au matin, le rongeur remarqua tout de suite le petit monticule. Il s'empressa de gratter et ses pattes avides sortirent le sac. Le chêne était sauf.

Avant que le fauconnier reprenne son chemin, l'arbre sage avait grogné :

- Il n'est pas dit que ta générosité restera sans récompense, Estienne le noble. Avant que la lune perde son éclat, tes prunelles seront éblouies par un amour d'oiselle.

- Gerfauts et Laniers sont déjà mes amis, Autours et Pèlerins dorment sur mon bras, Éperviers et Hulottes m'apportent nourriture. Voyez-vous, seigneur, je ne crois guère qu'une oiselle fragile trouverait bonheur à mes côtés.

- Oh Ah Oh Ah ! Que tu es innocent ! tonna Vieille-Branche s'esclaffant de toutes ses ramures. Avant de rejoindre les tiens, Oh Ah Oh Oh Ah, veux-tu aller saluer mon amie de l'étang ?

- Bien sûr, messire. Qui est-elle ? Où puis-je la rencontrer ?

- La Fée de l'onde, elle et son amoureux se promènent dans les rus alentour, mais à cette heure, je gage qu'ils dorment enlacés au fond de la Seine.

Estienne, qui ne possédait plus qu'un sac de pièces d'or s'en fut le cœur léger. Bien que n'ayant jamais vu la Fée de l'onde, il en avait entendu parler quelquefois. Tous disaient qu'elle était bonne et de surcroît très jolie. Il était tout excité à l'idée de l'apercevoir.

Le soleil s'éveillait, étirant ses rayons comme des bras fourbus lorsque le garçon approcha de l'eau.

- Fée de l'onde, cria-t-il, votre ami Vieille-Branche vous salue, vous et votre amoureux.

Sitôt eut-il achevé sa phrase que la surface noire s'éleva en un puissant bouillonnement, projetant des gerbes d'écume sur les berges.

Une femme aux longs cheveux d'argent surgit de l'écume. Seule sa chevelure protégeait la nudité de son corps.

- Le seigneur des arbres ne m'a donc point oubliée, dit-elle en souriant à l'attention d'Estienne. C'est une chance, car j'aurais bien besoin de ses conseils.

Ébloui par le sourire de la nymphe et sa grande beauté, le fauconnier restait bouche bée.

- Êtes-vous donc sourd ? Ou bien muet ? demanda la Fée de l'onde.

- Non, …euh… point, ma Dame…c'est que… balbutia Estienne. Je… vous… je ….

La Fée partit d'un éclat de rire si puissant que les berges de la Seine en vibrèrent.

- Allons, jeune homme, cessez de me regarder ainsi. À moins que vous ne vouliez attirez sur vous la colère de mon amoureux. Sortez de votre torpeur !

Estienne s'agenouilla et dit :

- Jamais je n'avais vu une femme aussi belle que vous.

- Parce que vous ne connaissez point l'oiselle qui vous aimera… Mais cessons ce babillage, voulez-vous. Allez porter cette nouvelle à Vieille-Branche : il est près d'ici un vilain crapaud femelle qui a obstrué une source d'eau vive. Depuis lors, mes eaux se languissent et nos gentils poissons rechignent à nager auprès de moi. Ils préfèrent jouer dans les ruisseaux. Cette bête prétentieuse voudrait que mon amoureux la transforme en princesse par un baiser. En vérité, je crois qu'elle rêve surtout d'or et d'argent…

- Quoi, s'écria Estienne. Embrasser un crapaud ?

- Rien de moins ! confirma la Fée en lissant sa chevelure argentée. 'Las, mon amoureux ne saurait s'y résoudre ! Il a fait vœu de ne jamais poser ses lèvres sur une autre créature que moi. Or, cette satanée femelle est plus têtue qu'une mule. Elle a promis de détourner d'autres sources si d'ici sept jours son souhait n'est exaucé.

- Je vous aiderai, s'exclama Estienne. Je vais lui donner une pièce d'or.

- Soit, mon enfant, si vous venez à bout de cette fourbe, mon amoureux et moi seront vos débiteurs. La sournoise dort là-bas, sous ce saule.

La Fée désignait un arbre magnifique dont les feuilles argentées baignaient dans l'eau sombre. Elle disparut en souriant dans la brume et le fauconnier resta un long moment à observer la surface de la Seine. « L'oiselle…», pensait-il, « Une oiselle qui m'aimera ? Mais pourquoi ?»

Faute de réponse, il s'en fut affronter la femelle crapaud. Elle était aussi énorme que laide, cette bête. Pourtant, Estienne s'adressa à elle avec courtoisie.

- Noble dame, pardon de troubler votre repos, s'excusa-t-il. On m'a dit que vous souhaitiez devenir riche…

De ses yeux bouffis, la hideuse lorgna le garçon et plus encore le sac qu'il était en train d'ouvrir.

- Couac, la sorcière du loac t'oa bien renseigné, coassa le crapaud. Couac, il me faut treize pièces d'oar pour boâtir une demeure digne de moa.

Estienne laissa échapper un sourire et prit aussitôt les pièces dans son sac. Il en compta treize et les déposa devant le crapaud.

- De qui te moaques-tu, s'énerva l'autre aussitôt. Pourquoa ne me donnes-tu que treize couac pièces quand je t'en demande dix-sept, couac.

Le fauconnier comprit bien trop tard à quel imposteur il avait affaire. Inclinant la tête avec malice, il plongea la main dans son sac et en sortit les quatre dernières pièces d'or. Lorsqu'il les plaça près des autres, les pupilles du crapaud se fendirent d'un air malin.

- Tu es un bon goarçon, souffla-t-il. La sourcière du Loac t'en sauroa gré. Mais moa aussi. Embrasse-moa et tu deviendroas un beau croapaud bien musclé, couac.

Estienne écarquilla les yeux.

- Couac, couac, je plaisante, postillonna la créature. Mais si tu veux que couac, je rende l'eau vive au loac Sombre, couac, donne-moi un baiser sur le nez.

Un peu inquiet tout de même, le fauconnier se pencha sur l'animal boursouflé. Puis, du bout des lèvres, afin de plaire à la Fée, il embrassa la femelle crapaud. Il fut soulagé de n'être pas aussitôt métamorphosé en batracien immonde.

- Ton cœur, couac, est décidément bien noable, souffla l'autre. Tu m'oas convaincue de changer, couac. Reprends ton oar et file vite. Mais laisse m'en couac une pièce.

- Et si tu ne sais que faire du reste de ta richesse, offre-la donc à ton oiselle… lança la bête tandis qu'Estienne marchait d'un bon pas vers la forêt.

Le retour du jeune Estienne en sa demeure ne fut plus troublé de la sorte.

Mais hélas, cette nuit-là, l'orfèvre s'était précipité chez le bouffon. Ce dernier avait alors fait mander le Grand Veneur avec diligence.

- C'est bien notre Forme [21] ensorcelée, assura celui-ci en examinant la plume précieuse. Elle ne pourra plus fuir longtemps, mon prince, renchérit le bouffon, la lune sera noire dès la nuit prochaine. Son serment ne sera point accompli et cette pucelle de princesse deviendra vôtre.

- Certes, certes… mais il est étrange qu'un jeune garçon ait pu blesser son oiseau alors que nos meilleurs archers l'ont toujours raté…murmura le Grand Veneur avant de s'adresser soudain à l'orfèvre.

- Dites-moi donc, comment était-il, ce paysan ? A-t-il discuté le prix de la plume ?

- Non point ! Tout au contraire Mon Seigneur ! s'exclama l'artisan. Selon ce rustre, mon offre dépassait outre mesure la valeur de cet objet. Quel enfant ! Si je l'avais écouté, ce naïf n'aurait pas voulu de mon or !

A ces mots, le seigneur se leva brusquement et frappa le sol du pied. Son visage avait volé la blancheur de la lune et ses yeux brûlaient tels des brasiers incandescents.

- Le cœur pur ! Vous avez raison, maître, chuchota le bouffon à l'oreille de son seigneur. C'est dans cette quête que la princesse a mis son espoir. Faute de stopper l'oiseau, tuons le garçon. L'être qui n'est point perverti par la possession ne peut survivre !

Puis il se planta devant l'orfèvre et entama une étrange incantation :

Sombre songe de l'enfer,
Abysse des cœurs pervers,

---

[21] Forme : désigne les femelles chez les rapaces.

Que la noirceur de l'envie
Efface à jamais la mémoire de celui-ci.

Quelques minutes plus tard, le joaillier s'en retournait tout guilleret à Versailles. Il ne se souvint jamais avoir possédé une plume précieuse, il ne se souvint non plus avoir donné cinq sacs d'or au fils d'un métayer.

L'aube peignait les toits du village de ses lueurs pastel lorsque les cavaliers déboulèrent au cœur de Versailles. À leur tête chevauchait le Grand Veneur sur un destrier noir. À ses côtés cavalait le bouffon, bouche tordue et regard mauvais. Par ordre du Roy - à qui le Grand Veneur avait conté mensonges et vilenies - les chevaliers pourchassaient un brigand.

- Ramenons-le au Roy mort ou vif, avait assuré le bouffon, offrant une récompense de trente sacs d'or à qui capturerait le malandrin.

Sur un signe du Grand Veneur, la troupe ralentit. Il regardait de part et d'autre lorsqu'il avisa un mendiant près d'une fontaine.

- Toi, là, as-tu vu un garçon encombré de cinq sac de peau de chèvre, ce jour d'hui ?

- Pour sûr, mon Seigneur, avoua le mendiant. Il courait vers la forêt comme s'il avait le malin à ses trousses !

- Par où est-il parti ?

- Ah ! Ça, je n'sais point.

A ce mot, le Grand Veneur sortit son épée du fourreau et menaça le pauvre hère.

- Pitié, Seigneur, si je ne sais point quel chemin il a pris, je l'ai entendu dire où il allait. Pitié Seigneur, je vous y conduirai.

- Soit, mais ta langue et tes mains seront la rançon de ton mensonge si je ne peux mettre la main sur ma canaille.

L'un des cavaliers prit le vagabond en croupe et tous éperonnèrent leur monture. Peut-être avaient-ils parcouru deux lieues lorsque le mendiant désigna un rocher étrange en hurlant :

- C'est là, c'est là.

Le monticule de granit brillait autant que le soleil malgré l'ombre qu'un vieil arbre voisin lui offrait complaisamment. Le bouffon fronçait les sourcils et ses lèvres étaient serrées en une ligne mince.

- Il y a magie par ici, murmura-t-il à l'oreille de son prince. Méfiez-vous.

Le Grand Veneur s'adressa au mendiant :

- Descends et va voir ce qu'est ce rocher. Sinon il t'en cuira.

Les rustres ne surent jamais ce que devint le pauvre homme. À peine se fut-il approché de l'arbre que le rocher se changea en un immense chevalier à l'armure d'or. La chimère se précipita sur le mendigot et l'emporta malgré ses hurlements. Lorsque l'un des hommes osa :

- Avez-vous entendu les rires au milieu des hurlements ?

Le bouffon ricana : « C'est là piètre facétie. » puis il descendit de sa monture. Des fontes il sortit plusieurs fioles colorées. Prenant l'une, il aspergea le rocher ; prenant une autre il jeta quelques gouttes sur le tronc du chêne ; d'une troisième il souffla un flot de vapeur dans la clairière.

Il rangeait ses œuvres de sorcellerie lorsqu'un premier cavalier chuta lourdement, le visage ensanglanté. Un faucon venait de le buffeter[22].

Moins d'une seconde plus tard, l'immense chevalier d'or surgissait au milieu de la troupe et soulevait un autre cavalier pour l'emmener vers la cime du vieil arbre. De là-haut, il criait de terreur, incapable de bouger tant les branches semblaient l'emprisonner. Ainsi, l'un après l'autre furent mis hors de combat presque tous les mercenaires du Grand Veneur. Soit ils grimpaient dans l'arbre bien malgré eux, soit ils étaient assommés par une horde de rapaces. Hulottes, Chevêches, Pèlerins, Gerfauts et Laniers tournoyaient et plongeaient pour mettre à bas les cavaliers.

Très haut dans le ciel volait l'oiseau de lumière, dessinant de magnifiques arabesques comme pour remercier la forêt et ses habitants. Le bouffon sorcier avait beau lancer ses imprécations, rien n'y changeait. Le Grand Veneur pourfendait l'air de son épée sans jamais toucher un oiseau, pas plus qu'il ne réussit à blesser le chevalier luciole.

Lorsque le méchant veneur aperçut une biche à l'orée de la clairière, il hurla à l'attention du bouffon et du reste de la troupe :

- Là, regardez, c'est elle qui les commande !

---

[22] Buffeter ! se dit d'un rapace de haut vol qui fonce sur sa proie et la frappe de son bréchet.

- Oui, maître, répliqua le bouffon, les prunelles avides, c'est un animal magique, son pied est d'or. Attrapons-la !

Ils se ruèrent aussitôt en avant, sans même entendre les Ah Oh Ah Oh Ah Oh, qui résonnaient dans le feuillage du chêne ancestral.

Plus légère que le souffle du vent, la biche sautait par-dessus ronces et racines et bondissait pour éviter mares et fourrés. Quand elle parvint au bord de la Seine, ses poursuivants l'acculèrent sur le rivage, tout près d'un saule superbe. Ils croyaient enfin la capturer.

Puis soudain les éclaboussa une gerbe d'eau tandis que chantait une voix douce :

- Pourquoi venez-vous troubler mes belles amours et poursuivre une princesse innocente jusque dans ma demeure ? Renoncez ou bien ce bras de la Seine sera nommé le Coupe Gorge.

Le grand Veneur et le bouffon se moquèrent de la menace.

Aussitôt, une vague aux couleurs de l'arc-en-ciel surgit au milieu de l'eau. Se mêlant à la brume argentée, elle roula jusqu'au saule. La biche ferrée d'or disparut. Un « Ah Oh Ah Oh Ah Oh » joyeux caressait la frondaison et dans le ciel planait l'oiseau fantastique, jouant avec le vent et riant avec les nuages.

- Abandonnez votre quête abjecte, fit écho la douce voix des fonds. Renoncez ! Renoncez ou vous mourrez. Vous, chevaliers, regagnez vos foyers ! Vous, seigneur noir, repar…

- Couac, ne l'écoutez pas, couac, interrompit une drôle

de voix sous le saule. C'est une soarcière… couac… elle ment… Messire bouaffon, couac, méloangez vite corne de bouc et poudre d'escampette, couac, puis venez près de moa pour recueillir ma bave de croapaud. Je suis un grand mage que cette perverse a ensorcelé. Aidez-moa, couac, je reprendrai ma foarme et vous servirai de mes pouvoars. Couac.

Ce disant, la bête cracha une pièce d'or.

Sur un regard du Grand Veneur, le bouffon descendit de cheval, choisit deux fioles dans ses fontes et s'approcha du crapaud.

- Fais couac vite, s'exclama ce dernier en crachouillant, ajoute ma bave à cela, enduis-moi couac de toa mixture et offre-moa un baiser.

- Dépêche-toi, cria le Grand Veneur en voyant une nouvelle vague se former au milieu de l'eau.

Quoiqu'il ne fût guère enclin à obéir, dégoûté qu'il était par l'apparence du crapaud, le bouffon frotta le crapaud avec le mélange. Puis, s'agenouillant, il se pencha et embrassa la créature.

Le caverneux Ah Oh Ah Oh Ah se fit entendre aussitôt. Puis un petit « ploc plouc » éclata sous le saule. Le Oh Ah OH Ho HA Oh Ah reprit de plus belle.

La femelle crapaud faisait maintenant face à une autre laideur, un crapaud dont la peau multicolore rappelait étrangement les vêtements du bouffon.

Les trois chevaliers qui avaient suivi jusqu'ici se lancèrent une œillade puis décampèrent au triple galop.

- Seigneur noir, vous êtes seul, allez-vous enfin

abandonner ? demanda la voix enchanteresse.

- Jamais ! hurla l'autre, songeant que ce soir, la princesse qu'il avait défiée aurait perdu.

« Son oiseau de malheur n'aura pas trouvé le cœur pur ! se disait-il. Elle n'aura d'autre choix que de se donner à moi ».

- Qu'il en soit fait selon votre noir désir, chantonna la Fée de la Seine, car c'était bien elle qui parlait. Mon amoureux se languissait de jouter depuis plus de trois lunes. Vous lui en offrez l'occasion. Affrontez mon courroux !

La vague argentée qui était née au milieu de la rivière s'élança vers la rive. Là, elle déposa un fringant jeune homme à la peau opalescente et aux cheveux plus sombres que la nuit. Ses prunelles étaient changeantes comme l'océan et son sourire aussi joyeux que ses muscles étaient saillants. En guise de vêtement, un pagne de joncs tressés couvrait ses cuisses. L'athlète n'arborait aucune arme.

- Êtes-vous magicien ? ricana le seigneur noir. Pensez-vous me battre ainsi nu ?

- Non point, mon ami, répliqua le jeune homme amusé. En épousant ma mie, j'ai fait le serment de ne jamais plus user de magie, ni non plus verser le sang d'un homme. Mon seul désir est de jouter un peu avec vous.

Le Grand Veneur grimaçait.

- Cette lance me suffira, ajouta l'autre en ramassant une petite branche noueuse.

C'en était plus que ne pouvait supporter le méchant seigneur noir. Baissant sa visière, il fonça sur son adversaire et abattit son épée sur la tête du jeune homme. Celui-ci esquiva d'un bond et frappa d'estoc. Le coup suivant fut plus vicieux : le Grand Veneur visa les jambes et releva sa lame au dernier instant. Il ne fendit que l'air, ce qui fit rouler de jolis yeux globuleux au crapaud multicolore. Le combat dura ainsi vingt bonnes minutes. L'un s'épuisant à force de coups ratés, l'autre souriant ou complimentant son adversaire avec ironie.

Fou de rage et sentant que l'épuisement ne saurait tarder, le seigneur noir tenta une dernière manœuvre : il planta son épée dans le sol et tendit la main en s'exclamant :

- Palsambleu, je ne puis continuer. Serrons-nous la main. Ma quête est achevée, l'ami. La princesse a trouvé en vous un être pur. Son oiseau de lumière peut le lui annoncer !

Puis soudain, il tira le jeune homme à lui, fit volte-face et s'arc-bouta afin de pousser l'autre de toutes ses forces sur la lame affûtée.

Du fond des flots s'éleva un cri d'effroi. La Fée glissa hors de l'eau par magie. Mais il était trop tard : transpirant et grognant comme un buffle, le Grand Veneur faisait petit à petit ployer son amoureux. Celui-ci n'avait d'yeux que pour sa fée.

Une lueur de tristesse parcourut son regard quand il secoua la tête et plia soudain genoux à terre. Surpris de la manœuvre, entraîné par son élan, le seigneur noir chut le long de son épée. Il fut ainsi égorgé par sa propre lame.

Le bouffon crapaud tressautait en tous sens. La femelle lui chuchotait tendrement :

- Couac, moa aussi je t'aime. Laisse moa lècher tes

beaux nyeux et ta belle boubouche couac. Mais cesse donc couac de trépigner ! C'est moa qui suis la pucelle dont tu roavis le cœur, couac, c'est moa qui devrais être émue !

On entendit au loin la voix caverneuse s'exclamer « Oh Ah Oh Ah… le bouffon ne bouffonne plus Ah Oh Ah Oh.

Ce à quoi le doux timbre de la Fée répondit :

- La Seine, ici, est devenu le Coupe- Gorge. Prions que les hommes n'oublient point trop vite ce qu'engendre la traîtrise.

Puis de sa chevelure, elle enlaça son amoureux. La Fée pleurait.

Ce même jour, Estienne revint sur les lieux de ces événements.

Rentré au petit matin, il avait salué les siens sans leur conter ses aventures nocturnes. Pour une raison obscure, il n'avait pas non plus évoqué son dernier sac d'or et les seize pièces. Le jeune homme était allé voir ses éperviers et l'effraie qu'il avait affaitée [23] toute jeune.

C'est en observant cette « dame blanche »[24] qu'il avait pris sa décision :

- Je vais te libérer, ma belle. Je t'emmène au rocher doré, tu verras, Vieille-Branche et les lucioles t'aideront à te faire des amis dans la forêt.

Très très haut dans le ciel de Versailles, perdu dans les nuages volait l'oiseau fantastique. Ses prunelles de feu ne

---

[23] Affaiter : élever, dresser, pour la chasse

[24] Dame Blanche : nom affectueux donné aux chouettes effraies.

quittaient plus le fauconnier.

Estienne avait souri tristement à son effraie :

- Tu me manqueras, mais tu n'étais pas faite pour cette vie. Je vais pourtant te confier une dernière mission. Plus importante que tout au monde ! La plume que j'ai volée à l'oiseau magique, il faudrait la retrouver et la lui redonner. Toi, avec tes nouveaux amis, tu pourras réussir à la voler chez l'Orfèvre. Et puis je te donnerai le dernier sac d'or. C'est pour cet oiseau que j'ai blessé. Je ne sais pas comment, mais ça lui servira. Jamais je n'aurais dû prendre ces pièces. Je ne les mérite pas. L'oiseau a souffert à cause de moi…

À l'instant où Estienne achevait sa phrase, un cri perçant avait crevé l'azur. Les ailes de l'oiseau fantastique ne le soutenaient plus : il était précipité vers le sol. Le cœur du garçon s'affola. Il courut vers la forêt. Il courut plus vite que jamais lors de ses chasses.

Lorsque le jeune fauconnier approcha du Rocher Doré, il fut accueilli par un immense troubadour d'or. Les lucioles chantaient et bruissaient. Vieille-Branche s'exclama :

- Ah, te voilà, Oh, enfin, Ah, mon gars ! Ah La princesse Oh est impatiente de te voir Ah de plus près !

Puis déployant deux branches moussues, il avait repris :

- Oh. Pour ta dame blanche, Ah, je me suis Oh creusé la tête, Oh elle pourra y loger.

Et Vieille-Branche inclina la cime, montrant l'une de ses cavités noueuses. Quittant le bras d'Estienne, l'effraie s'y installa aussitôt.

- Alors, Oh, la princesse, elle t'espère Ah. Vas-tu te, Ah, te dépêcher, jeune insensé ! ajouta le chêne respectable.

- Mais qui donc ? demanda Estienne avec humeur. Personne ne m'attend ! Enfin !

- Eh bien, Oh, Ah Oh Ah Oh Ah, mais si ! Ton oiselle ! Nom d'un rameau ! Ta princesse Ah Ha Ha Ho !

Vieille-Branche disait vrai. Posé sur le rocher d'or, l'oiseau fantastique pleurait. Ses grosses larmes roulaient dans la poussière dorée comme autant de rubis. L'aile à laquelle Estienne avait autrefois arraché une plume était froissée. A peine l'eut-il compris que celui-ci tomba à genoux.

- Mon Dieu, murmura-t-il. Tout est de ma faute ! Il ne peut plus voler.

- Alors, nom d'une ramure ! Soigne-la, gros bêta ! s'étouffa Vieille-Branche. Un fauconnier, ça sait soigner les oiseaux !

- Oui,…euh… oui, balbutia Estienne. Mais… euh… ah… c'n'est pas un animal comme les autres… euh… ah… comment…

Puis recouvrant ses esprits, il s'adressa à l'oiseau :

- Je ne sais comment vous soigner mais je vous fais le serment de trouver ! Dussé-je perdre ma vie à chercher ! Pardonnez-moi…

Les larmes de l'oiseau se tarirent.

- Cette nuit, un orfèvre m'a donné de l'or, dit Estienne. Je n'en ai plus beaucoup, seulement 16 pièces. Mais je travaillerai pour lui jusqu'à ce que je puisse racheter la plume.

Si la musique du « troubadour lucioles » avait été lente et grave jusqu'à présent, elle se fit soudain course rapide. L'oiseau ne pleurait plus. Doucement, il remua son aile valide. Puis il bougea l'autre. Ses mouvements devinrent plus amples. Estienne était hypnotisé par cette danse étrange. Et même, il lui sembla que l'oiseau grandissait sous ses yeux. La forêt alentour se taisait. Vieille-Branche aussi. Et pourtant, s'il y avait un chêne bavard dans le coin, c'était bien lui !

Sur la berge du Coupe-Gorge, deux amoureux s'embrassaient. Le garçon chuchota à l'oreille de sa Fée :

-Ta filleule retrouve son apparence… je le devine à ce sourire sur tes lèvres… Estienne est donc vraiment pur.

- Il a offert tout son or, souffla la Fée. Et maintenant, il offre sa vie entière. Ma petite princesse sera heureuse ! Gueux il est né, mais d'un hobereau il possède le cœur.

Jamais Estienne n'aurait imaginé contempler jeune fille aussi belle. La princesse lui souriait et ce sourire resplendissait comme un soleil. Elle enlaça le fauconnier. Tendrement elle l'embrassa. Ce baiser fut le plus long que Vieille-Branche observa jamais.

- Oh Hum Ah Hum Ho Ah, toussa-t-il enfin. Princesse, ne croyez-vous pas que ce braconnier fauconnier mérite quelque explication ?

- Pardon, mon ami, dit-elle en s'écartant d'Estienne sans cesser de le dévorer de ses yeux noisette.

Faisant une révérence, elle ajouta :

- C'est que, voyez-vous, Vieille-Branche, je n'ai point encore votre sagesse… Estienne saura le sortilège…

Et c'est ainsi que le fauconnier apprit comment le Grand Veneur avait autrefois exigé la main de la princesse et que celle-ci, devinant le cœur malfaisant du seigneur noir et l'âme pervertie de son bouffon s'était enfuie. Se réfugiant auprès de la Fée de la Seine, sa marraine, elle lui avait demandé conseil. Celle-ci avait suggéré :

- Il n'aura de cesse de te retrouver ! Tu ne pourras lui échapper éternellement. Lance un défi à ce mauvais homme. Dis-lui que tu l'épouseras s'il n'existe aucun être pur dans le royaume. Et quand le bouffon te demandera comment tu vas chercher cet homme pur, réponds-lui que c'est ton ami l'oiseau précieux qui cherchera pour toi ! Ils t'accorderont sept lunes noires ! Reviens alors aussitôt vers moi et je te confierai mon doux et précieux ami, mon bel oiseau. Par les pouvoirs qui sont miens, je te jure que lui saura trouver un être pur ! Il est amour. Jamais il ne m'a déçue !

La suite ? Faut-il vraiment la conter ?

La Fée avait métamorphosé la princesse en oiseau fantastique.

Et après ? Estienne épousa la Princesse. Ils firent construire un magnifique château à Versailles et eurent de nombreux enfants. Tous aiment les oiseaux.

Souvent Estienne et la princesse se promènent sur les

rives du Coupe-Gorge. Parfois avec leurs enfants, ils contemplent la surface scintillante de l'eau. Parfois encore, la Fée et son amoureux les rejoignent et tous rient des facéties de leur amie, la femelle crapaud. La malicieuse a si bien aimé son compagnon multicolore qu'ils ont donné le jour à des centaines de petites grenouilles adorables.

Souvent encore, Estienne et sa princesse rendent visite aux mimes lucioles et à Vieille-Branche. C'est d'ailleurs sur les conseils de Vieille-Branche que furent bâties volières et fauconneries dans une immense clairière.

Invisibles, l'oiselle et son hobereau veillent sur les rapaces des bois et forêts qui embellissent Paris et l'Ile-de-France : Rambouillet, Saint-Germain-en-Laye, Corbeille-en-Vexin, Fontainebleau, Ermenonville.

À travers cet ouvrage, nous souhaitons remercier et rendre hommage à Thierry du Perray, président des Vendéens de Paris et d'Île de France durant quinze années (1998-2013) et à ceux qui ont pris le relais, Daniel Esnault, Henri Maria et Thierry Chaillou, ainsi que tous les administrateurs cités ci-après.

« L'Union Fraternelle des Vendéens de Paris »
a été fondée en 1893.

Union Fraternelle des Vendéens de Paris
2 rue Achille Luchaire
75014 PARIS

contact@vendeensdeparis.fr
www.vendeensdeparis.fr
www.facebook.com/AssociationDesVendeensDeParis

Administrateurs

Les auteurs

Christophe Prat

Christophe Prat a écrit une dizaine de romans dont cinq ont déjà été publiés :

Le déshonneur d'Adolf von Handke (2006)
Bruissements d'ailes (2007)
Tirez une carte chance (2008)
Les enfants de la Dunoise (2010)
Le labyrinthe d'Agathe (2012)

À paraître

L'outrepêcheur (roman en cinq volumes)
Pour qui sonne le glabre
Gros-et-Haut et Mouillette (bande dessinée)

Christophe Prat est fondateur des éditions ELLA.

www.ella-editions.com

Delphine Marchal

Illustratrice et infographiste, Delphine fut lauréate et co-auteur des recueils « Contes et Légendes de Vendée », volume 1 et volume 2.

Elle est aussi illustratrice de cet ouvrage, ainsi que des « Contes et Légendes de Vendée » et de l'album « Pousse Pouce et les animaux merveilleux ».

Réalisatrice des couvertures : « En héritage », « Hasard ou Destin », « La souris », « Au fil des jours dans la tourmente », « L'honneur perdu de Juliette Rassenier », « Champougnes », « Les Landes-Rouges », « Deux sœurs », « L'Espérance en héritage », « Beauce et Perche, d'une rive à l'autre », « Le Secret des Carnutes », « Éclats de vie », etc. Delphine poursuit son parcours entamé à l'école Pivault, à Nantes.

Delphine est la dessinatrice de la bande dessinée « Gros-et-Haut et Mouillette », (*à paraître en 2015*). Les 30 premières planches et les encrés sont à découvrir et télécharger gratuitement sur le site :

www.ella-editions.com

Delphine Marchal prépare en ce moment un nouvel album jeunesse : « L'alphabet des ombres », et anime l'atelier de peinture et dessin pour adultes « La Palette Bleue », aux Herbiers.

Juliette Chaux-Mazé

Née en 1981, Juliette Chaux-Mazé est une amoureuse de la lecture et du dessin. Devenue professeur des écoles, elle débute par des concours de nouvelles, des appels à textes. Encouragée par quelques réussites, elle se lance avec succès dans l'illustration.

Si Juliette a de nombreux projets d'albums jeunesse en recherche d'éditeur, elle a aussi eu la chance d'être publiée depuis 2010 :

- auteur lauréate de « Contes et Légendes de Vendée 1 et 2 », « Contes et Légendes de la région Centre » ;
- Illustratrice sélectionnée pour « Contes et Légendes de Vendée 1 et 2 », « Les Contes de la Cocotte » (éditions Mine de Rien), « La Terre va trembler » (éditions. La Plume d'Argilète) et aussi pour « Contes et Légendes de Paris ».

Pour découvrir le talent et les créations de Juliette,

www.juliettecjm.canalblog.com

www.facebook.com/juliettechauxmaze.cjm

Marcel Grelet

Marcel Grelet est auteur de nouvelles et romans dont six sont publiés :

Les Griffes du goulag,
Le dernier canasson
La ballade de Jenny
Retours en Galles
Naufrage à Croix de Vie
Les Landes-Rouges

Toute l'actualité de l'écrivain Marcel Grelet sur :

www.marcelgrelet.fr

Marie-France Thiery-Bertaud

Après avoir été lauréate des concours, « Les contes et légendes de Vendée volume 1 » puis « Les contes et légendes de Vendée 2 », Marie-France a été sélectionnée par les éditions « Mine de Rien » et deux ouvrages autour du thème de la cuisine et du terroir vendéen ont été publiés :

« Les contes de la cocotte,
chroniques gourmandes de Vendée »,
en 2012

et

« Vendée, le goût de l'authentique en 40 recettes »,
en 2013

En plus de participer régulièrement à des émissions télévisées (France 3, M6, TV Vendée), Marie-France anime également un blog de cuisine sur la toile :

www.unecuillereepourpapa.net

L'actualité littéraire de Marie-France est à découvrir sur le site :

www.editionsminesderien.com

Olivier Mazé

Lecteur passionné, né en 1982, Olivier a toujours aimé le fantastique, les légendes et l'Histoire. « Contes et Légendes de Paris » lui offre l'occasion de passer de l'autre côté du miroir, de réaliser un rêve d'enfant... comme dans les belles histoires !
Pour relever ce défi de longue haleine, Olivier a imaginé quatre textes destinés à faire connaître des lieux et histoires liées à Paris :

Le lutin rouge des Tuileries,
La dame de chez Maxim's,
Le miroir du château de Courson
et
Le triomphe de Napoléon

Ce sont ses premières publications.

Pierrette Gobin-Vaillant

L'écriture partage la vie de Pierrette Gobin-Vaillant depuis toujours à tel point qu'elle avait la conviction qu'elle serait publiée un jour.

De concours de nouvelles en écriture de contes, elle a tout d'abord connu la cohabitation avec d'autres auteurs sur différents ouvrages, notamment les « Contes et Légendes de Vendée ».

Enfin, un jour, elle a réalisé son rêve : la publication de son premier recueil de nouvelles « Éclosion » aux éditions Durand-Peyroles, publication qui fut suivie d'un second recueil « Sur le chemin » et d'un troisième « Quand une porte claque » toujours chez le même éditeur.

Les idées fourmillent, des réalisations se préparent, de nouveaux ouvrages naîtront dans les mois à venir.

Pour suivre l'actualité de Pierrette

www.editions-dp.com

Paul Herbreteau

Paul Herbreteau a participé à l'appel de textes lancé par madame Sylvie Georgin pour le recueil collectif :

« Des mots pour Haïti »

au profit de l'association « Rencontre Adoption-Pascal Henrotin », suite au tremblement de terre du 12 janvier 2010.

Paul fut aussi lauréat du deuxième concours

« Les contes et légendes de Vendée ».

avec le texte « La petite fille de Noirmoutier ».

Remerciements

D'abord, je remercie très vivement Delphine, Juliette, Marcel, Marie-France, Olivier, Pierrette et Paul d'avoir relevé ce défi !
Vous avez accepté d'inventer des légendes, de créer des contes afin d'offrir les quelques lumières de Paris sous un angle tout nouveau. Bravo et merci !

Ensuite, je tiens à remercier une nouvelle fois Anne et Armande, fidèles et loyales, qui se dépensent dans l'ombre sans jamais véritablement compter…

Et enfin, il est deux Vendéens qui aiment autant Paris que la Vendée, et qui ont avec passion accepté d'être les premiers lecteurs de ces textes. Merci à vous, Simone et Philippe.

Les éditions ELLA ont bénéficié en 2014 du soutien de Ciclic-Région Centre dans le cadre de l'aide aux entreprises d'édition imprimée

çiçliç Région Centre

IMPRIMERIE
LUSSAUD
IMPRIMEUR-FAÇONNIER

L'impression et le façonnage de cet ouvrage
ont été réalisés à l'imprimerie Lussaud
85200 Fontenay-le-Comte

IMPRIM'VERT
Votre imprimeur agit pour l'environnement

Dépôt légal 3e trimestre 2014
N° d'impression : 216702